潘汉典先生于 1948 年在上海获东吴法学院
法学硕士学位时所摄

商衍鎏探花于 1952 年亲书条幅寄语外甥潘汉典先生

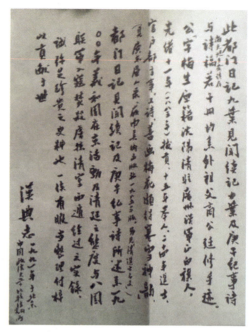

潘汉典先生于 1991 年为外祖父商廷修未刊手稿所写"题记"

潘汉典先生于 1940 年培正中学毕业时以总成绩第一名获得"纪念黄启明故校长学业成绩最优特别奖"的银盾牌

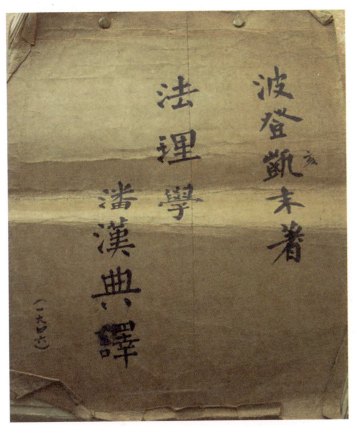

潘汉典先生完成于 1946 年的美国法学家博登海默
1940 年版《法理学》译著手稿

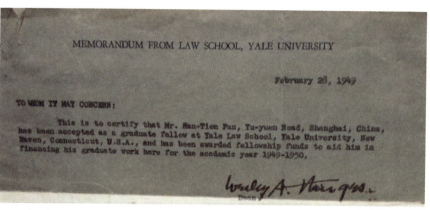

1949年2月,美国耶鲁大学法学院院长Wesley教授签署的关于授予潘汉典先生于1949—1950年在耶鲁大学法学院研究奖学金证明书

1949年9月,潘汉典先生(右二)应恩师费青教授之邀首次赴京时与费青教授(左二)、东吴同窗程筱鹤(左一,时任北大法律学系教师)及法律学系助教李由义(右一)摄于北京中老胡同费青寓所

1982年潘汉典先生（中）访问加拿大麦吉尔大学法学院时与法学院院长布赖尔利教授及夫人合影

1983年潘汉典先生（前排左一）参加意大利最高法院电子计算机处理资料中心召开的国际法律信息学会议所摄

1984年5月潘汉典先生（前排中）访问日本东京大学法学部，临别时与时任东京大学法学部部长松尾浩也教授（前排左）、前部长田中和夫（前排右）、比较宪法教授樋口阳一（后排右）、法哲学教授碧海纯一（后排中）和英美法教授藤仓皓一郎（后排左）等合影

1995年收到业师、东吴法学院先贤年届95岁高龄的盛振为先生以近照制作的贺年卡，潘汉典先生加注并悉心保存

1997年潘汉典先生（右）因《元照英美法词典》事拜访东吴学长、词典学术顾问倪征燠先生

1997年7月29日潘汉典先生与在上海的部分《元照英美法词典》审订学者晤面并合影（左起分别为潘汉典、周枬、卢绳祖、许之森、蔡晋、徐开墅、高文彬、浦增元、郭念祖等先生）

1997年潘汉典先生(后排右二)与台湾东吴大学董事长、校友王绍堉(后排左二)晤面

2016年6月1日在台湾东吴大学授予潘汉典先生"法学教育卓越贡献奖"颁奖会上,年届96岁高龄的潘汉典先生与会并发言

Dongwu Shenying
Zoujin Daoshi
Pan Handian

东吴身影
走进导师潘汉典

白晟 / 著

北京大学出版社
PEKING UNIVERSITY PRESS

图书在版编目(CIP)数据

东吴身影:走近导师潘汉典/白晟著.—北京:北京大学出版社,2017.9
ISBN 978-7-301-28562-6

Ⅰ.①东… Ⅱ.①白… Ⅲ.①潘汉典—人物研究 ②法学—文集 Ⅳ.①K825.46 ②D90-53

中国版本图书馆CIP数据核字(2017)第185586号

书 名	东吴身影——走近导师潘汉典
	Dongwu Shenying——Zoujin Daoshi Pan Handian
著作责任者	白 晟 著
责任编辑	柯 恒 陈 康
标准书号	ISBN 978-7-301-28562-6
出版发行	北京大学出版社
地 址	北京市海淀区成府路205号 100871
网 址	http://www.pup.cn http://www.yandayuanzhao.com
电子信箱	yandayuanzhao@163.com
新浪微博	@北京大学出版社 @北大出版社燕大元照法律图书
电 话	邮购部 62752015 发行部 62750672 编辑部 62117788
印 刷 者	北京中科印刷有限公司
经 销 者	新华书店
	880毫米×1230毫米 A5 10.5印张 198千字
	2017年9月第1版 2017年9月第1次印刷
定 价	59.00元

未经许可,不得以任何方式复制或抄袭本书之部分或全部内容。
版权所有,侵权必究
举报电话:010-62752024 电子信箱:fd@pup.pku.edu.cn
图书如有印装质量问题,请与出版部联系,电话:010-62756370

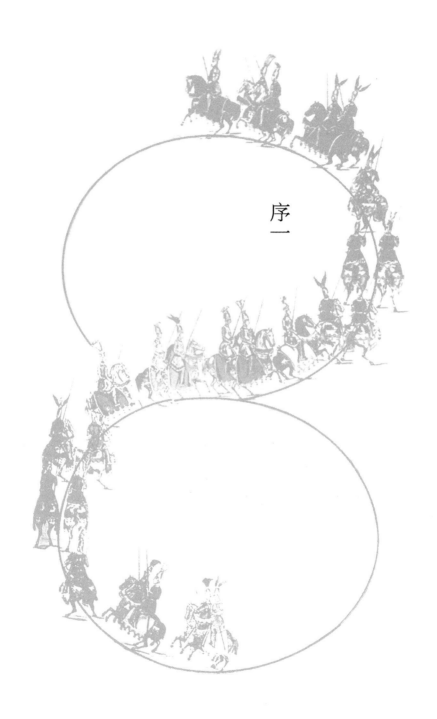

序一

欣闻中国政法大学法学院白晟教授将出版有关他的博士生导师潘汉典先生的新书《东吴身影——走近导师潘汉典》，非常高兴。他邀我为此书写序，感到十分荣幸，虽才疏识浅，仍欣然应允。

我与潘先生的女儿潘百进相识早于拜见潘先生。20世纪90年代我们先后在荷兰进修，先后住在同一个房东家，也在一起聚过。潘先生与我父亲李浩培都曾就读于东吴大学法学院，是校友，父亲早潘先生毕业16年。他们曾接受同样的法学教育，对健全中国法治有着同样的热诚，对学术抱着同样精益求精的态度，对从事的法学事业同样的尽心尽力。我曾到潘先生家拜访过几次。正如白晟教授书中所描述的，在其略显逼仄的书房中，"满目皆书，其中不乏'珍本''善本'和'孤本'，俨然一个图书馆里的'特藏室'"。父亲曾参考其他文字版本翻译德文版的萨维尼的名著《罗马法》第8卷，但翻译过半却不幸辞世。潘先生原打算继续翻译完剩余部分，从他们的教育背景、语言能力和行文习惯，潘先生定将使该书的翻译一脉相承。可惜后来由于种种原因，翻译工作未能进行。我从潘先生处取回材料时，潘先生还附了一页纸的说明，列出了资料中的一些问题，足见潘先生做事一丝不苟的认真负责精神。

白晟教授师从潘汉典教授取得了博士学位。在他帮助导师潘先生整理和出版其著作和译著时，凭着敏锐的目光，发现需要大力抢救法学先贤留下的丰富法学思想和遗产。顺着潘先生东吴法学校友的线索，他研究了东吴大学、北京大学、清华大学、中国政法大学等法学先贤的法学生涯，搜集了不少史料和资料，不仅编辑出版了《潘汉典法学文集》《费青文集》《楼邦彦法政文集》，还把他们的后代联络在一起，再续父辈的友谊。这样，我结识了白教授，并怀着极大的兴趣读着他以"静静的白天鹅"为名的博客。正像其博客的名字，白教授抛弃了世俗的名利追求，静静地挖掘着法学先贤们留下的法学瑰宝，把他们闪光的法学思想传给后人。

《东吴身影——走近导师潘汉典》这本书以潘汉典教授精彩的法律人生为主线，展现在我们面前的是脚踏实地、兢兢业业、矢志不渝为法律事业奋斗的一代法律宗师的典型。潘先生"世代书香、文脉绵延"，虽经历了少年丧父、战乱变故，仍一心向学，成绩优异。受其父从事律师职业的直接影响，踏入了东吴法学院的大门。在费青、盛振为等良师的悉心培育下，养成了东吴数年之一贯的"勤、诚、忠"作风。他顺利完成各门功课，还选修了法、德、日等外国语课程，正是这种语言优势，使得潘先生后来在研究比较法学领域游刃有余，成绩斐然。

可以说《东吴身影——走近导师潘汉典》还是一部东吴法学院的简史，书中对东吴法学院的招生、课程设置、教学方式和毕业情况作了详细的介绍和比较。东吴法学院着实办学不易，院方在处于抗战时期屡迁校址的恶劣环境及临时组织教学的艰苦条件下仍然坚持"重质不重量"的高标准办学方针，培养出一批英语娴熟、既懂普通法又识中国国情的高端法律人才。潘先生在东吴法学院完成了本科和硕士课程，以《中国有限公司论——比较法的研究》的优异论文取得法学硕士学位，其间，还先后完成了美国法学家博登海默1940年版《法理学》和德国法学家耶林《权利斗争论》的翻译。2015年，潘译《博登海默法理学》精装收藏本被评为法律出版社年度十大好书。

《东吴身影——走近导师潘汉典》还通过潘先生的教学科研活动折射出比较法在新中国的发展。简言之，"文革"前，比较法在中国以翻译和介绍外国法居多。"文革"中，仅存的内部发行的《外国法学动态》是潘先生及其同事在运动的"夹缝中求生存，为保存中国比较法学血脉"做出的艰辛努力。这个"文革"中保留下来的比较法血脉，后几易其名，发展为当今的比较法学的重要刊物之一《环球法律评论》。"文革"后，我国的比较法学进入快速发展的新时期。书中介绍潘先生在社会科学院主编《法学译丛》和其后主编《比较法研究》期间"殚精竭虑，全力为外国法学和比较法学鸣锣开道"。潘先生在做好本职工作外，还亲自翻译数十篇外文资料，包括数十个国家的宪法或宪法修正案。用潘先生的话说，他致力于介绍和翻译外国法律和法学理论，就是为了使它们能够有助于建立我国的良好法律制度和法律体系。1987年，潘先生正式调入中国政法大学，并于1988年年末被任命为新成立的比较法研究所所长，出任《比较法研究》主编。该期刊主要介绍和引进外国先进的法律思想、比较法学的最新研究成果和发达国家的法律制度。潘先生开设了比较法课程、培养了一批比较法学博士生，参加国际学术交流和国际会议，获得了中外比较法学方面的殊荣：司法部"银星荣誉章"，中国政法大学"学科建设开创者"等。在中国政法大学黄进校长眼里，潘先生居于法大几位"最可爱的人"之首。

《东吴身影——走近导师潘汉典》一书的字里行间不乏一些鲜为人知的动人故事：潘先生为了给母校留下一份珍贵的"记忆"，不惜"对不起自己"和"有负宿诺"，几乎以一己之力编辑出版了《东吴法学院年刊（1944）》。为修改《权利斗争论》译文，潘先生嘱其女潘百进前往大英图书馆借书，引起图书馆管理人员的惊讶和超热情接待。作为《元照英美法词典》总审定人，潘先生与主编一起数次南下，寻求到那些被人们遗忘的东吴老人们的鼎力相助……

这是一本好书，读之感人，回味无穷。

凌　岩
2016年12月10日

序二

爸爸与书

昨天——2016年12月16日，我们全家——爸爸潘汉典、妈妈王昭仪和我们姐弟三人潘百进、潘百鸣及潘百方围坐在一起读着白教授的书稿、凌教授的序言，爸爸多少年来爱书、读书、买书、写书、出书的情景又一次展现在我们面前。

从我们童年记事起就跑动在爸爸的书房里，在挤满厚厚的硬皮书的书架旁，在堆满书报杂志的书桌旁，在摆着书卷画册的沙发上开心地玩耍。由于书太多家里放不下，中国政治法律学会还给了一间屋子专门摆放爸爸的书籍，在好几个高高的大书架上从地到天摆满了爸爸的书。爸爸经常信手拈来一本书，给我们讲书的名字、书的内容和书的来历，久而久之我们知道家里的很多书是中外名家巨著，是珍藏版、限量版，是年代久远的善本、手抄本。这些书来之不易，已经伴随爸爸很多年了，是我们家的宝贝。

在我们的印象中，爸爸总有看不完的书，中文、外文，法律、政治、历史、哲学、文学、诗词、绘画，既有古书古册，更多的是最新的法学期刊杂志。文化大革命之后，爸爸主持《法学译丛》工作，那时我们时常看到最新的世界各国法学书册期刊，包括美国的、英国的、日本的，等等。那些世界上最新的法学动态，重要的法律法规，爸爸读着写着，废寝忘食，书房里那深夜的灯光，至今还在我们的记忆中挥之不去。

爸爸眼光独到，对书有极高的鉴赏力，所以他很会订书、买书。如白教授书中提到的博登海默的《法理学》，是1945年在上海一家外文书店的书展上发现的，他很喜欢，几经周折买下了这本书并立即着手翻译。现在世人知道这是一本名家著述，可是在当年的书展上，那只是千百本新书中的一本外（英）文书，就那样被爸爸慧眼识珠地发现、翻译并收藏。

很多年来爸爸一直是国家图书馆的常客，经常从那里带回很多书。他要看的一些书在那个时代的国家图书馆是从当时的苏联图书馆借来的，一本书要等很长的时间。在家里爸爸又翻又看那些大部头的书，当年既没有传真机也没有复印机，需要的文章资料要一页一页地翻，书一本一本地查看，而且要一字一句地打字或手写记录下来。那些年年月月，在浩瀚的书的世界中，他辛苦地工作，快乐地生活。

在中国政治法律学会和中国社会科学院法学研究所工作时，他经常在单位的图书馆里查书、看书。那时，每年单位的图书馆在订阅下一年度的书报期刊时都会请爸爸过目、选择，那不仅是为了爸爸的工作需要，也是为了所在单位研究人员的研究项目选书。他很认真地做这件事情，以至于后来商务印书馆、中国政法大学图书馆为引进外文书籍做选书计划时也都会请他参与。

由于众所周知的原因，20世纪50年代后，中国的法学界全面排斥西方法学，苏联学派盛行。爸爸多年对英美法的研究进入停滞状态。他一边按照国家的要求对苏联的体制和法律进行深入研究，同时没有停止对西方法学动态的观察与了解。他认为，我们的国家要强大，要走向世界，西方国家的法律法规是国家必须要了解、掌握的重要内容，他要通过努力把世界上最新、最重要的法学动态告诉给我们的国家。中国政治法律学会作为当时中国政法部门唯一对外联络的窗口，也为爸爸这个单位里唯一的专职研究员了解西方法学动态提供了最方便的条件。我们作为子女对这些专业性很强的工作是知之甚少的。只有潘百进在1993年在荷兰莱顿大学汉学院做交换学者的一年时间里，曾经听到过学院里那些对中国现代社会做研究的学者们提到过中国对世界最新的法学动态是很关注的。他们提到过的那些讯息有很多就是爸爸翻译的文章。那时刚刚改革开放，世界各国的宪法，美国国会通过的最新法律，比如有新闻自由法、知情权和人权最新的相关法律，陆续在法学译丛上刊登，字里行间都镌刻着爸爸努力工作的印记。记得在1995年前后，莱顿汉学院托尼·萨奇教授被美国福特基金会选作中国福特基金会首席代表且连续两任，在中国工作的那些年，他不但了解和赞赏爸爸在促进现代中美法学交流方面的工作，而且也给了爸爸总审订的《元照英美法词典》予以资金上的资助。

2012年12月6日，爸爸获得了中国翻译家协会授予的

"翻译文化终身成就奖"荣誉称号。这个由中国翻译家协会设立的非常设荣誉性奖项,授予健在的、在翻译与对外文化传播和文化交流方面作出杰出贡献,成就卓著、影响广泛、德高望重的翻译家,是中国翻译家协会设立的表彰翻译家个人的最高荣誉奖项。每每人们提起爸爸获得的崇高荣誉,都会不断提到爸爸在法学方面的书籍、字典,可是我们作为家人特别想提到的是那一本书——《君主论》。

意大利人写的这本书风靡全世界,多年来一直在国际政治图书排行榜前十名中闪闪发光。1985年商务印书馆"汉译世界学术名著丛书"出版了爸爸翻译的《君主论》,那是一本只有126页的薄薄的书。从1958年确定《君主论》入选"汉译世界学术名著丛书"并向爸爸约稿开始到1985年第一版面世,中间经过了漫长的27年。为了翻译这本书,爸爸做出的那些努力是常人所无法理解的。

他在接到商务印书馆约稿时,已经是掌握了英、法、德、日、俄五国外语的翻译家了。只因为发现《君主论》一书的美、英、法、日、德各国译本的文义差别诸多、莫衷一是,遂又苦攻意文。而后以4个版本的意文原著为基础,以英、美、法、德、日各国的13个版本译文为参考进行翻译。为了翻译好《君主论》,他对马基雅维里及其所处时代的历史、文化进行了相当深入的研究。他遍读马基雅维里的著作及各国关于马基雅维里的研究资料,即使身在国外进行学术交流时也不忘搜集与马基雅维里相关的资料。历时廿七载四易其稿,是真真切切的字斟句酌啊。在商务印书馆资深编辑骆静兰先生一再催促下,他才恋恋不舍地交了稿。为了帮助读者能够更好地理解原著,他在译者序中为马基雅维里作了一个精炼的小传。在书中做了220多条内容广泛的脚注,70字以上的有70条,最长的一条有200多字。一本只有126页的译著他竟为之投入了如此高的时间和精力成本,只是为了实践他自己对译著的要求——"信达"。

最理解爸爸的要数商务印书馆的资深编辑骆静兰先生了。在这本书的出版、再版几十年的风雨历程中,她认定爸爸能翻译出最高水平的中文译本,常年不断、尽职尽责、联系往返,成为我们家最好的朋友。他们的君子之交让我们永不忘怀!

最近这几年,爸爸的书籍不断出版,他多年法学研究的成果,不断展示在人们面前。这是爸爸对中国法学事业的贡献,更是他忠诚报效国家的心愿。我们全家不仅为爸爸骄傲,也为爸爸庆幸,在九十多岁的高龄能够出书不断是因为他有个志同道合、勤奋好学的学生白晟教授。爸爸近几年著述的出版都是由白晟教授编辑成书的。如果说是有了商务印书馆的资深编辑骆静兰先生才有了潘译《君主论》的铁杵成针,那更要感谢白教授卓越的法学专业水平、一丝不苟的真相追索、认真负责的编辑整理,使得爸爸的许多未刊手稿得以面世。

白教授主编的《潘汉典法学文集》汇集了爸爸一生中绝

大部分法学文章。其中"文革"前部分的内容，大多是经白教授苦心收集才得以再次面世的，他为此耗费了大量的时间和精力。为了一篇爸爸早年发表的文章，他就在上海档案馆查阅了数日。每念及此，我们都心怀感激。日复一日、年复一年，随着爸爸一本接一本书籍的面世，我们看到的是白教授——一个法学精英呕心沥血，为老一辈法学家无私奉献，为中国法学教育法学事业共铸辉煌的闪亮的学人。

值此书出版之际，恰逢爸爸九十六岁生日，我们衷心祝愿为中国法学奉献了青春和一生的爸爸妈妈健康长寿！

潘百进　潘百鸣　潘百方
2016 年 12 月 17 日
于北京东城区东总部胡同

目 录

引言	001
第一章　世代书香：孕育美好心灵	007
诗书传家	009
清华园里的"榜眼"身影	023
汉军商氏文脉绵延	030
第二章　求学名校　潜心向学遇良师	045
广州培正有骄子	047
子承父业入法科	053
第三章　东吴起航　奠基法律人生	059
细读东吴"旧话"　寻访法科"旧址"	061
"重质不重量"，法科名校不一般	078
一己之力，编辑年刊献母校	099
第四章　学海遨游　翻译精品结硕果	115
附：对话耶林　精研名著求真义	129

| 第五章 | 夹缝求生：存中国比较法学余脉于不绝 | 143 |
| | 附：《外国法学动态》：一份被忽视的刊物 | 152 |

第六章　矢志不渝：为新中国比较法学鼓与呼　　161
　　翻译为业：把外国最好的法律制度和先进的思想介绍进来　　163
　　学术为本：筚路蓝缕启山林　　178
　　附：潘汉典先生是如何调入中国政法大学的？　　190

第七章　满腔热血：为中国法的复兴而努力　　199

第八章　默默奉献：东吴余脉谱新篇　　221

尾声　学术没有终点　　263

参考文献　　275

潘汉典先生年谱　　291

后记　　305

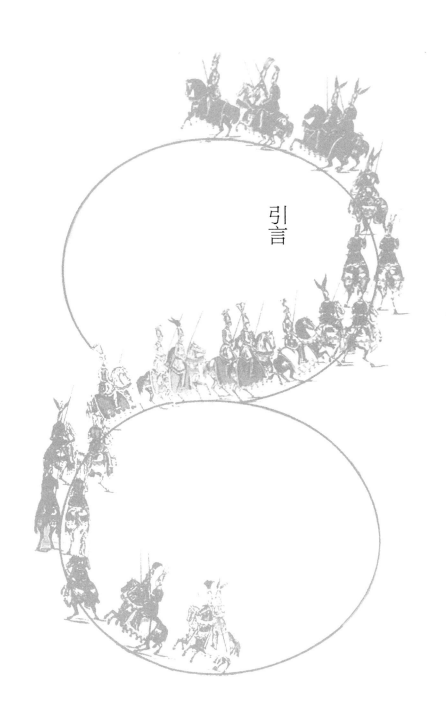

引言

* 本书部分内容源自潘汉典著、白晟编《潘汉典法学文集》（法律出版社2012年版）里笔者撰写的"导读"，原名为"一位以比较法为生活方式的单纯学人"，拙文在《东吴法学》（2012年秋季卷）杂志修订发表时更名为"纯正学人潘汉典"。此次作业更名为《东吴身影——走近导师潘汉典》，根据新的史料作了一些更正并增补了大量内容，篇幅比原文大幅扩展，重要更正加注并说明原"导读"错误之处及更正的资料来源。在此向法律出版社、同窗朱宁、《潘汉典法学文集》一书责任编辑易明群和《东吴法学》杂志及编辑致谢。

年届耄耋的潘汉典先生现任中国政法大学比较法学研究院教授、特聘博士生导师,潘先生还兼任中国法学会比较法学研究会顾问、北京市法学会比较法学研究会名誉会长和中国政法大学比较法学研究院顾问等职。先生于2002年被中国政法大学授予"学科建设开创者"荣誉,2012年被中国法学会评为"杰出资深法学家",同年被中国翻译家协会授予"翻译文化终身成就奖"。

2016年6月1日,台湾东吴大学代表团专程访问中国政法大学并授予潘汉典先生"东吴大学法学教育卓越贡献奖"。在中国政法大学学院路校区综合科研楼B209会议室举行的颁奖典礼上,潘先生到会并发表了获奖感言。

潘先生从1948年开始任上海光华大学副教授,先后辗转上海光华大学、东吴大学法学院、北京大学、北京政法学院、中国政治法律学会、中国社会科学院法学所及中国政法大学,迄今已从事法学教育与研究工作达68年之久。如果从潘先生1943年的获奖论文"中国古代法学思想初探"算起,潘先生的学术活动已经持续了70多年。

潘汉典先生是笔者的博士生导师。

笔者于2008年考入中国政法大学比较法学研究院跟随潘先生读博士,三年程门立雪,深感遇到了难得的好老师,不仅受益匪浅，而且没学够。

在读博士学位期间，笔者曾陪同专程来京的《东吴法学先贤文丛》主编、苏州大学法学院艾永明教授与潘先生商量编辑出版文丛之一的《潘汉典法学文集》之事，潘先生开始极力谢绝，认为自己的老师更为优秀，应优先出版他们的文集。在艾永明教授和李卫海博士（获苏州大学法学博士学位，系笔者同事）的再三劝说下，潘先生才勉强同意。受苏州大学法学院之托，笔者花了三年时间，编辑出版了约167万字的《潘汉典法学文集》。有感于先生与其恩师费青的深厚师生情谊，笔者与先生合作，于2015年编辑出版了《费青文集》（商务印书馆版），先生为之亲自作序。同年，笔者协助整理出版了先生完成于1947年的译著《博登海默法理学》（法律出版社2015年版）。目前，笔者仍在协助整理先生完成于1947年的德国法学家耶林著《权利斗争论》。[①] 收（搜）集、整理和编辑上述著述的过程，无疑是一次真正的学习过程，也对先生的学术历程和东吴法学院的历史有了更多的了解。

熟悉潘先生的人都知道，先生一生低调谦和，很少谈论自己。一般人包括法学界对先生的了解也相当有限。笔者于2008年开始师从潘先生攻读比较法学博士学位，毕业后仍有机会近距离地向先生学习、求教，比一般读者有更多机会接

[①] 已于2016年7月与商务印书馆签订出版合同，预计年内出版。

触和了解先生的学术活动和生活细节。笔者深感学界需要这样的纯正学人，学校也需要这样的好教师。

学生写导师难免带有主观色彩，加之笔者未受过史学方面的训练，这篇作业并不容易。笔者于2011年取得比较法学博士学位后，曾与先生当面提及，愿意跟着先生做博士后研究。虽是戏言，但向先生学习的心情是真实的。此篇文字，可以视做笔者自己选博士后导师，自己做博士后研究的一份作业，希望借此走近潘先生，也希望有助于更多读者、学子和同道对低调的潘先生多一点了解。

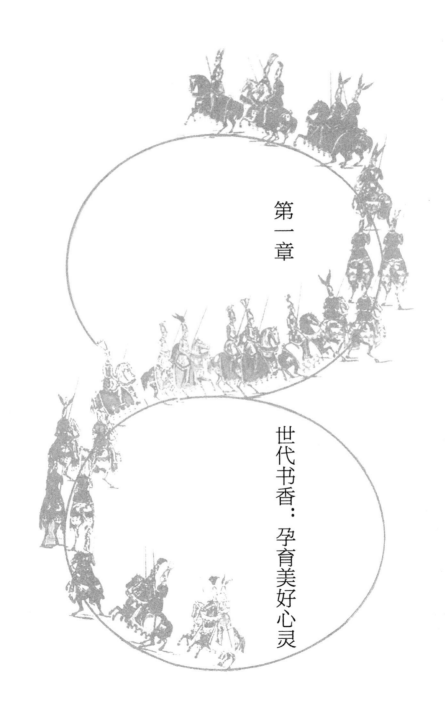

第一章

世代书香：孕育美好心灵

潘汉典先生,号宗洵,公历1920年12月3日（农历十月二十四日）出生于广东省汕头市。潘先生远祖原籍沈阳,但近代世居广东,祖上世代书香。

费孝通先生晚年多次著文呼吁"文化自觉"①,"文化自觉只是指生活在一定文化中的人对其文化有'自知之明',明白它的来历,形成过程,所具的特色和它的发展的趋向,不带任何'文化回归'的意思。不是要'复旧',同时也不主张'全盘西化'或'全盘他化'。自知之明是为了加强对文化转型的自主能力,取得决定适应新环境、新时代时文化选择的自主地位"②。

笔者探讨潘先生的家世,就是希望了解家世对于先生一生潜心于学术的影响。

---

① 费孝通晚年发表了"完成'文化自觉'使命,创造现代中华文化""反思·对话·文化自觉""从反思到文化自觉和交流""文化的传统与创造""关于'文化自觉'的一些自白"等系列文章,详见氏著：《文化与文化自觉》,群言出版社2010年版。
② 前引费孝通"反思·对话·文化自觉",氏著：《文化与文化自觉》,群言出版社2010年版,第195页。

诗书传家

据潘先生"家谱",始祖潘有恭,二世潘成贵……潘先生为第十一世。①

值得一提的是潘先生保存的"族谱",鉴于其自身具有重要的史料价值和文化价值,有必要在此作简要介绍。

"族谱"含有"溯源""训规""总谱""房谱""世表""家传""著述""坟墓"和"杂记"等目次。

潘先生祖父潘文铎出身"广州驻防京城镶白旗汉军",在"溯源"篇里有"八旗缘起""汉军始末"和"驻防因缘"的文字,有了这些相关知识,对潘文铎的出身就会理解得较为准确。

在"训规"篇有关于"师道"的文字:"……师者,君道也,父道也,不尊敬何以成德?尊师之礼,万古皆同。又曰:致敬、尽礼之谓尊,不必财务也。"

"祖训"篇里直言:

---

① 感谢潘先生公子潘百鸣的信任,曾给笔者看过潘先生珍藏的"家谱"和"族谱"。结合笔者对相关资料的阅读,对先生的家世有了大致的了解。

> 读书以明理晓事为要，书须真读，方不耽误终身。时下轻浮之习，熏香刺面，举止风流，自称读书人矣；及其考其文义，则昏昧无识，不稂不莠，误却终身。反不及若椎鲁无文，犹能以弓矢赡养妻孥也。子年十五六，即察其学业，如不能读，便令其弓马学贸易，千万不可耽误。
>
> 功名前定，荣辱有时，宜安天命。若钻刺营谋，关通贿合，名虽到手，而出身弗正，为人笑骂，不徒不足光宗耀祖，实悉辱祖考矣。

"族谱"里有潘先生祖父潘文铎公亲笔撰写的"先考行述"，可以让我们从中了解潘先生曾祖父的相关情况：

> 先考讳正锦，字乡云；先世本辽东沈阳卫人，顺治初，从龙入关，居京师。康熙二十一年，由京师分拨驻粤，七传至先祖瑞龙公，忠厚隐德，生两子，长即先考也。先考生而岐嶷，天性孝友；读书惟求大义，雄伟慷慨，喜赴人急。不论士农工贾方外僧道，每一因事交接，辄能得其欢心，久而加敬。遇豪侠之士，尤喜谈因果事以诫劝之，多为所化。有陈某者，年少喜侠，然素惮先考，一日怀刃赴其友约，途遇先考。先考考其状诘以何往，少年缩循支吾。先考掖之归家，而告其妻。明日其友乃犯逆伦重案，少年初犹以为邀其佐斗，至是折节获令终焉。及甲寅，红匪事起，选兵出战，先考时以襄办旗中笔墨事不与，乃慨然请行，当事者壮之。每战

必先。七月初二日，我军出队，忽为贼抄袭，遂没于阵。呜呼痛哉。

文铎少孤，时年十一岁，于先考行事，不甚省记。犹忆儿时，最为先考所钟爱，每日自学归来，必令背诵所读书。一日背毕，先考曰，尔现读《论语》弟子入则孝章，抑知为弟子之道乎？答曰不知。先考曰，弟子即童子之称，入即是在家，出即是上街。在家当孝顺，上街当悌逊。广爱同学众人，而亲近同学中肯读书之好人，能如此便是为弟子之道。文铎曰，诺。又一日，谓文铎曰，读书成人，其要在亲师择友尔，试背诵学而全册。文铎随口背毕。先考曰，如有朋自远方来，人不知而不愠，无友不如己者，就有道而正焉。爱众亲仁等数训，皆教人亲师择友之道，且上自天子将相，下至一命庶人，莫不须师友辅替而成。小子志之。及文铎稍长，每喜携往忠义先贤名官各祠宇，游至则必告以某忠义先贤名官系某朝某代人，且详举其学行政绩，以欣动之，必令略悉其梗概而后已。又常偶为疟疾所困，自恐不起，预作遗嘱，训诫文铎等有读书志在圣贤，为官心存君国，庶可慰我泉壤语。不孝文铎幼年失怙，追念音容，依稀在目。奉持遗训，刻骨镂胸，每一念及先考忠骸辗转，涕零抱恨终日。嗣得读国朝名儒李二曲先生传，载二曲之父信吾身为材官，随监纪孙公战没襄城，寻尸不得，襄城令有为信吾造祠故战场事。思欲效之以酬祭祀。弟自辛未观政工曹及改官宦奉前后二十余年，糊口四方，心与力俱未逮也。今幸于癸巳岁，由海城县任内，得告养解官归里，因择地于故战场唐夏埠内兴工造祠，以作莹园，俾先考英灵，有所凭依，子孙后奕，得以拜扫，不忘是则不孝之誌痛本心也。呜呼痛哉！

先考生于大清嘉庆癸酉年六月二十一日，殉难于咸丰四年七月初二日，享年四十二岁……

查阅《驻粤八旗志》，有专条介绍"潘正锦"："汉军镶白旗人。马甲。略知书，能明大义。笃信因果，有为不善者，尽诚诫导之，必其人改而后已。里有少年某，素惮正锦，一日衷刃赴其俦约，途遇正锦。正锦怪其状，诘何往。少年不敢隐，具以实对。正锦挟之返，告以利害，遂弗往。是夜，其人戕杀一家数命，而某初不知，以为但邀其佐斗也。土寇事起，选兵备剿。正锦时充佐领外郎，未与选，力请之。当事者慨然许之。每战必先。七月二日，战棠夏村，深入，遂殁于阵。韩懋，镶白旗武生，水师副工兵。性直憨，喜谈忠义，同时亦力战殁。正锦第三子文铎，同治辛未科翻译进士，工部主事，改选知县。"① 此文正可与"先考行述"一文互证。

---

① （清）长善等纂：《驻粤八旗志》，辽宁大学出版社1992年版，第519页。

潘先生祖父潘文铎（1860—?）①，字左阶，广州驻防京城镶白旗汉军，同治九年中式庚午科翻译举人②，同治十年，中式翻译会试第四名，获翻译进士。③ 曾于光绪九年（1883年）就任复州（按：现改为县级市——瓦房店市，隶属于辽宁省大连市。下同）知州④，于光绪十三年（1887年）就任开原县（现改为县级市——辽宁省开原市，隶属于辽宁省铁岭市）知县，于光绪十五、十七年（1889、1891年）就任安东县（现为辽宁省丹东市东沟区）知县，于光绪十八年（1892年）就任海城县（现改为县级市——辽宁省海城市，隶属于辽宁省鞍山市）知县等职，曾经安徽巡抚福润奏调随

---

① "原导读"生卒为 1860—1911 年，因去世时间明显有误且无资料记载去世时间，故暂时存疑。

② "原导读"此处未注明资料来源，现据（清）长善等纂《驻粤八旗志》（辽宁大学出版社，1992 年版，第 411 页）补注于此。

③ 翻译科为清朝科举科目之一。凡经翻译科各级考试取中的生员、举人、进士，均冠以翻译二字，即"翻译生员""翻译举人""翻译进士"，以别于一般的文科录取者。参见郑天挺、吴泽、杨志玖主编：《中国历史大辞典·下卷》，上海辞书出版社 2000 版，第 3276 页。同治年间约 3 年举行一次会试，潘文铎先生于 1871 年（同治十年）获辛未科翻译进士，该年全国共 4 人获此殊荣，参见维基百科"翻译进士"条目，链接：http://zh.wikipedia.org/zh-cn/%E7%B9%99%E8%AD%AF%E9%80%B2%E5%A3%AB，最后访问时间：2012 年 6 月 11 日。关于潘文铎履历，可参照笔者新看到的《中国第一历史档案馆藏清代官员履历档案全编》（12）（秦国经主编，唐益年、叶秀云副主编，华东师范大学出版社 1997 年版，第 244 页及以下）一书中"潘文铎"名下的简要介绍。

④ 复州任职是撰写本文的新发现，参见瓦房店市地方志编纂委员会编：《瓦房店市志》，大连出版社 1994 年版，第 485 页。

即办清赋事宜①,后回广东,官至道员。② 据潘先生回忆,祖父与梁漱溟的父亲梁济(字巨川)先生关系甚好,潘家与梁家是世交。③ 查阅林兆翰撰写的《梁公事略》,有明确的文字记载:"梁公讳济,字巨川,广西桂林人。其先累世仕清,逮公以举人官内阁候补侍读,迁民政部候补员外郎。清逊位七年而殉之,或以闻于清室,予谥曰贞端。公幼而失怙,母刘太恭人娴书史,尚宋贤之学,自课之读,辄受以儒先格言故训。及长,与南海潘文铎相切劘,向志事功,宋元儒家外,颇好戚南塘论兵诸书,复取当世曾文正、胡文忠、阎文介诸公精核朴实之言朝夕讨论,别为札记,用力甚勤。"④ 笔者于2016年7月因公赴台湾,购得台湾商务印书馆版的《清梁巨川先生济年谱》,作者为梁焕鼐、梁焕鼎(梁漱溟)昆仲。书中于梁巨川公二十二岁时写道:"是年,在愿学堂授读,得友南海潘佐阶先生文铎同馆两年余。相与砥砺切劘,谊兼师友,获益最大。……至老,别四十年,常在念不忘。

---

① 参见汪军编著:《晚清安徽巡抚邓华熙史略》,时代文艺出版社2001年版,第4页。
② "原导读"未注明资料来源,现补注如下:开元县履历参见《东北人物大辞典》编委会编:《东北人物大辞典》,辽宁人民出版社、辽宁教育出版社1992年版,第1158页;安东县履历见前揭第1176页;海城县履历见前揭第1158页。另可参见辽宁省地方志编纂委员会办公室主编:《辽宁省志·政府志》,辽海出版社2005年版,第60—73页。
③ 2015年12月7日于先生寓所访谈。
④ 梁济:《梁巨川遗书》,华东师范大学出版社2008年版,第279页。

自言一生志行，除幼承母教外，得力于潘先生之开启者为多云。"① 上述文字印证了潘先生口述所言不虚。

潘文铎先生的学问很好，据民国版《番禺县续志》载："粤东驻防人潘文铎刻有《刘光禄遗稿》。"② 晚清爱国诗人、教育家、抗日保台志士丘逢甲于1908年曾作一首七律诗，题为"是日之客王方伯外，有蒋亦璞廉访（式芬）、潘左阶观察（文铎）、夏用卿编撰（同龢），而主人则丁伯厚侍讲（仁长）、吴玉臣编修（道镕）、汪莘伯广文（兆铨）及予也，十迭前韵"③，从中可以读到潘公交往人物的部分信息。潘先生卧室里至今仍悬挂着晚清著名学者陈澧为潘公撰写的条幅："读书有味如谏果；饮酒无心同浮云，左阶仁兄雅鉴。"潘公为官一任，勤勉做事并热心教育。据前清庠生邑绅于麟炳重修城隍庙碑记：

> 安东地区地处边陲，设治较晚，官斯土者皆先务民事，未遑致力于神。迨光绪辛卯，潘公文铎来宰斯邑，以县无城隍，祀典有缺，乃询于邑绅，谋所以栖神之所。既从堪舆家言，择县署西偏青宠（龙）山之首、七道沟之阳，捐廉兴修，未成卸事。

---

① 梁焕箫、梁焕鼎编：《清梁巨川先生济年谱》，台湾商务印书馆1980年版，第12页。
② 番禺市地方志编纂委员会办公室主持整理：《番禺县续志》（民国版，点注本），广东人民出版社2000年版，第410页。
③ 丘铸昌：《丘逢甲交往录》，华中师范大学出版社2004年版，第306页。

民国时期安东县知事姜承业于民国十五年所立《城隍庙碑记》对潘文铎的善举也有明确记载。① 同样在安东任职期间，潘公还创设了义学两处。据县志记载，"清光绪十七年（1891），知县潘文铎创设义学两处，延师训课，此为安东官立学塾之初基。所需经费潘令查有办理山茧计剪纳税一项，每年可收东钱1906吊，当将此款拨充义学费用。"② 潘公在东北为官，告老还乡之际，当地百姓夹道相送，挥泪惜别。潘先生虽未与祖父祖母见过面，但家中存有祖父祖母与父母亲的一张合照，更多次听母亲、特别是姑母讲过祖父的故事。祖母对潘先生的父亲说，"当官就要当这样的官，要不然就别做"。祖母的话无疑对潘先生的父亲有决定性的影响。

潘先生父亲潘澄修，号海秋，清末毕业于广东法政学堂。这所学校由当时的两广总督岑春煊设立，是广东中山大学法学院的前身。2005年，中山大学法学院庆祝法科设立100周年，就是对广东法政学堂的纪念。根据新的史料，广东法政学堂开办于1906年可能更准确。③ 该校入学对象为本

---

① 参见辽宁省旧方志整理委员会编：《辽宁旧方志·丹东卷》，辽宁民族出版社2001年版，第955、405页。
② 《中国地方志集成·辽宁府县志辑》（16），（南京）凤凰出版社2006年版，第176页。另见辽宁省旧方志整理委员会编《辽宁旧方志·丹东卷》，辽宁民族出版社2001年版，第176页。
③ 王健认为是1905年，见氏著：《中国近代的法律教育》，中国政法大学出版社2001年版，第211页。程燎原取1906年说，脚注提供了光绪三十二年三月六日的《岭南日报》作为支持，见氏著：《清末法政人的世界》，法律出版社2003年版，第98页。赵青、钟庆的论文"夏同龢创办广东官立法政学堂史实考辨"一文明确主张1906年，认为1905年说是混淆了阴历与阳历。参见《教育文化论坛》2015年第1期。

省官吏、各府州厅县保送的绅士,设官额 125 名,绅额 100 名。学堂"内分初级法律本科(一班),法律速成科(二班),政治本科(一班),理财本科(二班),预科(四班),总共 10 个班"①。开设课程有大清会典要义、外国行政法、大清律例要义、外国刑法、大清商法、各国商法等。② 该校的校长(时称学堂监督)为清末状元、日本法政大学法政速成科第一班学员、卒业证书授予式上被法政大学校长、日本近代法学奠基人之一、民法典起草人之一梅谦次郎唯一点名称赞并获"卒业特别试验合格者"的夏同龢。潘先生清楚记得潘老先生是第二届学生。

潘澄修老先生从广东法政学堂毕业后,于宣统二年参加了近代中国第一次京师法官考试,潘老先生不但通过了考试,而且位列优等。当年的《申报》《大公报》都有报道,并且附有最优等和优等的名单(计 83 名加 193 名,另有 270 余名中等名单没有登载)。③ 根据《法部奏酌拟法官填写亲供发给执照办法折》,这些考试合格人员除在京师实习外,一般都分发到考生所属省份或临近省份的地方以下各审判、检

---

① 中国人民政治协商会议广东省广州市委员会文史资料研究委员会编:《广州近百年教育史料》,广东人民出版社 1983 年版,第 71 页。
② 参见汪祖泽、莫擎天:《广东公立法政专门学校杂忆》,载中国人民政治协商会议广东省广州市委员会文史资料研究委员会编:《广东文史资料》第 10 辑(1963 年第 4 辑),第 105 页。
③ 参见李启成:《晚清各级审判厅研究》,北京大学出版社 2004 年版,第 115 页注。

察厅以正七品学习推事、检察官的资格进行实习。① 据潘先生回忆,潘老先生最初在汕头任检察官,由于痛恨当时贪贿横行的官场,不久便离职做了律师。笔者迄今未查到潘老先生做检察官的文献,但意外查到潘老先生于宣统三年被任命为澄海县商埠地方审判厅(按:下边还有初级审判厅,故相当于中级法院)推事的文献。② 老先生作为律师的登录记录也清楚地记载在民国档案里。③ 按时间推算,潘老先生的律师登记应该是民国二年即1913年,在广东的律师登记序号为11号,放在全国也应该名列前茅,有理由认为潘老先生是近代中国律师的先驱者之一。

据潘先生回忆,父亲的律师职业干得很成功。有资料证明,潘老先生作为律师确实很成功。据笔者查到的《广东司法五日报》部分内容,潘律师1921年代理的一起刑事案件获得胜诉④;民国十八年(1929年),司法院曾对潘律师提

---

① 参见《大清宣统新法令》(第23册),第62页。转引自李启成:《晚清各级审判厅研究》,北京大学出版社2004年版,第115页注。
② 参见沈云龙主编:《近代中国史料丛刊(第二十九辑)·宣统三年冬季职官录(二)》,文海出版社1968年版,第1256页。
③ 司法部编广东律师登录第一表(自民国二年四月起至民国三年三月止),第一号为李兼善,广东番禺人,登录时间为民国二年四月二十四日,第十一号为潘澄修,南海人,登录时间为民国二年四月二十六日。参见中国第二历史档案馆整理编辑,上海书店出版《政府公报》(第五十七册)(影印本),第677页。
④ 参见《广东司法五日报》1912年第21期,链接:http://www.wenxueleia.cn/n/p2jpathqk/qikan/base/20419388/dc21409b81e24272a6ea46c1fb498831/37b64195ea5d842-eae04e26ad7c5904e.shtml?bt=2015-12-11&et=2015-12-12&startpage=89&tp=p2jpath-qikan&author=&pagetype=6&sDxNumber=111000973269&sKey=%E6%BD%98%E6%BE%84%E4%BF%AE&title=。最后访问时间:2015年12月11日。

交的两起有关民诉法的法律疑问作了解释①；民国二十年（1931 年），司法院曾对潘律师提交的法律疑问作了解释。②

　　潘老先生世居广州，在汕头无权无势，靠自己打拼出一片天地。据潘先生回忆，父亲是个具有正义感的知识分子，经常免费为穷苦的当事人打官司。潘先生清楚地记得，父亲兼任汕头的广州旅汕同乡会会长，每年过年时节，父亲会包租潮汕船舶公司的船，资助同乡返乡祭祖。潘先生记得小时候和父亲一起出门的时候，曾有人当街向父亲跪谢。那时，做律师本是一种收入可观的职业，但当潘老先生去世的时候，家里却几乎没有足够的钱为其办后事，还是潘老先生曾经资助过的当事人，自发地捐助了一副上乘的棺材。

　　据孟庆友博士当年对潘先生的采访：

　　　　1920 年，发生了一件意外事故。有一位商人找我父亲担任辩护律师，黑帮分子诬陷这个商人，说他卖日货。当时，广东正处在抵制日货的风潮中，一般人都不敢沾染日货，聊以自保。很多人劝我父亲不要接这个案子，甚至有人威胁他不要接。但我父亲很正直、很勇

---

　　① 司法院参事室编：《司法院解释汇编》（第一册），南京印刷所民国二十年（1931 年）版，第56 页。
　　② 参见《法令周刊》1931 年第 30 期，链接：http：//www.zhengzhifl.cn/n/p2jpathqk/qikan/base/28693486/7702c945324b438b982c30fb87eaa754/6687d4657485f1558e-0647be48b7087a. shtml？ bt = 2015-12-11&et = 2015-12-12&startpage = 39&tp = p2jpathqikan&-author = &pagetype = 6&sDxNumber = 111000881206&sKey = % E6% BD% 98% E6% BE% 84% E4% BF% AE&title = % E8% A7% A3% E9% 87% 8A，最后访问时间：2015 年 12 月 11 日。

敢，他对事实做了了解后，就冒着自身的风险为这个商人辩护。果不其然，父亲也就被卷了进去。母亲后来告诉我，有一天早上，大街上正在进行反日游行，几个人突然闯进我家里，父亲正在睡觉，就被拖走，押起来游街。街上群众，抵制日货，口号声声，暴徒就借机污蔑我父亲，说他为卖日货的奸商辩护。于是，父亲被声讨殴打，情状很是激烈，幸亏警察赶来制止。后来，案子庭审，父亲出庭，慷慨激昂，出具很多有力的证据证明了这个商人的清白，还进一步证明，诬陷他的人完全是出于商业上的嫉妒。案子大胜！黑帮的迫害本来是想陷害我父亲，想把我父亲在业内搞下去，可事与愿违，最后胜诉的是我父亲。因为关注这件事的人很多，所以父亲在社会上赢得了更好的声誉，其他律师认为父亲敢于仗义执言，忠于事实不畏强暴，其后就推举他为汕头市律师公会会长（按：应为澄海律师公会会长），他任此职直至去世。直到我出生，父亲还因为这次受伤住在医院。这件事在我出生之前。我长大后，母亲多次叙述，她也引以为傲。父亲勇于为当事人辩护，虽然一时蒙冤被诬受害，但最终真相大白，得到大家的尊重，获得了很高的社会声誉。这件事对我的震动一直延及今天，我从小就想以父亲为榜样。父亲是广州人，不是汕头本地人，单凭自己在律师业内对正义感的执著和法律的真知赢得人们的尊重。他是十分具有社会责任感的人，乐于助人,不仅是律师公会的会长,还被推举为广州旅汕同乡会的会长。一方面,父亲以自己的端正行为帮我立了志,那就是要正直,要勇于打抱不平,要扶危济困;另一方面,父亲也帮我择了业,可以说,要像父亲那样走法律道路,从来都是我的梦想。①

虽然潘老先生去世的时候潘先生只有十一岁②,但他的人格对潘先生的一生影响极大,一如潘先生祖父对潘先生父亲的影响。潘先生至今保存着父亲1922年澄海律师公会七周纪念同人合影照以及父亲出殡时的老照片:送行的人很多,在往墓地去的山路上,浩浩荡荡的群众排了好几里地;有律师同行,有学生,有贫苦的人民;令人震惊的是,路边有人跪着磕头,搬小凳子做供桌烧香。潘先生当时非常感动,也很奇怪,后来从母亲处得知,父亲在当地办了很多学校,那些学生有一部分来自那里,而那些贫苦的人民,或者是父亲的当事人,或者受到过父亲的帮助。潘先生由此深知,人民是有分辨力的,做一个好人,为人民伸张正义、主持公道,人民不会忘记;同时明白了光靠热情是不够的,要学好知识、懂得法律,才能帮穷人说话、打官司、主持正义。

潘澄修老先生好读书,收藏并遗留有文史哲等方面的古

---

① 详见潘汉典口述、孟庆友整理:《父亲的正义感,照我一生》,载《中国法律》2009年第2期。
② 前注为13岁,为误刊。

书如《四部丛刊》《二十四史》《沈寄簃先生遗书》等和新书如瞿秋白的《赤都心史》等,此种爱书、藏书和读书的习惯也深深地影响了潘先生。潘先生的小书房里至今悬挂着姑丈左霈为父亲书房题写的横匾"箍斋",匾内特意写到:"海秋内棣好读书,手不释卷,今以箍名斋,可见其勤勉之意矣。"正是父亲的人生经历和处事态度决定了潘先生的思想倾向和择业方向。

清华园里的"榜眼"身影

前文提到的为潘老先生题字的左霈也非寻常之辈。

左霈(1875年—1936年),字雨荃,正黄旗汉军广州驻防,学者,书画家。清光绪二十年(1894年)广东乡试中举人,光绪二十九年(1903年)癸卯科中进士,殿试高居第一甲第二名,即榜眼,授翰林院编修。[1]

据《京师大学堂进士馆毕业学员考述》一文,清末最后两科进士被要求进入京师大学堂肄业,于入职之前接受西学教育,大学堂因此专设进士馆。"科举改试策论,固异帖括空疏,唯以言取人,仅能得其大凡,莫由察其精诣。进士入官之始,凡一甲之授职撰编修,二、三甲之改庶吉士用部属中书者,皆令入京师大学堂分门肄业。"[2] 进士馆于1904年5月开学,学员主要为新科进士,即癸卯科进士。翰林中书为内班,住馆学习,课程有兵政、体操、史学、地理、法律、

---

[1] 参见王存诚编:《韵藻清华:清华百年诗词辑录》(上),清华大学出版社2011年版,第18—19页。

[2] 为进士馆学员授职事谕(光绪二十八年十一月初二日),北京大学校史研究室编:《北京大学史料》(第一卷,1898—1911),北京大学出版社1993年版,第153页。

教育、理财、东文、西文及格致、算学、农学、工学、商学等。进士馆于光绪三十二年（1906）年底举行毕业考试，左霈获最优等。"中书最优等者保以劳绩遇缺"，1907年4月授翰林院编修①，后晋升为撰文（秘书郎）②。左霈曾到清史馆工作，清史馆功课簿中有其名字，曾撰《地理志》湖南一卷，因《地理志》湖南部分后由唐恩溥重撰，故左霈撰稿未用。③ 1909年补授楚雄府知府，后任云南丽江府知府，因母亲去世，报"丁忧"未赴任。民国元年（1912年），左霈由蒙藏局指派筹办《蒙藏报》，任总编纂，并在蒙藏学校任学监兼教务主任，为清朝榜眼中担任民国学校学监的第一人。在蒙藏学校期间，左霈聘请了名士郭家声、张书云二位进士来校教国文，留美归国的谢恩龙教英文，留日归国的金永昌教蒙文，留日归国的杨书升教音乐，留日归国的耿汉教交通政策，根据当时的情况为学生制定了国文、蒙文、藏文、历史、地理、刑法、民事诉讼法、民法、交通政策、殖民政策等11门功课。蒙藏学校第一个班级——补习班的学生经过3年学习，毕业后通过高等文官考试、律师资格考试全部被各地政府机构录用，他们的优良成绩受到了北洋政府的重视，

---

① 参见王学珍等主编：《北京大学纪事1898—1997》，北京大学出版社2008年版，第31页。

② 参见李硕、陈鹏：《京师大学堂进士馆毕业学员考述》，载《杭州师范大学学报（社会科学版）》，2015年第2期，第20、24页。

③ 参见李思清：《舫斋载笔：清史馆文人群体的形成》，载《北京联合大学学报（人文社会科学版）》，2012年第4期。

黎元洪总统特地传令嘉奖蒙藏学校教师，授予嘉禾勋章，从此蒙藏学校声名大振。蒙藏学校校史认为，左霈先生在建校初期所做的贡献功不可没。①

自民国七年（1918 年）起，左霈先后任清华学堂历史、国文教师，直至民国十七年（1928 年）。② 据《清华周刊》记载，1923 年校方特意安排教师在专门的地点接待学生，与学生谈话、沟通思想，改善和增进师生情谊，左霈与梅贻琦、马约翰、余日宣、陈福田等教师直接参与其事。③ 从 1922 年的清华高等科课表可以发现，左霈在国学部开设的课程有国文、文学史和美术文。④ 1925 年，清华学堂改为清华大学，左霈与杨树达、吴在、戴元龄等被聘任为国文学系教授，同时被聘任的还有西洋文学系的陈福田、温德等，数学系的熊庆来等，物理学系的梅贻琦，政治学系的余日宣、钱端升等。⑤

---

① 参见中央民族大学附属中学官网：校友风采——左霈，载 http://www.mdfz.com.cn/xiaoyouhui/879.html. 最后访问时间：2015 年 12 月 12 日。

② 参见王存诚编：《韵藻清华：清华百年诗词辑录》（上），清华大学出版社 2011 年版，第 18 页。

③ 转引自蔡德贵：《清华之父曹云祥》，陕西师范大学出版社 2011 年版，第 158 页。

④ 参见苏云峰：《从清华学堂到清华大学（1911—1929）》，三联书店 2001 年版，第 170—171 页。

⑤ 参见清华大学校史研究室编：《清华大学九十年》，清华大学出版社 2001 年版，第 37 页。方惠坚、张思敬主编的《清华大学志》（上册）一书列举了 1925 年、1926 年聘任的教授名单，如国学院的王国维、梁启超、赵元任、陈寅恪四人，中文系的朱自清、钱基博、左霈、吴在、杨树达等，外文系的吴宓、陈福田、温德等，哲学系的金岳霖，数学系的熊庆来等，物理学的叶企孙、梅贻琦，政治学系的余日宣、钱端升等共计 68 名，详见方惠坚、张思敬主编：《清华大学志》（上册），清华大学出版社 2001 年版，第 502 页。

从《清华大学一览》(1927年)刊载的《学程大纲》及各系专修课程与教师名录看,左霈至少在国文学系开过《中国文学书选》的课程。① 曾在清华求学的中国近代著名政治学家、外交家张忠绂撰写过《八载清华》的回忆文章,特别提到"另一位教国文的清末探花左霈":"曾因赞助戊戌政变罢官,然而他却赞成多妻制。他的理由是,男子譬如茶壶,女人譬如茶杯,一把茶壶的水可以倒在若干茶杯中;但几个茶杯中的水却不可以倒在一个茶壶内,那样做,水会变混浊的。戊戌政变时一般维新人物的思想,于此可见一斑。"②

《导游清华园》的作者苗日新写道,梅贻琦、叶企孙、陈岱孙、闻一多、顾毓琇、潘光旦、赵元任等教授,他们是清华大学的第一代教授,却是清华历史上的第二代教师。原来除了留学海外使他们学到了"科学"之外,为他们打下国学基础的还有住在古月堂的清华学校第一代国学教员。"看看这些教师的简历吧:叶景法,光绪十年(1884)举人,上海县立敬业学校校长,1914年清华学校国文教员。叶企孙曾在其父叶景法指导下阅读经史子集著名篇章和《九章算术》、《海岛算经》、《算法统宗》、《畴人传》、《梦溪笔谈》、《谈天》、《天演论》和《群学肄言》等著作,

---

① 参见齐家莹编撰:《清华人文学科年谱》,清华大学出版社1999年版,第49页。
② 《学府纪闻:国立清华大学》,南京出版有限公司民国七十年(1981年)版,第328页。

因而国学根基深厚,并为研究中国自然科学史打下扎实基础。汪鸾翔,光绪十七年(1891)举人,1918年清华学校高等科国文教员,清华校歌歌词作者,1925—1928年中国文学系教授。傅增湘,光绪二十四年(1898)进士,1927年故宫博物院院长,1930年来校,1931年清华研究院名誉导师。梁启超,光绪十五年(1889)举人。1913年返国,1914年借清华校舍著书,提出校训,1922年任清华特别讲师,1925年任清华研究院导师,1927年6月离校。黄节,辛亥后广东高等学堂监督,1929年清华大学中文系任教。左霈,光绪二十九年(1903)进士,1918—1928年清华学校历史、国文教师。姚华,光绪三十年(1904)进士,1911年清华学堂兼职教员。陈曾寿,光绪二十九年(1903)进士,刑部主事,1919年清华学校任教一年多。朱希祖,毕业于早稻田大学。1927年、1928年清华任教,中央研究院研究员。林志钧,光绪二十九年(1903)举人。1927年清华国学研究院讲师,书王国维碑,1932年清华大学哲学讲师。王启湘,1923年清华学校国文教师,后为湖南大学教授。黄桂芬,1919—1923年清华学校国文教员。张宗祥,光绪二十八年(1902)举人,1910年殿试一等,大理院推事兼清华学堂教员,1922年任浙江省教育厅厅长。这份不完全的13人教师名单里就有进士4位和举人5位,恍若'翰林院'再现,如此强大的教师阵容,清华能培养出那么多大师就不足为奇了。"①

作为清华的教师，左霈曾在《清华学报》第四卷第四期发表过一首《题梅花诗》。清华大学百年校庆之际，清华大学王存诚编辑出版了《韵藻清华：清华百年诗词辑录》（上下册），收录了左霈的题扇词《菩萨蛮》一首。

离开清华大学后，左霈1929年赴香港，任圣士提反书院教师，除勤勉教学外，与香港学海书楼创始人赖际熙以及学海书楼早期的主讲温肃、区大原等太史是同科，交往甚密，曾讲学于香港学海书楼。② 民国二十五年（1936年）病逝于香港。

香港夏其龙教授（香港中文大学文化及宗教研究系客座副教授、历史系副教授）认为，左霈是大时代中有名气的小人物。他拥有才华却生不逢时，最终没有机会成就大事业。他能赶在废科举前在28岁考得功名，算没有白费了窗前苦读的时光，反而添加了末代前科举榜眼的稀珍名衔，终生使人另眼相看。左霈在出版及教育方面没有出色的贡献，却仍是有功于民族间的文化沟通与培育人才，也不枉费他一生研读的功夫，他一面教学，一面修读法律及英文，算是不倦于进取的学者，为他后来进入香港这洋化社会求职的能力。他

---

① 苗日新编著：《导游清华园》，清华大学出版社2012年版，第37页。
② 参见广东省政协文化和文史资料委员会编：《香海传薪录：香港学海书楼纪实》，中国文史出版社2008年版，第303页。

能在名气甚高的圣士提反书院任教,与他的勤奋及清朝科举获得的名气肯定有关。①

---

① 参见夏其龙:《"蒙藏报"编辑:左霈的生平》,载 http://humanum.arts.cuhk.edu.hk/~lha/writings/zuopei.doc,最后访问时间:2012 年 6 月 11 日。潘先生非常钦佩姑丈的才华和学问,家中收藏有姑丈寄给父亲的全家福照片和若干幅书法作品。2015 年 10 月 30 日,应清华大学法学院高鸿钧教授邀请,笔者陪同先生参加高鸿钧教授等主编的两部四册新书——《新编西方法律思想史》(上下册,与李红海共同主编,清华大学出版社 2015 年版)和《新编外国法制史》(上下册,与赵晓力共同主编,清华大学出版社 2015 年版)——在清华大学出版社举办的首发式,先生特别提到了姑丈左霈的很多往事,也证实姑丈当年就住在清华园里的古月堂。

汉军商氏文脉绵延

潘先生的母亲名商德如①,广东省番禺县人,出身于清末的士大夫家庭。

在广东花都区花东镇(原北兴镇)水口营村商公祠前的鱼塘外基上,至今矗立着两副旗杆夹石,一副是"(光绪)戊戌科会试中式一百二十六贡士,殿试二甲,钦点户部主政"商廷修所立,另一副是"光绪甲辰恩科会试中式第一百二十九名贡士,殿试一甲第三名,钦点探花及第"商衍鎏所立。其中商廷修就是著名的广州"汉军商氏"的第一代学人,商衍鎏是商廷修的侄子,属"汉军商氏"的第二代学人。而商德如正是商廷修的女公子。

香港中文大学中文系黄坤尧先生撰有广州"汉军商氏"

---

① 说起亲属对潘先生的影响,最大的莫过于先生的母亲了。在潘先生书桌的玻璃板下,先生手书的几行《忆恩》的自题分外醒目:"奶奶教我,终身感念;严以律己,宽诚待人。"笔者早已注意到这幅《忆恩》,但一直不解其意。有一次与先生晤面时,主动请教先生"奶奶"是否指祖母,先生说是幼时家中的称呼,实际上指母亲。先生说,母亲对自己的一生有直接和重大的影响。

的专文。① 据黄文，商廷修于光绪二十四年戊戌年（1898）中二甲进士，黄文说曾任职农部。前述与潘文铎有交往的丘逢甲与商廷修也多有交往，《丘逢甲交往录》一书里有一些商廷修的信息："字'梅孙'，1898 年二甲第 130 名进士，1906 年前后担任广东八旗学堂监督。"丘逢甲在《甲午日记》8 月 29 日记到，"往旗下街之莲花巷，回拜商梅孙农部"②。

《广东画人录》提供的商廷修履历信息更完整，但某些细节有出入：光绪十一年（1885 年）拔贡、光绪十五年（1889 年）举人，光绪二十四年（1898 年）进士。因为是"画人录"，专门有画作评论："善画梅花，颇得寒雪神韵。"但任职不是"农部"，而是"官户部主事"，字也不是"梅孙"，而是"梅生"。③ 据中华书局出版的《明清进士录》④，二甲第 130 名得到验证，字也是"梅生"，而且"官至户部主事"。至此，笔者相信，商廷修官户部主事更可靠些，当然不排除其后又担任过农部主事。

据《天津文史资料选辑》，天津河西务东仓村存有《皇清诰封授中宪大夫晋光禄大夫、建威将军周刚节府君庙碑

---

① 参见黄坤尧：《广州"汉军商氏"四家学述及佚稿探索》，载香港中国语文学会《文学论衡》2008 年第 13 期。
② 丘铸昌：《丘逢甲交往录》，华中师范大学出版社 2004 年版，第 289 页。
③ 参见谢文勇编：《广东画人录》，岭南美术出版社 1985 年版，第 179 页。
④ 参见潘荣胜主编：《明清进士录》（上中下），中华书局 2006 年版，第 1160—1161 页。

铭》，撰额为中宪大夫、四品衔户部主事商廷修，书者为奉政大夫、翰林院编修商衍鎏。① 另据日本吉田千鹤子著《东京美术学校的外国学生》一书，商廷修曾以"广东省游历官"的身份，经驻日使馆介绍，参观过东京美术学校②，因缺乏相关资料，不知此次参观是否对商廷修的绘画产生过影响。特别值得一提的是，商廷修1885年获得广东省拔贡第10名，《清代硃卷集成》③收有商廷修的选拔贡的试卷，无疑也是研究商廷修的珍贵史料。当然，前引《丘逢甲交往录》里丘逢甲三次在日记中提到商廷修，说明二人多有交往，也是很好的研究资料。

商德如是商廷修的女公子，潘先生是商德如的独子，是故，潘先生是商廷修的嫡外孙。潘先生曾给笔者看过"传家宝"——商廷修的未刊手稿：几大本亲手誊录于宣纸上的《都门日记》《见闻续记》《庚子纪事诗》和《海天旭日斋诗存》。潘先生于1991年为手稿加了"题记"："此《都门日记》九页、《见闻续记》十页及《庚子纪事诗》与《海天旭日斋诗存》若干册均系外祖父商公廷修手迹。《都门日记》、《见闻续记》及《庚子纪事诗》所述系一九零零年义和团在京活动及清廷之态度与八国联军如寇焚杀掳掠清室四遁经过

---

① 参见中国人民政治协商会议天津市委员会文史资料委员会编：《天津文史资料选辑》2006年第2辑，天津人民出版社2006年版，第270—271页。
② 参见〔日〕吉田千鹤子：《东京美术学校的外国学生》，韩玉志、李青唐译，天马出版有限公司2004年版，第26页。
③ 参见顾廷龙：《清代硃卷集成》（407），成文出版社1993年版，第355页。

之实录,诚弥足珍贵之史料也,一俟有暇当整理付梓以贡献于世。"更为难得的是,此稿曾经潘先生表舅商衍瀛①及曾潮、丁厚伯和岳叶等阅,岳叶认为部分内容"可传之不朽"。潘先生特别以文字告诉子女:"《都门日记》手稿是太公潘文铎公珍藏,祖父潘澄修(字海秋)继续宝藏,前清庚子拳匪'义和团'之乱的实录,是清末拳匪之乱的身经灾难实录。必须珍重保存!"

前文已经提到,商廷焕是商廷修的兄长,是陈澧的弟子,善诗,精研《诗》音及上古音韵。有《味灵华馆诗集》《诗音汇谱》《诗音易检》诸稿存世。《味灵华馆诗集》六卷,宣统二年(1910)刊本,现藏广东中山图书馆广东文献馆。

---

① 商衍瀛,字云亭,曾用名悟庵、丹石、明德,广东番禺人,1871年6月11日生。1894年甲辰科举人,1903年癸卯科进士,入进士馆习法政,毕业后授翰林院编修加侍讲衔,旋派赴日本考察政治,归国后任京师大学堂斋务长、调任教务长。又派赴日本考察大学学制,以备设大学分科。嗣兼任京师高等学堂监督、资政院钦选议员。入民国后,就任青岛德华高等学校国文教习。1918年任奉天清室办事处会办,照料清室三陵,代催清丈局所放庄田款项。1929年4月天津兵灾,出任天津红十字会名誉会长,帮同设立难民收容所五处,分批遣散还乡。1932年伪满洲国成立后到长春,历任执政府秘书、宫内府会计、审查局局长、内务处处长等职。1937年去职,改任红十字社副社长。1939年辞职,在长春家居……新中国成立后在京赋闲,靠北京市民政局发放生活补助费维持生计。1956年10月被聘任为中央文史研究馆馆员。1960年11月29日病故,终年89岁。商衍瀛善书法,工楷、行书,运笔精到,刚柔相济,浑朴古雅,颇具功力。参见中央文史研究馆编:《中央文史研究馆馆员传略》,中华书局2001年版,第153—154页。

前文提及的商衍瀛和商衍鎏①是商廷焕的两位公子。1890年广东贡试，兄弟二人皆榜上有名：长兄商衍瀛考了全省第一名，弟弟商衍鎏取得第十名。1903年，两兄弟上京同应会试，兄长中进士，弟弟落榜。第二年，慈禧七十寿辰增开一科，商衍鎏如有神助，中一甲第三名，这是中国最后一次科举考试，商衍鎏也成为中国"最后一个探花"。

翟广顺撰有《商衍瀛客居青岛及复辟侍伪满傀儡政权考释》一文，提供了研究商衍瀛的大量史料。据翟文，辛亥革命后，商衍瀛随逊清遗老避居青岛，出任青岛特别高等专门学堂中文总教习。其间，参与策划癸丑复辟，继而入张勋幕，与丁巳复辟大有干系。在天津追随溥仪时期，他孤忠奋勇拉拢收买奉系旧军阀，游说张学良。商衍瀛官居"满洲帝国"宫内府内务处处长，他委身溥仪卖国求荣亲日派集团，过着委曲求全的失意生活。不像郑孝胥等深谙权术的政治捐

---

① 商衍鎏，字藻亭，号又章、冕臣、康乐老人、拙盦、玉莲园旧主人，广东番禺人，1875年生。学者、书法家。商衍鎏从小苦读，1894年甲午科举人，在广州光孝寺西华堂读书多年，后又入学海堂、菊坡精舍、应元书院。1904年甲辰科中一甲第三名探花，授翰林院编修，入进士馆。历任侍讲衔撰文、国史馆协修、实录馆总校官、帮提调等职。其间1906年至1909年被派往日本东京法政大学学习法政。1912年应聘为德国汉堡海外商务学院汉文教授，1916年聘约期满回国。归国后历任北京副总统府顾问、江苏督军署内秘书、大总统府咨议、江西省财政特派员。1927年任国民政府财政部秘书。1937年抗日战争爆发后，由南京辗转入川，初居成都，后移眉山、乐山、夹江等地，以卖文鬻字为生。抗战胜利后，于1946年回南京。新中国成立后，历任江苏省政协委员、广东省政协常委、广东省文史研究馆副馆长，1960年7月被聘任为中央文史研究馆副馆长。1963年8月28日在广州逝世，终年88岁。参见中央文史研究馆编：《中央文史研究馆馆员传略》，中华书局2001年版，第154—155页。

客那样欺世盗名、窃国篡权,更不像王国维那样学术渊博并肯为溥仪复辟献身的封建遗老,也有别于陈宝琛、朱益藩等鸭步鹅行的旧派古董人物,商衍瀛的东北祖籍、八旗贵胄、翰林出身、侍讲宠衔,以及多年南书房行走等殊遇,是与同时期遗臣的最大区别;而旧派书生的迂腐、义仆殉主的愚忠和政治上的麻木迟钝,最终使他成为由无知到无奈、死心塌地的溥仪复国主义和日本满蒙政策的随侍走卒。① 1959年,溥仪被特赦回到北京会见了许多旧友,只有商衍瀛有文字记载,且是溥仪亲自踏访商宅。据溥仪自述:"商衍鎏在卧榻上与我见了面。他是文史馆的馆员,因为老病,说话已不清楚。他见了我,面容似乎还有点拘谨的严肃,挣扎着要起来。我拉着他的手说:'你是老人而且有病,应该躺着休息。我们是新社会的人,现在的关系才是最正常的关系。等你好了,一块为人民服务。'他脸上拘谨的神色消失了,向我点头微笑,说:'我跟着你走。'我说:'我跟着共产党走。'他说:'我也跟着共产党走'。"②

笔者也曾阅读过商衍瀛的《珍妃其人》一文③,对光绪何以对珍妃独加宠爱,珍妃何以后来会被禁等,据相关史料提出了自己的看法,不仅可以丰富我们对珍妃其人的认识,

---

① 参见《中共青岛市委党校、青岛行政学院学报》2014年第3期,第111—117页。
② 爱新觉罗·溥仪:《我的前半生》,中华书局1977年版(系根据群众出版社1964年版重印),第559页。
③ 参见《文史资料选辑》(第九十二辑),文史资料出版社1984年版,第195—200页。

也是治史的很好文献。商衍瀛公子商公泽撰有"张勋策动丁巳复辟失败经过"一文①，依据商衍瀛的部分遗稿及作者回忆所写，有很高的史料价值。

在《清国留学生法政速成科纪事》一书中，明治四十年（1907）法政速成科补习科卒业姓名录里，广东商衍鎏名列其中。②

商衍鎏著有《清代科举考试述录》《太平天国科举考试纪略》及《商衍鎏诗书画集》三书等。《广东文徵续编》第二册录"清末科举考试亲历记""王韬与太平天国""广东清末的闱姓""清代科举考试述录序例"四文。商衍鎏精于考据之学，例如在"关于王韬与太平天国关系的考证"一文中指出黄畹上书太平天国的发现、黄畹即为王韬（1828—1897）、黄畹上书使清廷震惊的原因、论王韬非太平天国状元各节，述论精辟，使人信服。至于诗书画的创作方面更负盛名，流布海内外。《商衍鎏诗书画集序》云："统三十年来以观余诗，一变再变，谓之为历史鳞爪也可，谓之为余回忆录也亦无不可。暮齿吟咏，不忍弃掷，删其应酬空泛风景之作，选成约四百首，自书影印。就正读者，惟望有以教之。"

商衍鎏晚年随长子商承祖（1899—1975）居南京，1954

---

① 参见中国人民政治协商会议天津市委员会文史资料研究委员会编，《天津文史资料选辑》（第31辑），天津人民出版社1985年版，第142—162页。
② 参见日本法政大学大学史资料委员会编：《清国留学生法政速成科纪事》，裴敬伟译、李贵连校订、孙家红参订，广西师范大学出版社2015年版，第159页。

年开始撰写《清代科举考试述录》，1956 年完稿。继随次子商承祚移居广州。

商探花于 1906 年逢朝廷推行新政、改革学制、派遣公派留学生，商衍鎏成为早期的留日学生，涉猎了宪法、行政法、民法、商法、外交史等新学。归国考核，商衍鎏被评为最为优列一等。更为奇异的是，1912 年德国汉堡大学派员来华为该校东亚系招聘汉文教师，商探花应聘出国。商衍鎏在汉堡大学教书期间为德国汉学及中德文化交流做出了巨大贡献，可以说是德国汉学起步阶段的一个关键人物。

商氏第三代学人商承祚撰有《我的父亲商衍鎏》，第四代学人商志馥撰有《此身与世共光明：我祖父商衍鎏传略》都是珍贵的文献资料，对研究商氏文脉大有助益。

特别值得一提的是，在笔者购入的《商衍鎏·商承祚书正气歌》一书里，商承祚撰写的《我父商衍鎏先生传略》一文有对家世的记述，是笔者目力所及最详尽的商氏家世的记述。尤为难得的是，该文披露了商探花留学日本和德国的丰富信息：

> 父亲及刘春霖、朱汝珍（他携夫人偕往）、沈钧儒等即在其中。他们于光绪三十一年（1905 年）八月赴东京法政大学学习。初时语言不通，上课要靠翻译，课后补习日文，研读中文讲义。学习的学科有：经济学、宪法、行政法、民法、商法、破产法、外交史等。这些新的科目，对过去只熟读四书、五经、"圣贤古训"的学

子来说,大大扩展了视野,开拓了新的知识空间。

除了正式课程之外,还有机会聆听一些专题报告,如该校梅谦博士赴华考查一段时间后,作了一次专题演说,对清廷的政治、经济、教育等状况有较详细的介绍、分析评论。他讲演的主要论点,父亲在日记中有较详细的记录,这说明还是颇受重视的。

此外,父亲还参加过一些大型社会集会。如1906年12月2日一早就去锦辉馆听演说。……第一位演说者是孙中山,他讲的内容有三:一种族革命,二政治革命,三社会革命。到会听讲者数千人,鼓掌之声,络绎不绝。其后演说者尚有章炳麟及日本社会党人及《民报》主笔汪兆铭。此次演讲会盛况空前,引起很大震动。

……1912年德国汉堡大学派员来华为该校东亚系招聘汉文教师,我父鉴于当时国内军阀混战,局势很乱,决定应聘出国,并携长兄承祖、二堂兄承谦去读中学。与该校签订四年的合同,年薪六千马克,旅费一千二百马克(当时一马克不到五角大洋)。是年五月乘火车取道俄国转达汉堡,行程半月(如由青岛乘船则需六个星期)。

父亲来汉堡大学为学生讲授汉学外,还要为德国教师讲课。他刚到该校即应教师们的要求讲解《列子》,为他们研究汉学答疑、辅导。此外还要为该校筹组中国语言和文化系。

汉堡大学董事会对这项工作很重视，专门拨出两万马克，由我父与另一位德国教师编制采购中文书目，并以我父的名义向国内订购图书，这是第一次（世界）大战前德国购得了这批很有价值的中国图书，成为扩展汉堡大学汉语系基础的里程碑。目前拥有八万余册的汉堡大学中国语言与文化系图书馆，已成为现今德国规模最大和最著名的图书馆。

我父在课余坚持学习德文，熟悉德国各方面的情况，虽然工作不太繁重，但也不轻松。在教学过程中，父亲常向他们介绍中国的情况，以消除种种隔阂，同时宣扬有悠久历史且博大精深的华夏文明。

我父的工作颇获好评，很受尊重。不仅在他们的图书馆里至今仍可看到父亲当年缮写的卡片，作为文物以珍藏，而且由于他知识广博，谦恭厚道，学行无比，教学认真，在当时得到校方的称赞，加之广集汉儒籍，建立德国第一间汉学研究中心，至今为德国所乐道，更为弘扬中华文明、中德文化教育的交流，起了首创之功。

潘先生 20 世纪 50 年代曾在广州中山大学图书馆与舅父商衍鎏晤面，商衍鎏亲书条幅寄语外甥："欲做精金美玉的人品，定从烈火中锻来；思立揭天掀地的事功，须向薄冰上履过。汉典甥属，商衍鎏七十有七。"

商氏第三代学人也是两兄弟，即商衍鎏的两位公子：商承祖和商承祚。

兄长商承祖在《江苏省高等学校教授录》里有记载，但略显单薄，个别地方还不太准确（如在德国的博士学位）。《中国翻译辞典》里的信息反倒更多一些。商承祖（1899—1975）字章孙，广东番禺人。1912年随其父商衍鎏（清朝末代探花、书法家，原广东文史馆馆长）赴德就读于汉堡中学，1917年回国。两年后考入北京大学德国文学系，1924年毕业，历任南京中央大学德国语言和文学讲师、国立中央研究院社会科学研究所主任编辑。1930年前后到我国西南地区从事少数民族的考察工作。1931年受聘于汉堡大学，任该校中文研究所讲师，并从事民族学和德国语言学及史前史的研究。1934年回国，历任南京中央大学外文系教授、外文系主任兼德语教研室主任。1953年加入民主同盟。1958年被选为江苏省人民代表。1959年加入中国共产党。1960年出席了全国文代会。生前长期从事教学工作，并潜心研究德国文学，发表了不少学术论文及翻译作品。主要译作有：《康德传》（与罗璇阶合译），〔德〕施托姆《双影人》，〔德〕毫夫《艺术桥畔之女丐》，〔德〕安娜·西格斯《怠工者》，〔德〕莱辛《爱米丽雅·迦洛蒂》，〔德〕克莱斯特《马贩子米歇尔·戈哈斯》《智利地震》《弃儿》等。

据说在当年的德语文学界曾有所谓"北冯南商"的说法（日后为"北冯南张"所代替），这大概也是在说商承祖先生的学术地位，说明当年商先生在德语界的地位很高，绝非常人。但相关资料却很少。据叶隽"出入高下穷烟霏——追念商承祖先生"一文,商承祖早年随父赴德(应在 1912—1916),此时不过 10 多岁的少年而已,但却打下了非常好的德语口语基础;日后入北大德文系,果然皎皎然不群于众;大概是在 20 世纪 30 年代他再度赴德,在汉堡大学留学(1931—1933 年注册),以《中国"巫"史研究》的博士论文获民族学博士学位。商也同时接受了汉学教授的指导,如他在论文后记中致谢的 Jäger 与 Forke。日后改行搞德语文学,本非"科班出身"。当年留学汉堡时,很可能因了家世的关系,他曾同时在汉堡大学任汉语讲师;先生设若坚持自己的专业方向,在人类学/民族学领域一定会卓有成就,这一点看看那代前前后后的学者如吴文藻、林同华、费孝通等的成绩就可以知道了。而且,1930 年代,先生参与完成的调查研究报告,至今仍具有学术意义。然而,商承祖终究是选择了德文。这或许与商先生德文的优秀程度有关,不管是当老师的欧尔克,还是作为同学的张威廉(商是跳级生),都对他的德文褒奖有加,以欧尔克的眼光与严格,竟毫不吝惜地称赞商承祖是最好的学生。早年的留德经历打下了良好的德语基础,这或许是先生终究改行的重要原因。据同年叶隽的另一篇文章"文章犹在未尽才——日耳曼学者商承祖的遗憾",莱辛研究当属商承祖的拿手好戏。他曾翻译过莱辛名剧《爱美丽雅·迦洛蒂》,并撰有"后记",作者引用恩格斯、车尔尼雪夫斯基、梅林、赫尔德、歌德等的评论,展示了良好的学术史观。应该说,在第二代德文学者中,冯至之于歌德、董问樵之于席勒、商承祖之于莱辛,都各有所长。商承祖并非科班出身,但可谓是早期具备跨学科条件的学者,因为他先后跨越的乃是民族学、汉学、日耳曼学等多个学科。

1930年代,商承祖参与完成的调查研究报告①,至今仍具有学术意义。遗憾的是,商氏似乎并没能将自己早年的民族学训练带入到日后的德国文学研究中去,这是非常遗憾的。

以笔者目力所及,商承祖的著述(独著与合著)至少有《艺术桥畔之女丐》《英法德美军歌选》《康德传》②《双影人》《莱辛戏剧两种》《海涅散文选》③《克莱斯特小说戏剧选》等。

商氏兄弟做学问齐头并进,似乎总是弟弟比兄长更有名气。商衍鎏的二公子商承祚的名字先后出现在《大百科文化辞典》《中国社会科学家辞典》《广东省高等学校博士导师名事录》《中国当代书画家大辞典》《中国语言学人名大辞典》《中国史史学大辞典》《中国社会科学家自述》等文献里。在《中国社会科学家自述》里,商承祚属"中国语言文学"家,"自述"前的简介如下:

---

① 参见颜复礼、商承祖编:《广西凌云猺人调查报告》,国立中央研究院社会科学研究所专刊第贰号,1929年出版。
② 参见商承祖、罗璈阶合译:《康德传》,中华书局1922年版。
③ 参见《海涅散文选》,商章孙等译,新文艺出版社1957年版。

商承祚，字锡永，号契斋。1902年1月28日生于广东广州，1991年5月12日逝于中山大学。祖籍辽宁铁岭。后世居广州，落籍番禺（今属花都市）。曾就读北京大学研究所国学门研究生，肄业。历任东南大学、北京大学、清华大学、齐鲁大学、金陵大学、重庆大学和中山大学等廿余间大学教授。曾任全国人大代表，全国政协委员和民盟中央委员，民盟广东省副主任委员，长期兼任故宫博物院铜器专门委员会委员，广东省文物管理委员会副主任，广东省语文学会会长，广东省书法篆刻家协会主席等。著有《殷虚文字类编》《殷契佚存》《十二家吉金图录》《长沙古物闻见记》《石刻篆文论》《商承祚篆隶册》等。

值得一提的是，商先生所述曾供职的"东吴、沪江大学联合法商学院"，正是潘先生日后求学的东吴法学院在战时的一支（另一支在上海，详见第三章）。时任院长的盛振为教授在"东吴沪江法商学院近讯"一文的新聘教授里也提到了商承祚先生。①

前述黄文评价道：

> 广州"汉军商氏"的艺文及学术，或以诗鸣，或以画著，而书法的成就尤为可观。函札往还，悦目赏心，

---

① 参见盛振为：《东吴大学教育系统简史》，载《中华基督教卫理公会通讯》1943年（复刊第16期），第16—17页。

气韵流畅,都成珍品。加以忠爱之忱,天地可鉴,始终如一,不以势利为转移,这些都是科举制度所培育的人才,岂谓误尽苍生者也。至于商廷焕精于审音,商衍鎏长于考据,其后商承祖乃德文教授,而商承祚更是当代成就卓著的古文字学家、书法家、金石篆刻家,绍述家学,三代传承不绝,耳濡目染,皆为上品,佳子弟更上层楼,自能发挥创意了。"汉军商氏"更见充分表现出传统文人精研学术之余,留意艺文,兼具儒雅博识的风范。

正是这种家世背景,商德如虽然没有上过现代学校,但在家中读书自修,国文阅读能力很好,常常看报,看历史章回小说乃至潘先生从学校借回来的《雷雨》《日出》等文学作品,又因常常生病,尤爱读《本草》《验方新编》等中国医书。亲友和街坊称之为"贤妻良母"。商德如虽然只有独子潘先生,但不溺爱,反而督责甚严。潘先生求学时期的重大决定都是母亲为之作出的。

十分难得的是,先生世代书香、文脉绵延,而且留存了大量文献。去过先生寓所的人都知道,先生的居住面积很小,甚至有逼仄之感,但满目皆书,其中不乏"珍本""善本"和"孤本",俨然一个图书馆里的"特藏室"。也因此,先生留存的不仅是书香门第的珍贵文献,也是先生幼承庭训、继受家学的记录。笔者以为,正是这种书香熏陶的氛围和环境,为先生一心向学的文化自觉意识提供了条件和温床。

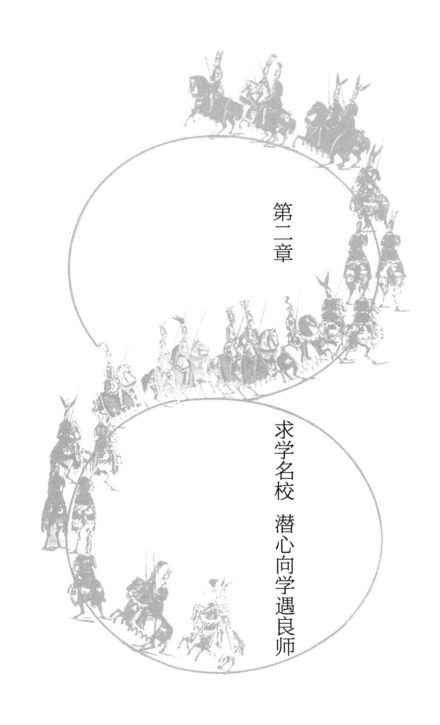

第二章

求学名校 潜心向学遇良师

潘先生六七岁时，父亲潘澄修时任澄海律师公会会长，在当地的商务印书馆预订了一套《四部丛刊》。潘先生与家里包租的黄包车拉车师傅一同前往商务印书馆，这是潘先生第一次去大书店。在商务印书馆，潘先生预付了几百大洋，填了单子，完成了预订手续。一套《四部丛刊》出版了很长时间，一直到父亲去世，潘先生与母亲迁回广州后，还陆续收到订书。

抗战时期，广州沦陷，先生与母亲被迫逃难到香港，广州老宅的书籍也都随之散落。其后，先生在澳门的培正中学完成了学业，以第一名的成绩考入上海的东吴法学院。其间，母亲因病去世，先生甚至未能奔丧。等到抗战胜利再返广州，在旧书摊上发现了《四部丛刊》，遂再次出手，使得该书重入书架。之后，旧书随先生赴上海、来北京，一直是书柜里的心爱之物。

先生童年就与商务印书馆交往，反映了一位学人的传奇学术经历。要了解先生如何成长为一名学人，除了前述家世的文化熏陶外，先生求学的学校对其治学的重大影响也不容忽视。

广州培正有骄子

潘先生从小在汕头市"广州旅汕小学"读书。到了小学六年级的时候,父亲不幸病故,生活突然失去了保障。母亲商德如便把汕头家中的东西(书籍仍尽量保存)变卖,迁回广州居住。回到广州后,原来汕头的小学校长是培正中学毕业生,力称广州培正学校教学谨严,商德如顶着经济压力力主潘先生考入广州培正中学附属小学(西关分校)。

从小学六年级到高中,潘先生大部分时间就读于广州名校——培正学校(1938年后因战乱该校迁往澳门)。广州培正学校创立于1889年,是一所教会学校,与其他教会学校不同的是,它是由中国本地的基督教浸信会募捐兴建的。发起人为廖德山、冯景谦、余德宽、欧阳宽、李济良等,1890年春开始招生上课,定名为"培正书院"。1892年,廖德山等创办人以"培正书院"的"院"字过于浮夸,改"院"为"塾",而更为"培正书塾"。历年所编配的课程,以注重基督教的《圣经》为主,而附以中国的"经籍",以及新学的理科,即自然科学,当时称为"实科",如物理、化学、数学、地理、体操、劳作等。也随当时的学习风向兼授八股诗赋。1896年以后，才逐渐改去八股文章的教程，增加了自然科学的讲授，如生物、生理、卫生、矿物、博物等。① 1912年民国成立后又改名为"培正学堂"。1927年按政府规定向教育厅立案，经批准并改名为"私立广州培正中学"。② 据该校1940年公布的校史载：初因教友送子弟入塾读书，须拜孔子牌位，于教规有碍，而西教士所办者又不适应中国人之需求，故自设学校。培正学校的校训为"至善至正"，出自古籍《大学》："大学之道，在明明德，在新民，在止于至善。""至"是"最和终极"，体现了培正人执著与坚韧的理念追求。"善"是做人之基，"正"是立世之本，"正"与"善"既是道德伦理的要求，也是中国文化中办学方向的昭示。③

由于中法战争和鸦片战争，清廷腐败无能，给英法帝国主义割地赔款以后，国人皆愤恨清廷科举之足以弱国病民，莫不欲早日废去八股而倡新学之心，当士子求解放，为学问创新基。因而有人一倡办新学，附和者多，有云集影从之势。尤其稍有欧美和东洋知识的人，更视为非此不足以挽救国家危亡。培正虽是中国基督徒创立，又重视基督教义的培

---

① 参见谢哲邦：《广州培正中学》，载李齐念主编《广州文史资料存稿选编》（第七辑），中国文史出版社2008年版，第80页
② 参见邵明耀：《培正中学沧桑记》，载中国人民政治协商会议广州市委员会文史资料研究委员会编《广州文史资料》（第45辑），广东人民出版社1993年版，第160页。
③ 引自广州培正中学1940届同学录（毓社）。

养,但它的课程有"新学"内容,如数学、物理、化学、地理、体操等,总算是办新学开风气之先,比康有为1898年上书请废八股尚早9年。与梁启超1898年的"公车上书",主张停科举亦早9年,比戊戌政变也早8年。可谓开国内新教育之先河。①

培正的教学方面,除注重宗教教育和一般的学科外,还特别推崇英语,几乎成为半英语学校。由培正书院、书塾、以至培正中学的长期年月里,尤其改名"中学"以后,除了本国语文一课外,其他各科都多用英语教授,甚至教几何、图画、劳作的教员也操着英语教学。②潘先生的英语训练就是在培正学校完成的。学校的教员,许多是从国外学成回母校的培正学校毕业生。潘先生就学时的前期校长黄启明获美国哥伦比亚大学教育学硕士学位;继任的杨元勋校长获美国哥伦比亚大学政治经济学硕士学位,曾任孙中山先生的秘书;英文教师龚振祺系留美法律博士(J. D.),学生都称他为龚博士,他上课时会介绍莎士比亚、马克·吐温等外国名家的作品以及《鲁宾逊漂流记》等名著,他亦曾说英文《圣经》是国外文学佳作,欲学好英文不妨多读。③据潘先生

---

① 参见谢哲邦:《广州培正中学》,载李齐念主编:《广州文史资料存稿选编》(第七辑),中国文史出版社2008年版,第80页。
② 同上,第2页。按:原文为"甚至教几何画的劳作教员也操着英语教学",疑为笔误,结合培正中学相关资料径改。
③ 参见王铸豪:《怀念培正磐社的师长》,载"培正同学总会"http://www.puiching.org/classes/1941/in_memory_of.htm,最后访问时间:2012年6月15日。

1947年翻译德国法学家耶林的《权利斗争论》手稿，为了核对原稿中的莎士比亚名剧《威尼斯商人》，潘先生不仅查阅了彼时的权威译本梁实秋中译本（商务印书馆版），而且引用了自己翻译的莎士比亚英文原著中的对话，也指出了梁实秋先生译本中相关法律用语的可商榷之处。先生的英文基础和学术兴趣与培正学校的氛围不无关系。

1937年夏天，潘先生已念完高中一年级，刚要升入高中二年级，"七七事变"爆发了。在敌机滥炸广州、企图进犯的情况下，学校宣告停课觅地迁校，潘先生与家人在人群中逃难到了香港。学校迁到广东鹤山县，鹤山县后来也不安稳，最后迁到澳门。在此期间，潘先生在家除了帮助母亲干些家务活以外（因母亲老是生病），便自修国文、英文等，以便将来复学时不落下功课。当获知学校在澳门复课的消息时，便打算复学，但学杂费一时不能凑足。后经学校允许分期缓缴，同时又请了一位校友保证以后如期清缴，潘先生才得以继续求学。以后两三个学期的学杂费更是困难重重，靠母亲变卖东西、衣物并东挪西借，才得以勉强维持。

其时，广州已被日寇占据。母亲不愿回去当"顺民"，因此，潘先生与广州的老家从此失去联系，原有的一些房租收入没有了，甚至家中的一切在战乱中都丧失了，家中的许多书也因此散失了。这种切肤之痛，除了使潘先生对日本帝国主义产生极度愤恨之外，对于国民党政府不战而退、旦夕之间放弃广州深感不满和愤激。

潘先生在校时发愤读书，以求自立，几乎整天埋在功课里和阅读中，力图学好本领，争取将来升入大学，以此获得母亲的欢心，也有本领为祖国做出应有的贡献。

潘先生不仅在学校刻苦学习、成绩优秀，而且小学的时候，由父亲请来一位前清举人梁万里（号鹏举）先生每天晚上七时至八时半讲授《春秋左传》和《幼学集解》，由此奠定了坚实的古汉语基础。① 中学期间，潘先生广泛阅读，嗜爱先秦诸子和文史方面的书籍，自修东汉哲学家王充的《论衡》等书籍，信服蔡元培的"以美育代宗教"，景慕先贤并培育了严谨的治学态度和怀疑精神。此外，由于外祖父爱画画，尤爱画梅，甚至以"梅生"名，因此母亲受他的影响，常常为潘先生买些画书，使潘先生从小受到美术的熏陶。潘先生不仅购买、收藏很多画册和画作，自己也经常挥笔作画。在先生的书房"小书斋"中，可以看到他的一些绘画作品，在1944年《东吴大学年刊》里载有先生手绘的恩师费青教授的肖像，笔锋细腻秀美，人物十分逼真。

正是世代书香的家庭环境、母亲的谆谆教诲和培正学校浓厚的求学氛围，使得潘先生在经历了少年丧父、因战乱迁校而失学等变故后，仍在毕业时获全校个人社会科（历史和

---

① 原文为"请来一位前清秀才，每晚上七点半到八点半，在家中用一个小时来学习《春秋左传》，由此奠定了扎实的中文基础"。此次与潘先生核实，潘先生还手写了"举人梁万里（号鹏举）"，特此更正。

地理)单科奖,而且获得是届"纪念梅琏城国文特别奖",并以总成绩第一名获得"纪念黄启明故校长学业成绩最优特别奖"的银盾牌。①

---

① 2015年1月,潘先生收到母校的刊物《广州培正通讯》,95岁的先生将刚出版的译作《博登海默法理学》赠与母校,并亲手写了长长的感恩回信:

敬爱的母校广州培正中学、小学(西关)老师们和同学们:

顷奉读我政法大学学子持赠母校广州培正同学会编第59期(二〇一四年二期)书籍,悉母校近况,至为欣慰,谨以法律出版社最近出版西方《法理学》名著(美国法学教授博登海默著、潘汉典译)奉赠广州培正母校图书馆以供众览并志思:

——母校创办人黄启明校长、杨元勋校长、李炎玲教务长、国文老师马鸿述、英文老师梅荣光、史泽文先生、历史老师兼图书馆馆长萧维元先生,图画老师吴毓余先生,音乐老师何安东先生,学监林恩光先生等老师们的亲切教导,培育恩深。一九四〇年本人在澳门毕业时曾获得培正同学会特制纪念黄启明故校长学业成绩最优特别奖银盾牌,历经磨难浩劫,现仍珍存案头,籍资鞭策。现年九十四,体尚健,仍继续耕耘,与时俱进,为伟大的祖国民族复兴共同努力!谨祝母校师友同学发扬母校创建精神,前程灿烂!

衷心感谢母校《广州培正通讯》编者的辛勤努力,新年万福!

潘汉典

二〇一五年一月十九日于北京寓所

让笔者惊叹并感叹的是,95岁高龄的先生居然能够将80多年前授业的各科老师一一道来,足以说明当年老师们对先生的巨大影响,也说明先生保存的"族谱"里的"训规"中的"师道",已经内化为先生的自我意识。

子承父业入法科

1940年6月,潘先生高中毕业,面临着前途选择。以潘先生的学习成绩,本可以保送入燕京大学,但当时北京被日寇占领,无法按通常途径进入燕京大学。另一种可能是父亲曾任中国银行汕头分行法律顾问,凭学习成绩可往印度加尔各答的中国银行工作,此种选择可以避开日寇,经济收入可观,而且可以带母亲同往。但潘先生母亲明确表示:祖国沦陷选择逃避不是男儿所为,天下兴亡,匹夫有责,应该学父亲求学上进,为祖国富强出力。恰好父亲生前的朋友和当事人——潘君勉[①]在香港经营对南洋出口贸易,听闻潘先生的学习成绩后主动表示愿意帮助升学,说是感佩潘先生父亲生前道义,义应相助。亲友也认为这样的帮助确系出于至诚,可以接受。但潘先生的母亲当时婉转向他表示——并一再叮嘱潘先生——这笔钱将来无论如何一定要

---

① 潘君勉(1882—1968),原名权瑞,广东梅县南口镇寺前村人。爱国商人,一贯大力支持和援助祖国的民族民主革命事业。生平事迹见刘文撰写的"**潘君勉**"介绍,载中国人民政治协商会议广东省梅县委员会文史资料委员会编:《梅县文史资料》(第20辑),1991年版,第154—155页。

奉还。(该款于抗战胜利后已奉还)由于潘君勉在上海租界也设有"南通公司",他表示如果潘先生往上海升学,所需费用等可由那里在他的名下支用。于是潘先生报考了位于上海的东吴大学法学院。但令潘先生始料未及的是,此次与母亲离别竟成永诀。

东吴大学法学院(以下简称东吴法学院)是美国的一位律师和传教士、当时在东吴大学教授政治学的查尔斯·兰金(Charles W. Rankin)于1915年在上海创立的,时称"东吴法律专科",1927年该学院更名为"东吴大学法律学院",1935年又更名为"东吴大学法学院"(以下如无必要,统一简称"东吴法学院")。[①]

美国学者康雅信曾经讨论过东吴法学院学生"学习法律的动因":

> 早期毕业于教会学校的很多学生信奉基督教,或者与东吴法学院有着特殊的关系,而且还在不同程度上一直成为相关的因素,这固然是事实。但更重要的因素在于学生的家庭背景和籍贯——从法学院创办直至40年代末,它们都保持着明显的连贯性。东吴法学院对于江

[①] 参见〔美〕康雅信:《中国比较法学院》,载高道蕴、高鸿钧、贺卫方编:《美国学者论中国法律传统》(增订版),清华大学出版社2004年版,第582页及注。潘先生一生与东吴法学院多次交集,对母校感恩不尽。有感于国内迄今对东吴法学院研究的相对薄弱,同时希望探究母校对潘先生学术之路的具体影响,笔者此节尝试探讨潘先生何以会选择到远在上海的东吴法学院求学?

南的商业界和职业界有着特殊的诱惑力,这也为法学院毕业生自身的证据所证实了。

由此,很多学生在其家庭的指导下选择了法律,家长们希望他们的孩子有一份固定可靠的职业。据一个1928届的学生讲,他的家庭注重教育和掌握一门技艺;法律正是一种"谋生的手段"。一个30年代的学生(一位医生之子)受到他父亲的忠告:只有三种职业是"为大众服务的"(其余的只为"谋取钱财"),按顺序是教士、医生和律师(律师排在最后是因为律师要"撒谎")。由于他的儿子不太适合前两种职业,他只好选择了法律。一个40年代后期的学生想当一名歌唱家,但他父亲以"这种人生活败坏"为由,反对并拒绝同意他这么做,最终,他像他父亲那样学了法律,他的兄弟们也从事了银行和会计方面的实务性职业。

其他的学生自愿选择了法律专业,像一位1927届的学生,他是因为父亲"就是一位法学家"而学习法律的,并且与其父亲分享到了这门学科上的乐趣,又如有个30年代的学生,他认为法律将在中国社会中发挥出重要作用。一个1947届的学生"非常善辩",经常和他的同学争论不休,所以他认为法律实务或许是最适合于他的职业。还有一些学生不那么倾心法学,像一位30年代的学生,他"打算搞自然科学,可他厌烦记忆科学定律"——直到有人建议他改学法律(而他的哥哥已是一名律师了)。又如一位40年代后期的学生,他的数学考试成绩不好而不能从事科学工作;他又担心如果选择了文学也只能是教教书而已,所以他"想试一试法律,然后他终究能够成为一名法官"。①

如果对康雅信的研究结论简单分类,选择"法律专业"的原因有"自愿"和"非自愿"两类,而在"自愿"选择的学生中又可细分为积极和消极("不那么倾心")两种。

潘先生报考了上海的东吴法学院和沪江大学,而且都考中了。在选择学校时,父亲从事的律师职业产生了直接影响,潘先生最终选择了东吴法学院。因而,潘先生选择东吴法学院不仅是"自愿"的,而且是积极的。这种"自愿"且积极的心态无疑会对此后学习法律的态度产生影响。

康雅信的上述论文继续写道:

> 为什么这些学生要上东吴法学院,而不选择上海众多的其他某一学校的法科呢?有三个根本性的原因(除晚间的课时安排外):东吴法学院的良好声誉、法律训练的职业性质及其比较法和英美法的专业方向。据其毕业生讲,东吴法学院有着"严格的标准",它是"上海最好的法学院",比另外两所法律学校,甚至比复旦大学法律系要好得多,更不用提这个城市的各种"野鸡"

---

① 〔美〕康雅信:《培养中国的近代法律家》,载贺卫方编:《中国法律教育之路》,中国政法大学出版社1997年版,第285—286页。

大学了。另外，东吴法学院"很有名气""声望卓著"，它的"档次很高，而且毕业生都是名律师和名法官"——一个30年代的学生称，他千里迢迢从广州赶来，就是为了上东吴法学院。

东吴法学院提供的那种性质的法律训练也是同样重要的原因。在二三十年代，东吴法学院是"唯一真正的职业性法学院"，以其"实务导向"而著称，其他学校则"仅仅是本科性大学"。因此，一个1943届的学生想从事法律实务上了东吴法学院，而东吴法学院"正是他所希望的那种地方"（复旦法律系"实际上只培养你作法官"，东吴法学院则培养学生较宽的职业面）。

此外，东吴法学院为学生适应上海的国际性商业环境提供了最为充分的准备。它是仅有的一所讲授英美法的学校，能够使学生在毕业之后执业于公共租界，而且据普遍的说法，还主宰着那里的业务。在上海，律师"必须具备这样的背景，以及和上海工部局要人打交道的语言能力"。另外，有很多学生，"已经在保险公司、银行和其他公司里工作，在这些地方工作，英语非常重要，因此，他们认为东吴的科目对他们会大有用途。"甚至后来的学生也为法学院的专业方向，包括注重外语和涉外关系所吸引。①

考虑到康雅信脚注里提到的大量的对当事人访谈以及档案里的学生信息,这样的结论相当可信。

潘先生曾告诉笔者,父母有言:"上学就上最好的。"以潘先生广州培正中学第一名的成绩,在经济条件解决之后,东吴法学院的良好声誉就发挥了直接作用。

于是,不仅"一个30年代的学生称,他千里迢迢从广州赶来,就是为了上东吴法学院。"一个40年代的学生——潘汉典,同样千里迢迢从广州赶来,最终上了东吴法学院。

当然,康雅信的结论也有例外。以东吴法学院毕业并曾任东吴法学院法律系主任的费青为例,他和费孝通兄弟二人都有哮喘病,基于自身原因都是先入东吴大学医预科。两兄弟又都因受大哥费振东影响,积极参加社会活动,都被迫转学——费孝通转往北京的燕京大学,费青转到上海的东吴法学院。②

正是在东吴法学院,潘先生受到费青、盛振为、鄂森、刘世芳、秉格等良师的悉心培育,以至于在2016年6月1日台湾东吴大学授予"法学教育卓越贡献奖"的颁奖仪式上,先生动情地提到了上述业师在为人为学方面对自己的重大影响。

---

① 〔美〕康雅信:《培养中国的近代法律家》,载贺卫方编:《中国法律教育之路》,中国政法大学出版社1997年版,第286—287页。
② 参见《不该遗忘的法科学人费青》,载拙编:《费青文集》,商务印书馆2015年版。

第三章

东吴起航 奠基法律人生

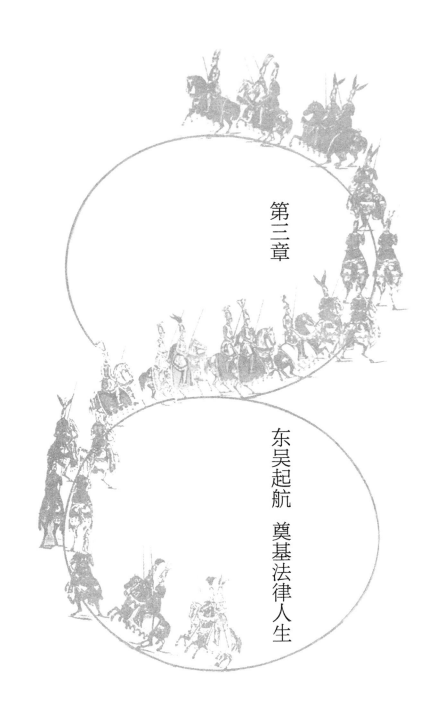

1940年秋,潘汉典等新生入读东吴法学院。潘先生任总主编的《东吴法学院年刊(1944)》①对此留下了文字记录:

> 一九四零年秋,吾级来学斯校,时本院已暂迁慕尔堂授课,是故苏州母校,画楼芳苑未尝履焉,昆山路畔,本院故里未尝至焉,弥可惜也。②

缘何是慕尔堂而非昆山路?鉴于东吴法学院战时分为两支,校址数度迁徙,有关留沪的东吴法学院校址的著述多有语焉不详之处,笔者曾于2015年两次赴沪拜访东吴老前辈并寻访旧址,愿意在此作一番探究和梳理。

---

① 原刊只有英文名 THE WOOLSACK, VOLUME Ⅲ (1944), THE WOOLSACK 其实就是东吴法学院的毕业纪念册,其中文名称随年份不同而略有变化,如 1924 年为《东吴法科年刊》,1946 年称为《东吴大学法学院年刊》,而 1944 年级和 1945 年级没有中文名称,本文统一为《东吴法学院年刊》。参见〔美〕康雅信:《中国比较法学院》,载高道蕴、高鸿钧、贺卫方编:《美国学者论中国法律传统》(增订版),清华大学出版社 2004 年版,第 587 页注。

② 潘汉典:《一九四四年级级史》,载《东吴法学院年刊(1944)》。

细读东吴"旧话" 寻访法科"旧址"

众所周知,东吴法学院位于上海昆山路。但如说到抗战时期的校址,著名的研究东吴法学院教育的康雅信教授在其"中国比较法学院"一文中只是提到,东吴法学院被迫从原先的校园逃离,八年里"就在一个又一个的临时落脚点继续开办"。① 王国平著《东吴大学简史》对抗战时期东吴法学院的迁校有不少笔墨,但因主题为"东吴大学",对法学院的历次迁校的记述稍嫌粗疏。②

东吴大学苏州本部潘慎明(抗战初期任东吴大学教务长兼代理文学院院长)曾撰有"本校两度内迁记"一文,记述了东吴大学本部1937年迁出苏州暂居上海之第一次内迁及1941年后辗转迁至重庆之第二次内迁过程。

如果讨论东吴法科,迁址远远不止两次。

以笔者所见资料,杨大春的"中国英美法的摇篮"③ 一

---

① 参见〔美〕康雅信:《中国比较法学院》,载高道蕴、高鸿钧、贺卫方编:《美国学者论中国法律传统》(增订版),清华大学出版社2004年版,第618页。
② 参见王国平:《东吴大学简史》,苏州大学出版社2009年版,第153页。
③ 载《东吴法学》(2003年卷),黑龙江人民出版社2004年版。

文(以下简称"杨文")和《东吴法学院年刊(1946)》所载"破坏与建设：1937—1945"一文是有关战时东吴法学院校址迁徙的最完整文献。

据杨文，早在1932年，日寇在上海发动侵略中国的"一·二八"事变，东吴法学院被迫迁至西摩路（现陕西北路），借华侨中学上课。不久，战事平息，学校又迁回原址。① 这是学校第一次因战事迁校。

杨文随后记述：

> 1937年8月13日，日军发动"八·一三"事变，开始侵略上海。东吴法学院被迫撤离昆山路校园，迁到南阳路治中女子中学，艰苦地维持上课。这是学校的第二次撤离。②

前述"破坏与建设：1937—1945"一文以"孤岛困学记""东吴法学院迁校重庆记""中国比较法学院时代""重入慕尔堂"和"迁回昆山路"五节分别记述了抗战时期校址迁徙的具体过程。其中的"孤岛困学记"一节署名"傅桐"（以下简称"傅文"），以笔者所见，应该是东吴法学院1941届——即第二十四届——之"徐傅桐"先生的简称。"孤岛困学记"的副标题为"民廿六年秋至三十年冬（1937 Fall to

---

① 参见杨大春：《中国英美法的摇篮》，载《东吴法学》（2003年卷），黑龙江人民出版社2004年版，第5页。
② 同上，第6页。

1941 Winter）"。该文写道：

> 民廿六年"八·一三"战事发生，母校因地处虹口，首当其冲，致未能如期开学。十月初，始假南洋路治中女校恢复上课。得学生六十余人，办公室一，课室二，一、二年级午后一至四时上课，三、四、五年级四至七时上课，在炮影弹声中，学校生命得以继续。①

东吴法学院第二次迁校，直到九年之后才重回昆山路。傅文对新校址有具体描述：

> 南洋路在爱文义路之南，东通西摩路，西达哈同路，前为静安市路，交通至为便利。爱国培成各校，均在邻近，不失为一学校区。治中屋宇宽大，广可三间，高计二层；前有花园，面对工部局儿童公园，左系贝氏巨型住宅，右为西人公寓，更右为吴氏最新式洋房；环境堪称优美，实为闹市中所罕有。

傅文逼真地描绘了战火中求学的氛围和心态：

> 在南洋路上课时适为沪战最激烈之际：闸北大火，昼夜不熄；南市炮弹，于屋顶上呼啸而过，人心极度恐慌。而吾校授课，非但不稍松懈，抑且增加课程，各教授循循善诱殷殷教导之精神，实堪敬佩。

---

① 《破坏与建设：1937—1945》，载《东吴法学院年刊（1946）》。

正是战争，不仅不能保证平静的教学环境，连暂避的校址也保证不了。没过多久，法学院又被迫开始第三次迁校。杨文写道：

> 1938年，学校又被迫迁至西藏路慕尔堂办学。慕尔堂是创办东吴大学的美国基督教监理会在上海的主要教堂，因为有美国教会牌子的掩护，学校得到了片刻安宁。

傅文记述的更为详细：

> 廿七年春迁入慕尔堂，得北部二、三层全部教室约十余间，同学近三百人，创立校来之空前纪录。其时战事中心已离京沪而迫武汉，上海沦为孤岛。吾校假慕尔堂作一枝之栖，虽处马龙车水之繁市闹区，仍不减切磋琢磨之乐。法学院本只法律系一系，是年春复添会计系，由周仲千先生任主任，并聘潘序伦、奚玉书、安绍芸、李文杰诸先生执教，人才之盛，可称冠绝一时。
>
> ……廿八年春实施导师制，每一导师领导学生十余人，举行聚餐、集会、旅行等课外活动，以训导同学学术上品德上之修养，用意至为良善，惜实行一年，即告中辍。是年秋复开同学联欢会，孙晓楼先生曾述东吴之校风可由好学不倦、实事求是、严守纪律三种精神表现之；好学不倦是勤，实事求是是诚，严守纪律是忠，"勤""诚""忠"三者即系东吴数年之一贯作风。此种

校风之养成，决非朝夕之事，端赖前辈先贤之创导培育日积月累而成，愿吾同学发扬光大，继往开来。

其时上海虽沦为孤岛，环境日趋恶劣，而校中学术风气，则日益浓厚。所用教本悉龙门及文怡书局供给，龙门翻印 *Blackstone Law Dictionary*，精详丰富，都三千余页，为法律系学生研究外国法所不可缺少之工具，由售书处预约，每册仅售十五元，未及出版，即已定购一空。

吾校战前素有《法学杂志》及 *China Law Review* 两种定期刊物之发行，由全校师生合作编辑，旋因战事停刊。《法学杂志》廿八年四月始行复刊，仍由孙晓楼先生主编。十一卷一期于同年十一月出版，二、三两期为比较法专号，均有名家执笔，各国宪法之菁华，蒐罗殆尽，蔚为大观。*China Law Review* 为英文版法学季刊，以中国法律与各国法律比较为主，十卷二期于廿九年夏出版，为吾校师生之精心杰构，其编著目的，在介绍中国法学至世界各国，出版后即分赠各国著名图书馆及法科大学，备受国外法学界之欢迎。此外，学生会有《法声》之编辑印行，亦以研究法学为主，廿八年春又添加会计学论文及英文著作等，内容遂益趋从实。

……

笔者以为，傅文提供的重要史料有四：一为东吴法学院会计系始于1938年春；二为孙晓楼先生述及的三种东吴之校风：好学不倦是勤，实事求是是诚，严守纪律是忠，"勤""诚""忠"三者即系东吴数年之一贯作风；三为所用教本悉龙门及文怡书局供给；四为《法学杂志》及 China Law Review 两种定期刊物之停刊与复刊。

潘汉典先生撰写的"一九四四级级史"（现称 1944 届）一文（载《东吴法学院年刊（1944）》，以下简称"潘文"），为我们提供了作者彼时的观察和记录：

> （一九四四年秋）吾侪始应笔试，既蒙录取，复经盛教务长亲自甄别，一一认可，乃进此负全国盛誉之东吴大学法学院之门，而苦乐备尝之四年大学生活由是发轫。
>
> 始业之日，全级同学凡一百十九人：计法律系七十一人，会计系四十八人，济济跄跄极一时之盛况。
>
> 开学后匝月，费青先生远道来沪，归母校长法律系。吾级首受陶镕，法学阶梯即由此而升。会计系则周仲千主之。
>
> 时沪地尚称安定，校务迈进，训导綦严。吾侪孜孜兀兀，不敢稍懈，亦不容稍懈，而今日为学基础遂于是时奠定矣。
>
> 一九四一年夏，全国大学学业竞试举行，吾级代表本院参加甲组复试者凡五人，奚敏、张国和、左宗矩、程筱鹤、潘汉典诸君是也。惜此项考卷寄港后毁于战火，否则鼎甲全国为吾校光正未可逆料也。

是年秋，吾级已自大一而大二，方喜于法学及计学已渐窥其涯略。忽一声霹雳，太平洋上风云骤变颜色。其明日，吾侪之黄金时代遂成逝水，于是与母校离流奔命，开始渡其苦门生涯矣。

前述傅文对日寇进驻租界的细节描述可以作为潘文的补充：

　　民三十年十二月八日太平洋战事爆发，是日十时，日军进驻租界。其时中学部正在上课，问讯而停；逾时敌岗遍布，进占租界内各重要房舍。慕尔堂为抗敌文化机关，屡为敌子注意，自不能免。盛院长抵校后，亟将重要印信文件取出，杂学生群中离慕尔堂而去，至此滞留于孤岛四年之东吴法学院告一结束，自三十一年春始又临一新环境矣。

据另一作者（原文未署名）撰写的"中国比较法学院时代（1942 Spring to 1946 Fall）"一节（以下简称"比较法学院"），民国三十年十二月八日，日寇复侵入租界，进据慕尔堂，东吴法学院临时校址以为敌日海军派出所驻屯部队。

　　致学校所有图书校具册籍文卷，以事起仓卒，皆未遑携出，竟大多散佚。于是东南一带，遂无一片干净地可以从事教育事业矣。其时学期尚未结束，学校为顾念诸生学业计，决意迁入慈淑大楼继续授课，而教授诸公鉴此艰危，讲授益力，吾等亦默然把卷。然兹可怪者，读书精神，较前益振，师生情感，较前更挚。课间既能切问，课后常多讨论。当时情景，至今追忆，犹历历可数，虽处敌寇淫威之下，而彼此相爱之情，相恤之诚，尤非楮墨所能形容者。如是相守者亦累月，迨学期终了，始各分手。

潘文也提到了迁校的具体时间和地点：

时已岁杪，本院假慈淑大楼文理学院继续授课，至翌年一月，吾侪大二第一学期遂告结束。

为何是慈淑大楼？而且是慈淑大楼文理学院？《东吴大学简史》提供了答案：

（法学院在慕尔堂上课时）大部分中学的学生（包括苏州一中、湖州三中的学生）也聚集在此。文、理学院及其余的中学学生则租借南京路上一栋办公楼（慈淑大楼）作为教室。这时，一部分之江大学的校政人员也来到上海，圣约翰、沪江大学也被迫离开校园在租界内租屋授课。四校经协商决定联合办学，共同组成上海基督教联合大学，共同租用慈淑大楼房舍百余间……四校使用共同的图书馆和实验室，课程互通，供学生相互间自由选修。自1938年开始到1941年太平洋战争爆发，四校共同举行学位授予仪式和毕业典礼。[1]

---

[1] 王国平：《东吴大学简史》，苏州大学出版社2009年版，第139页。

是年学期结束，东吴大学停办。①

尤为难得的是，"比较法学院"一文记述了彼时东吴法学院被迫分为两支的具体细节：

> 三十一年春，院长盛振为博士鉴于局势颠危，环境日蹙，遂南下闽粤，间关入川，此际同学之能裹粮景从者亦甘冒矢石，随军辗转西上。是年夏遂复校于重庆。
>
> 其大部分遗留沪市之本校师生，迫于患起仓猝，交通水陆之梗阻，眷属衣食之为累，不得不忍痛滞沪。初由本院同学，集体敦请本校未及离沪之师长，暗中设法维持课务，于是自三十一年春起暂假华龙路中华职业教育社教室数椽，继续授课；斯时为谋避免敌伪注意起见，不再沿用"东吴大学法学院"名义，临时改称"董法记"，取其音谐"东法"，加"记"者，取其临近商号名种，盖处此重重恶势力环伺之下，不得不尔，其用心亦良苦耳。
>
> 中华职教社与顾氏园相望，课余携书入园，款步花丛，得少佳趣。

康雅信文中也曾提及，法学院实际上被分成了两个部分：正规的法学院在战时首都重庆重新开办；另一个规模较

---

① 一件停办本校案："议决（一）因鉴于下学期继续办学所必然遭遇之严重经济困难，本校应于本学期结束时（即一月十五日）起即行停办。"见"三十一年一月八日校董会第十八次会议之议决案"，载王国平等编：《东吴大学史料选辑（历程）》，苏州大学出版社2010年版，第259页。

小的非正规分支继续留在上海日占区。

据笔者阅读的资料,康文所说的"规模较小"一语有待商榷,此是后话。

潘文对此也有记述:

> 二月,费师受命以教务长名义兼摄院务,于法租界"中华职教社"开学。今会计系主任安绍芸先生即于斯时来校掌教,盖周主任已于战前南行。

收入拙编《费青文集》里的法律系1944级副级长刘造时"'孤岛'时期的东吴法学院"一文(以下简称"刘文")提供了相关细节:

> 当时的慈淑大楼嘈杂拥挤,一片混乱,勉强上了几天课被迫仓促结束了。
>
> 不久,东吴法学院在盛振为院长率领下,前去内地重庆,留沪师生顿成"孤儿",荒芜所依。值此危难之际,费青教授毅然挺身而出,为了使东吴弦歌不辍,让无法远去内地而留沪的师生"师有所教,生有所学",他不辞辛苦与张中楹、王遂徵[原文为"微",似"徵"笔误,经查资料及与潘汉典老师核对,径改。——编者注]等老师一起,多方奔走策划,以"董法记"名义,暂借法租界南昌路中华职业教育社的地址恢复上课,我们由此进入大二下学期。"董法记"是东吴法学院的谐音,以此隐晦之名,以避日伪的注意与迫

害,真是苦心一片。

潘文写道:

> 唯上课后未及两月,吾院因格于环境,即隐忍再迁公共租界之"新寰"。迨学期将告结束之际,复有风鹤之惊,而吾侪大二第二学期于是乎终焉。

同窗刘造时回忆:"在中华职业教育社只上了短时间的课,学校又迁至威海卫路原新寰职业学校旧址。在这'三迁'之地,我们匆匆结束了大二的学程,时为1942年上半年。"

上述"比较法学院"一文可与潘文和刘文互证:

> 然居人篱下诚非得已;且其时环境不稳,攻读难安,乃于暮春之初,再迁重庆路"新寰中学"校址授课,转瞬暑假,匆匆结束。
>
> 三十一年夏,吾校复濒于存亡续绝之境,同学亦身受流离失学之痛,幸鄂吕弓博士,登高一呼,群山响应;热心教育者无不踊跃输将,经济之基础遂固,种种困难亦迎刃而解。

收入拙编《费青文集》的"太平洋战争时期的中国比较法学院"一文是刘哲民的回忆,当事人提供的细节更生动:

> 教务长盛振为先生带领部分师生前往大后方。副教务长费青(字图南)先生因肺气肿,病痛缠身,无法长

途跋涉，留在上海。1942年2月，图南委托张中楹（英文教授）来访，传达图南要我去他家，有要事商量。中楹与我是美商《华美晚报》同事，当时中楹为《华美晚报》董事会秘书，负责与美国董事长联系，我负责总管理处。我们俩人经常中午在福州路西餐馆午餐。当时东吴法学院已从虹口昆山路迁至虞洽卿路（现西藏中路）慕尔堂上课。我们俩人午饭后经常至慕尔堂小憩。因中楹介绍，我和图南相识，一见如故，继而认识了艾国藩、卢于舫、姚启胤（型）教授。当时图南家在蒲石路（现长乐路）住宅的三层楼上，卧病在床。他刚结婚，夫人叶筠女士原在医院工作，因图南住院治疗而相识，从而结合。我急问图南有什么事，他说："东吴法学院部分师生已随教务长盛振为迁往外地，留在上海还有200余人，这部分师生由于爱国热情，绝对不肯入汪伪学校执教和就读，这是值得敬仰的。但目前不但教师行将失业，其中多数影响日常生活，学生失学，行将分散，一旦抗战胜利，对法学教育将是很大损失。"又说："经过半个多月的考虑，只有在上海就原有师生基础上开办一个法学院，避用东吴字眼。但有五个问题需待解决，所以请您来帮忙！"我当时觉得图南问道于盲，因为我对于教育完全是门外汉，尤其是高等教育。图南说："我下面有五个问题，其中有两个问题非你帮忙不可。"他提出的五个问题是：（1）学校名称问题；（2）院长；

(3)经费;(4)教室;(5)教职员。其中(2)、(3)两个问题要我帮忙解决。首先请一位院长,但条件是:一、名义上担任院长,学校不向敌伪登记,如敌伪进行干涉,由院长进行周旋。二、院长不到职,不干预学院用人与行政教课等活动。其次是关于开办经费及教室租赁费、教职员薪酬问题。我和图南、中楹会商了几次,有时候艾国藩也参加。因图南的诚恳迫切,我义不容辞。第一,院长问题,我将当时敌伪时代所谓的名流,排比了几个人,唯有新任第一特区总保甲长吴蕴斋可以请他承担。吴是上海金城银行经理,很可能他因周作民与敌伪有关系,不得不担任总保甲长的职务。吴为镇江人,当时镇江五县旅沪同乡会由吴担任理事长,我担任常务理事。我估计由特区的总保甲长担任院长,至少汪伪机关不会来过问,即使日寇知道学院是吴任院长也可能不干涉。我与吴虽相识,但无深交,因想起东吴校友李文杰也是五县同乡会常务理事,比较熟悉,即由我和张中楹访问了李文杰,李欣然同意。但他认为他一个人去力犹不足,拟约鄂森先生同往。鄂森也是东吴校友,为北四行(中南、金城、盐业、大陆银行)的法律顾问,与吴蕴斋关系较深,由李与鄂去谈,当可有望。商得图南同意,李文杰和中楹去访问了鄂森。鄂森与吴蕴斋一谈,吴慨允担任学院院长职务,但不到职,由鄂森为代表,敌伪如有问题由吴负责解决。但吴声明不负责经济上的责任。院长问题既解决后,经费问题由喻友信先生作了一个预算,大约需支付教室租金、文教用具费、教职员薪金等共9000元。在当时情况下,我责无旁贷,也就承担下来。学院名称因英美法的英文名称译为"比较法",因此定名为"中国比较法学院"。有一位女同学介绍爱文义路(现北京西路)爱国女中中学每天可下午出租八间教室、一间办公室,于是订了租约,预付了半年租金。最后商定由吴蕴斋、费青、鄂森、吴芷芳、刘世芳、俞承修、曹杰、艾国藩、张正学、李文杰、张中樞,刘哲民等13人为院务委员。定了日期,假静安寺路(现南京西路)金城别墅鄂森家举行了第一次院务会议。推吴蕴斋为中国比较法学院院长,不到职,由鄂森代表。费青为教务长,鄂森为秘书长,吴芷芳为副教务长,安绍芸为会计主任,刘哲民为会计系主任。职员方面,喻有信为图书馆主任,杨家声为注册主任,莫树德为书记。①

关于爱国女子中学校址,"比较法学院"一文描述甚详:

是年秋始,复改借南洋路爱国女子中学校舍开学。斯时改称"中国比较法学院",盖由母校原名 The Comparative Law School of China 之译义而来也。由本校教授

---

① 拙编:《费青文集》,商务印书馆2015年版,第766—772页。

鄂吕弓、费图南、吴芷芳、姚启胤（型）、刘世芳、张中楹、安绍芸、李文杰等先生勉力维持，惨淡经营。此时中国比较法学院时代之第一届会计系新生即经投考录取而入学矣。

爱国女中地处幽静，交通亦称便利。吾校授课时间在四时以后，则与女中上课可不致冲突。当时师生，仅知埋首力学，对各界情形，则不加问闻。并定敌伪倘来干涉，当立即停办，以示忠贞之不渝也。尔时敌伪爪牙，遍布沪隅，不惜刺探秘密，摧残文化教育。而国人之甘心谄媚事敌者，恬不知耻。吾校虽屡经敌伪注意，然校方虚与委蛇，沉着应付，得免于劫。沦陷期间，吾校在沪所以能弦歌不辍而卓然劲立者，端赖诸师长之热忱维护主持有方耳。

三十一年秋，法律会计两系约有三百人，由费青先生任教务长，鄂森先生任秘书长，周泽甫先生掌总务，刘哲民先生掌会计。翌年春费师南下入蜀，教务长一职乃由鄂师继任。其时各教授均竭力摆脱外界职务，潜心教育，而各同学亦深知于此环境下求学之匪易，益加自奋惕厉，群策群力，获益良多。

……自盛院长、费青先生等相继入川后，以邮传梗阻，音问殊鲜。三十二年秋忽闻母校于重庆复校讯，师生无不欣喜。嗣后每有内地来鸿及有关母校之消息，必倾耳以听，悉之详尽；而期望胜利来临母校东归之心亦日益加切。鄂师尝谓吾等云："我人处此黑暗时期，适足为砥砺气节，充实学问之机会；则将来海晏河清，即可出而用世，幸勿负此区区苦心耳。"至今思及，犹感深痎。

三十二年以后，敌伪时于马路举行恐怖演习，封锁街道，禁止行人。师长同学每于赴校途中，忽闻笛声呼啸而起，遂被自卫团横加阻拦；不能通行矣。伫立街头，以俟开放，有时须（互）三四小时之久，致于课事殊生妨碍。或有穿越绳索而过者，亦视若无睹，可知敌伪时期，即行走之自由亦被剥夺无遗，能不慨然。三十三年以后中美空军开始来沪轰炸敌方军事设备，常于上课时间，突闻机声轧轧，警报大作，俄顷弹声四起，门窗震撼；然师长同学，仍泰然自若，毫无惧色，盖咸信轰炸目标准确，不致殃及无辜也。

潘文对此也有记述：

当是时，盛师已离沪养疴，吾同学彷徨四顾，寸心悄悄，莫知所适。幸鄂师吕弓博士应诸师之邀，分袂兴起，输财效力以维系母校自任，归校就秘书长之职。由是院政主持有人，仁人义士均踊跃输将，财源遂固，吾院命脉于以不绝，即迁今址继续开学。一切悉仍旧贯，费师兼摄教务长职务如前，诸师均戮力将护，首蓿自甘，乐育勤勤（勤）。自是以还，师生感情愈为亲挚，不啻家人父子。讲坛执经问难之余，假日游园，先生弟子之雅集，吾级尤密；由是吾侪愈体师门爱护苦心，均潜然埋首以储材报国相勉；以是特邀学校嘉许，而吾级亦砥砺益力。

了解了1937年东吴法科的第二次迁校，就可知此次已是学校二度迁入南洋女中了。

刘造时回忆道："下半年暑期开学，学校又迁至南阳路爱国女中。我们的'流亡学习'历时十月，四易其址，终于画上了句号。此时，上海的租界形势似稍见松动，学校得以由'董法记'改为以'比较法学院'名义面世。"

潘汉典先生所在1944届就是从南阳路爱国女中毕业的。

概而言之，潘先生入读东吴法学院期间，学校四度迁址：慕尔堂→慈淑大楼→中华职业教育社→新寰中学→爱国女中。

当然，东吴法学院迁校并未停止：其后又于1945年重入慕尔堂，1946年回归昆山路。学校抗战期间共计迁校达八次之多，加上1932年的迁校，因战事迁址竟达10次。

也只有了解了战事对东吴法学院的深刻影响，才能体会《东吴法学院年刊（1944）》的献词——"敬以此册献给母校与祖国"。无独有偶，《东吴法学院年刊（1946）》的献词同样是"敬献给在抗战中保卫祖国的战士与维护母校的师长"！

"重质不重量",法科名校不一般

感谢潘先生主编的《东吴法学院年刊(1944)》,为我们提供了该级法律系四年的课程细目。因资料十分珍贵,有必要将内容照录如下:

大一的课程有:

国文1学年、英文1学年,政治科学、经济学、哲学概论、自然科学、中国通史、中国法制史、刑法总则、民法总则、比较法大纲等课程各1学期。

大二的课程有:

英文1学年、罗马法1学年、国际公法1学年、刑法分则1学年、刑事诉讼法1学年、民法债编(含总则各分则)1学年、比较刑法(含总则和分则)1学年,中国宪法、比较宪法、法院组织法等课程各1学期。

大三的课程有:

民事诉讼法1学年、民法物权编1学年、比较民法1学年、比较侵权行为1学年、比较契约法1学年,商法概论、公司法、票据法、劳工法、破产法、比较证据法、论理学、西洋法制史、行政法等课程1学期。

选修课开设有日文 1 学年；

大四的课程有：

诉讼实习课 1 学年，法律伦理、法理学、国际私法、民法亲属、民法继承、土地法、海商法、保险法、（民诉）强制执行法、法国民法、比较亲属法、比较衡平法、比较诉讼法、心理学等课程各 1 学期；选修课开设法文 1 学年、德文 1 学年。①

笔者在以前的文章里曾经写道："对比 1933 年东吴法学院的课程，主干课程变化不大，保持了该院比较法的特色。"②

康雅信在其研究东吴法学院的重要论文（以下简称康文）中提到，"多数评论者会同意，40 年代学生的总体水平要比 20、30 年代的低得多"③。笔者注意到康雅信的说法与笔者的上述文字存在明显张力，似有探究调整的必要。

上引康文同注里还有一段话：

---

① 参见《东吴法学院年刊（1944）》，(The Woolsack Ⅲ)。此次校对，增添了几门遗漏的课程，如大三的行政法、西洋法制史等。——笔者补注

② 潘汉典著、白晟编：《潘汉典法学文集》，"导读"和拙文"纯正学人潘汉典"［载《东吴法学》（2012 年秋季卷）］。

③ 康雅信：《中国比较法学院》，载高道蕴、高鸿钧、贺卫方编：《美国学者论中国法律传统》（增订版）清华大学出版社 2004 年版，第 628 页注 3。虽然作者注意到，"当然，这是一位 30 年代毕业并于 40 年代回到法学院任教的东吴毕业生的看法"，但作者强调，"在我的访谈过程中，我发现早期毕业生的英语水平的确比晚期毕业生要高"。而且，作者早先的论文也持同样的看法，参见康纳：《培养中国的近代法律家：东吴大学法学院》，载《比较法研究》1996 年第 2 期，第 193 页注第 69。

采用四年制学程是指，大部分学生自中学毕业后直接准予进入大学，进行本科课程学习，这势必造成某种降低标准的后果。这类学生比较年轻，他们很少有工作经历，而且尽管存在例外的情况，但一般来讲，他们的英文不如早些时的学生那样好。①

康雅信的"中国比较法学院"一文也有类似表述："20世纪40年代事情就有了变化。那时政府强制东吴法学院缩减学制，同时绝大多数的学生从普通的中国中学直接升入法学院，而那些中学的教学质量通常较低。"②

据杨大春前引文，东吴法学院从建校起，长期实行三年夜校制。加上入学前需在大学其他专业完成两年学业，东吴法学院实际实行的是五年学制。"在1933—1935的两年中，学校既开设四年制日校，也开设五年制夜校，允许高中毕业生投考大学一年级，也允许已有一年以上大学教育经历，成绩合格者投考日校二年级或夜校三年级。"1935年，东吴法学院取消了夜校，全部改行日校，学制五年。1937年又改为四年制。③

单就学制而言，康雅信的批评可谓切中要害："造成东

---

① 康纳：《培养中国的近代法律家：东吴大学法学院》，载《比较法研究》1996年第2期，第193页注第69。
② 〔美〕康雅信：《中国比较法学院》，载高道蕴、高鸿钧、贺卫方编：《美国学者论中国法律传统》（增订版）清华大学出版社2004年版，第628页。
③ 参见杨大春：《中国英美法的摇篮》，载《东吴法学》（2003年卷），黑龙江人民出版社2004年版，第24—25页。

吴法学院课程选择上的困难并最终削弱其比较法教学的原因并不是战争或经济的问题，而是政府对教育的管制。""无论政府的计划对其他法学院影响如何，它在东吴法学院实施的后果确是降低了法学院的教育水准。"①

与学制问题相关但又有所不同的是课程问题。②

据商务印书馆新版孙晓楼的《法律教育》一书，东吴法学院1933级的课程如下：

大学一年级的必修课主科课程有：

国文、英文、第二外国语（日、德、法）、近代史、政治学、法学通论等课程各1学年；经济学、社会学、心理学、论理学等课程各1学期。

大学二年级的必修课主科课程有：

国际公法、中国民法总则、罗马法等课程各1学年；中国宪法、中国法院组织法、议会法、中国刑法总则、犯罪学、法律拉丁文、比较宪法、英美刑法、中国刑法分则、中国刑事诉讼法、监狱学等各1学期。

大学二年级的必修课副课学程（每生每学年应习修2

---

① 〔美〕康雅信：《中国比较法学院》，载高道蕴、高鸿钧、贺卫方编：《美国学者论中国法律传统》（增订版）清华大学出版社2004年版，第629、636页。

② 笔者在以前的文章里曾以东吴法学院1944级的四年课程与1933级的四年课程进行了比较，此次重读发现1933级的资料来源存在疑问。原文所引1933年的资料源于孙晓楼的著作《法律教育》（中国政法大学出版社1997年版）一书所附"私立东吴大学法律学院"所载的1933级的课程，细读之后发现大学四年级的选修课不完整，大学五年级只有选修课没有必修课的主科和副科。所幸孙晓楼的《法律教育》一书2015年由商务印书馆再版，1997年版的缺漏得以弥补。

学分）：

第二外国语（法、德、俄、日）1学年。

大学二年级的选修课（每学期最多可选修4学分）：

英文1学年、自然科学1学年；商业常识、伦理学、演说学、法律伦理学1学期。

大学四年级的必修课主科课程有：

中国民法债编、中国民法物权编、中国民事诉讼法、英美契约法、英美民法选课1学年；中国民法亲属编、中国民法继承编等1学期。

必修课副科学程（每学年应修2学分）：

第二外国语（1学年）、党议、军事训练各1学期。

选修课（每学期最多可选修4学分）：

工会法、银行法、森林法、出版法、钱业法、考试法、商标法、矿业法、渔业法、航空法、农会法、监察法等各1学期。

大学四年级的必修课程有：

证据法学、英美侵权行为、大陆民法（德或法）各1学年；中国公司法、中国票据法、中国劳工法、中国民事诉讼法、政治思想史、中国海商法、中国保险法、中国土地法、中国破产法、中国行政法、中国强制执行法、哲学大纲等各1学期。

必修课副课学程（每学年应修2学分）：

第二外国语、法学名著各1学年。

大学四年级选修课（每学期最多可选 4 学分）：

英美买卖法、英美代理人法、英美公司法、英美保证法、英美公法人法、英美信托法、英美运输法、英美合伙法、英美损害赔偿法、英美衡平法等各 1 学期。

大学五年级必修课主科：

中国刑法比较学、各国民法比较学、国际私法、诉讼实习、论文等各 1 学年；中国法制史、世界法制史、法理学、法律哲学、立法学、诉讼卷宗、公文程式等各 1 学期。

必修课副科：

择一种法学课目写论文一篇。

选修课（每学期限于 4 学分）：

各国法制史、各国刑法比较、各国诉讼法比较、法律与宗教之研究、法医学、指纹学、国际关系等各 1 学期。①

康雅信的"中国比较法学院"一文附录了东吴法学院 1932 级的课程表，与孙晓楼《法律教育》一书所附东吴法学院 1933 级的课程表如出一辙。②

需要说明的是，杨大春前引文也列举了东吴法学院 1933 级的课程表，此份课程表为四年制，注明为"日校部"。据此，笔者以为，孙晓楼《法律教育》一书和康雅信"中国比

---

① 参见孙晓楼：《法律教育》，商务印书馆 2015 年版，第 129—133 页。另：笔者原引课程细目有一些缺漏和不准确之处，此次一并修订，特此说明。

② 参见〔美〕康雅信：《中国比较法学院》，载高道蕴、高鸿钧、贺卫方编：《美国学者论中国法律传统》（增订版），清华大学出版社 2004 年版，第 650—653 页。

较法学院"一文所附东吴法学院 1933 级课程表应为五年制"夜校部"课程表。这也与前述杨大春一文提到的"在 1933—1935 的两年中，学校既开设四年制日校，也开设五年制夜校，允许高中毕业生投考大学一年级，也允许已有一年以上大学教育经历，成绩合格者投考日校二年级或夜校三年级"的描述相吻合。如果笔者的判断可以成立，东吴法学院 1944 级的课程表与 1933 级的"日校部"课程表更具可比性。

据杨大春前引文，东吴法学院 1933 级"日校部"课程表如下：

一年级上学期必修课主科（8 门）：国文、英文、第二外国语（日、德、法、俄）、近代史、社会学、政治学、经济学、法学通论；必修课副科（1 门）：党义。

一年级下学期必修课主科（8 门）：国文、英文、第二外国语（日、德、法、俄）、近代史、政治学、心理学、伦理学、法学通论；必修课副科（1 门）：军事训练。

二年级上学期必修课主科（9 门）：中国宪法、中国法院组织法、国际公法、中国刑法总则、中国民法总则、议会法、罗马法、犯罪学、法律拉丁文；必修课副科（4 门）：中国法制史、违警罚法、政治思想史、第二外国语（日、德、法、俄）；选修课（4 门）：英文、商业常识、自然科学、伦理学。

二年级下学期必修课主科（9 门）：比较宪法、中国刑事诉讼法、国际公法、中国刑法分则、中国民法总则编、英美刑法、罗马法、监狱学；必修课副科（4门）：中国法制史、指纹学、法律思想史、第二外国语（日、德、法、俄）；选修课（5门）：英文、演说学、自然科学、法律伦理学、诉愿法。

三年级上学期必修课主科（6门）：中国民法债权编、中国民法物权编、中国民法亲属编、中国民事诉讼法、英美契约法、证据法学；必修课副科（4门）：英美侵权行为、大陆民法（德或法）、第二外国语（日、德、法、俄）、书评；选修课（6门）：银行法、森林法、出版法、钱业法、工会法、考试法。

三年级下学期必修课主科（6门）：中国民法债编各论、中国民法物权编、中国民法继承编、中国民事诉讼法、英美契约法、商法概论；必修课副科（4门）：英美侵权行为、大陆民法（德或法）、第二外国语（日、德、法、俄）、书评；选修课（6门）：商标法、矿业法、渔业法、航空法、农会法、监察法。

四年级上学期必修课主科（8门）：中国公司法、中国劳工法、中国民事诉讼法、诉讼卷宗、法理学、国际私法、比较刑法；必修课副科（3门）：立法原理、诉讼实习、论文；选修课（8门）：英美亲属法、英美代理人法、英美公司法、英美保证法、英美公法人法、各国法制史、法律与宗教之研究。

四年级下学期必修课主科（9门）：中国海商法、中国保险法、中国土地法、中国强制执行法、中国破产法、中国行政法、法律哲学、国际私法、比较刑法;必修课副科(3门):立法原理、诉讼实习、公文程式;选修课(8门):英美继承法、英美信托法、英美运输法、英美合伙法、英美损害赔偿法、英美衡平法、法医学、国际关系。①

笔者初步对比后发现,五年制夜校部1932级和1933级基本上没有变化,必修课(含主科和副科)共计在90门左右,四年制日校部的必修课(含主科和副科)也大体与夜校部持平,保持在90门左右,只是日校部由于时间充裕,选修课数目多,可选范围大。1944级必修课约70门左右,数量上确实比30年代少20门左右。类似情况也出现在学制缩短后的1938级的课程表里,尽管该年的选修课数目不算少。

如果参照康雅信文中提到的司法院规定法律系必修科目——宪法、国文、社会学、法院组织法、英文、刑法总则、政治学、经济学、民法总则、刑法分则、劳工法、民法债编、民事诉讼法、商法概论、第二外国语、民法物权、票据法、证据法学、刑事诉讼法、公司法、国际公法、行政法、民法继承、民法亲属、海商法、国际私法、保险法等,1944级只缺一门社会学。就东吴法学院的英美法和比较法特色而言,由于学制缩短,选修课的范围小、数量少是不争的事实,但英美法的核心课程及比较法的特色得以顽强保留。

---

① 参见杨大春:《中国英美法的摇篮》,载《东吴法学》(2003年卷),黑龙江人民出版社2004年版,第20—21页。

综上，笔者关于 1944 级东吴法学院的主干课程变化不大，保持了该院比较法的特色的判断大体能够成立。

美国哈佛法学院教授哈德森（Manley O. Hudson）曾于 1927 年在该院的演讲中说：

> 虽然我对世界其他地方的法学院略有所知，我却没听说过任何其他的比较法学学院……但据我的理解，你们是不同的，在这里，国内法是在与对英美法和大陆法相行比较的基础之上教授的，你们是我所知的唯一一所堪称比较法学学院的学校。①

此评价对于 20 世纪 40 年代的东吴法学院仍然不虚。以授课教师为例，授课教师均为有关领域的专家，如比较法大纲由盛振为讲授，哲学概论、民法总则、债法总则、债编分则由费青②主讲，吴芷芳③开设中国宪法、比较宪法、行政法

---

① 转引自康雅信：《中国比较法学院》，载高道蕴、高鸿钧、贺卫方编《美国学者论中国法律传统》（增订版），清华大学出版社 2004 年版，第 581 页及注。

② 费青教授（1906—1957 年），1929 年毕业于东吴大学法学院；1935 年考取清华大学公费留学生，赴德国柏林大学研究法律哲学；回国后，曾任云南大学、西南联合大学、复旦大学教授，东吴大学教授、法律系主任、教务长；1949 年后，担任最高人民法院委员、政务院法制委员会委员、北京大学教授、法律系主任；1952 年任北京政法学院教授、副教务长。

③ 吴芷芳（1898—1998 年），1921 年获东吴大学文学士；1925—1926 年在美国范纳弼大学和哥伦比亚大学进修政治学和国际法，以优异成绩获硕士学位；回国后历任东吴大学教授、政治系主任、法学院副教务长及文学院院长；1940—1942 年曾在福建省立大学和厦门大学任法学院院长。

和西洋法制史，鄂森①开设比较证据法、国际私法，曹杰②讲授民事诉讼法、强制执行法、物权、亲属、继承、诉讼实习，刘世芳③开设法理学、法律伦理等课程，其他如姚启胤（型）的比较契约法、比较诉讼法、比较衡平法，王遂徵的罗马法、法国民法、法文，艾国藩的国际公法，俞承修的刑法总则、刑法分则、刑事诉讼法、法院组织法，仇子同的比较刑法总则、比较刑法分则、比较侵权法，金兰荪的商法概论、票据法、公司法、劳工法、保险法、海商法，秉格（Dr. Bünger）的比较民法，蒋保厘的比较亲属法，王佩净的国文、中国通史、中国法制史，李文杰的破产法等。即使选修课的教师也都学有专长，如日文教师是芮龙教授（芮沐教授的胞兄），德文教师刘庄业为驻德大使的女儿，英文教师

---

① 鄂森（1902—1970 年），又名鄂浚，别号占弓，于 1928 年与倪征噢、李浩培等 13 人毕业于东吴大学法学院，8 月与同学倪征噢等入斯坦福大学法学院，获法学博士学位；1946 年初冬，临危受命，作为中国检察官顾问，与倪征噢（作为首席顾问）、桂裕和吴学义赴远东国际法庭，为维护中华民族的利益作出了历史性的贡献。

② 曹杰又名曹士彬（1896—1995 年），1921 年毕业于北京大学，曾任湖北汉口、浙江金华、山东济南等法院推事、民庭庭长；1933 年开始，先后在上海复旦大学、政法大学、东吴大学法学院任教授；1934 年被东吴大学法学院聘为专任民法教授，直到 1949 年；1949 年被调至中央人民政府司法部，历任第二司司长、公证律师司司长、法律宣传司司长、法律编撰司司长等职。参见《曹杰同志逝世》，载《人民日报》1995 年 2 月 9 日第 4 版，另见曹奇辰《曹杰传略》，载东吴大学上海校友会、苏州大学上海校友会编《东吴春秋》，东吴大学出版社 2010 年版，第 138—139 页。

③ 刘世芳于 1924 年获耶鲁大学学士学位后，又在欧洲学习了 3 年，先在哥廷根大学和柏林大学，后于格勒诺布尔（Grenoble）大学。虽然受到过普通法法系和民法法系两方面的教育，他的专业领域还是德国民法，也偶尔讲授债权法、罗马法和法律哲学。转引自康雅信：《中国比较法学院》，载高道蕴、高鸿钧、贺卫方编：《美国学者论中国法律传统》（增订版），清华大学出版社 2004 年版，第 599 页及注。

张中楹直接以 The Story of Law 和 Shakespeare: A Midsummer Night's Dream 作为课本，等等。

当时的东吴法学院不但课程多，而且大部分用英文讲授，教材也用英文原版，如西洋法制史的教材为 Putney 所著 Legal History，法理学的教材为 Hall 所著 Reading in Jurisprudence，国际公法的教材是 Briggs 所著 The Law of Nations，国际私法的教材是 Kuhn 所著 Comparative Commentaries on Private International Law，比较民法的教材是 Schuster 所著 The Principles of German Civil Law，比较法大纲的教材是 Willis 所著 Introduction to Anglo—American Law，等等。[1] 不仅如此，东吴法学院还运用英美法的"判例法"教学方法，"这种方法对于向学生传授一种普通法的感觉来说也同样很重要。因为所有导师都是受过英美法训练的，并且大多数曾在美国或英国学习，他们也会使用英语和某种形式的案例教学法来讲授这些课。普通法似乎是很难被精确地翻译的"[2]。老师上课之前先指定阅读材料，然后要求为所有的案例作摘要，要花很多时间才能准备好，上课以后老师开始点名，请学生介绍案情、陈述事实、梳理争议点、概述判决及判决理由。即便学生做好了准备，老师还总是问"为什么"？证据在哪里？理由是什么？你是否同意？然后展开争论。大家都可以发言。

---

[1] 参见《东吴法学院年刊（1944）》，The Woolsack Ⅲ。
[2] 〔美〕康雅信：《中国比较法学院》，载高道蕴、高鸿钧、贺卫方编：《美国学者论中国法律传统》（增订版），清华大学出版社 2004 年版，第 626 页。

这需要学生用自己的理解来表达对法律的认识。争论并没有绝对的对错,即便你是少数意见也很可能是对的。美国联邦最高法院的霍姆斯就是以少数意见著称的大法官,在判决时他是少数意见,但最后往往证明他是正确的,所以老师对少数意见也很重视。通过这样的训练,可以培养学生独立思考和判断的能力,这是东吴法学院学生的一个特点。也因此东吴法学院学生的学习压力相当大。

笔者2016年暑期曾有机会赴台拜访台湾东吴大学现任董事长王绍堉先生,王先生于1946年毕业于东吴法学院,时任级长和《东吴法学院年刊(1946)》社的社长。笔者代导师潘汉典先生赠送王董事长一册潘译《潘汉典法学文集》,王董事长也赠送了潘先生一册出版于2015年的《王绍堉先生访谈录》(以下简称《访谈录》)。王董事长在《访谈录》里提到:"民国31年,我进入东吴法学院一年级,借我母亲的母校爱国女中(爱国女校后改名为爱国女中)上课,当时教务长是费青。费青去重庆后,由鄂森接任教务长。"

关于当时的任课教师,王董事长有精彩的细节描述:

> 教英美法的有姚启胤(型)、鄂森、艾国藩老师;尤其是姚启胤(型)老师,东吴毕业到美国密歇根大学进修,获得法学博士学位,后来去美国得克萨斯州天主教圣玛丽大学教书。我到美国时曾去看他,问他为什么还未退休,他说:"我是学校里唯一的任何老师请假都可以代课的人。"学校不放他走。

据王董事长回忆，一般其他学校的法律系一百三十几个学分就能毕业，他们却修了两百多个学分。①

东吴先贤盛振为先生的在其名篇《十九年来之东吴法律教育》一文中写道：

> 本院选录学生，力主严格；凡高中毕业后继续在大学读满社会科学40学分，平均成绩在70分以上，并有学校证明书与成绩单者，方得投考本院日校法律科；凡读满大学社会科学80学分，并有学校证明书与成绩单，或得有国内外大学学士学位者，方得投考夜校法律科；且规定日校三、四年级，夜校四、五年级，不招插班生；考试科目，又不仅限于国文、英文、政治、经济、社会等科，即心理、论理、物理、化学、生物等科，亦皆在应试之列，此制推行以来，在本校肄业者，1/4为国内大学得有学位之学生，5%为国外留学归来之学生，其程度已无形提高；平日对于学生之札记及月考等，亦从严审核，不及格学程逾1/3者，不得补考升级，逾1/2者，必须退学；是以本校每年所收学生，至毕业时落选者颇多；良以法律教育之目的，不在培植专为个人求功利之普通人才，当为国家社会培植知行合一品学兼优之

---

① 王绍堉口述，蔡盛琦、张秀云访问记录：《王绍堉先生访谈录》，台湾"国史馆"2015年版，第52—53页。王绍堉后来的回忆更加具体："读中国法律大概一百三十八个学分可以毕业，因为还有英美法，所以我们毕业时修完二百零四个学分，连暑假期间，学生都缴费请老师来上课。"见该书第552页。

法学人才，此本院之所以以重质不重量为办学之方针一也。

盛振为将"重质不重量"视为东吴法学院办学方针的第一项，说明这所民国法科高校之所以著名与其坚持高标准密不可分。①

东吴先贤陈霆锐于1924年写道：

> 本科创立至今不过九阅寒暑耳，非有甚深之岁月也。同学之先后毕业以去者，亦不过三十馀人耳，非有多士之三千也。以云建筑则苟安已耳，非有广厦之千间也。以云经费则亦戋戋者耳，非有铜山之可倚也。然而其今闻广誉已深著于全国，东则亚美利加，西则欧罗巴亦弥不闻吾校之名，此岂可以侥而致哉。盖必有胜人之道也。学校设立，贵有充裕之经济，巍峨之建筑，甚深之岁月，而后可以人才辈出受人敬仰。然而此皆其未也。此皆其表也而非里也。学校之能出类拔萃自立于人群之中，贵有独到之精神，为人所不为，能人所不能，而后可以至人之所未至。吾校之声誉鹊起、人才辈出，非其最著之先例哉。②

陈文披露了一个重要信息：东吴法学院开办不足9年，

---

① 参见孙晓楼：《法律教育》，中国政法大学出版社1997年版，第199—200页。
② 《东吴法学院年刊（1924）》。

毕业不到 30 人。笔者初步统计，至 1923 届，法科只毕业了 29 人。开办头两年没有毕业生不算，平均每年毕业不足 5 人。盛振为强调的东吴法学院"重质不重量"，于此提供了最好的注脚。

据东吴先贤倪征燠回忆，他们那一届学生入学时 40 多人，毕业时仅剩 13 人，主要原因是备课压力太大。① 与潘先生同一届入东吴法学院的有 71 名同学，1944 年毕业时获得学士学位的 25 人（年刊列出的毕业论文题目也是 25 篇）。即使将内迁重庆②的部分学生计算在内，1943 年学期结束时有 6 名学生被授予法学士学位③，笔者在《东吴法学院年刊（1946）》附录的"东吴法学院历届毕业同学"名录里，查到"第二十七届民国三十三年"毕业同学名单共计 34 名，多出的 9 名应该是内迁重庆的毕业生。但笔者在上海档案馆查到该届毕业生数目为 31 名，与 1946 年年刊列出的该届毕业生数目略有出入。笔者旧文推断内迁重庆 1944 届毕业生人数不会太多，东吴法学院 1944 届学生毕业时获得学位的学生人数与入学时的人数之比，不会超过 50%。无论 31 名，还

---

① 参见倪征燠：《淡泊从容莅海牙》，法律出版社 1999 年版，第 24 页。
② 1941 年太平洋战争爆发后，东吴法学院实际上被分成两个部分：重庆（1943~1945）和上海日占区。参见〔美〕康雅信：《中国比较法学院》，载高道蕴、高鸿钧、贺卫方编：《美国学者论中国法律传统》（增订版），清华大学出版社 2004 年版，第 618 页。
③ 参见王国平：《东吴大学简史》，苏州大学出版社 2009 年版，第 152 页。笔者查阅《东吴法声》1945 年复刊号，所附 1944 年毕业生名单为 7 名。

是 34 名,毕业生比例确实没有超过 50%,也从一个侧面反映了东吴法学院即使在战时,也没有降低培养标准。

前述王绍堉的访谈录也证实了这一点。王绍堉回忆道:

> 和我同时进东吴法律系的有七十多个同学,毕业时只剩十几个人。由于东吴读英美法,二年级上国际公法时,厚厚的一本英文课本(Dickinson 著),每个礼拜要看完三、四十页。有位同学是孟子的后代,非常用功,他说:"整晚不睡觉查字典,也看不完。"艾国藩教的国际公法,作者像是在玩弄文字,有时一页只有一个句子,要找主词在那里都很难,很多用字看不懂,考试时分数惨不忍睹,因此淘汰了很多同学;加上三年级姚启胤(型)教的契约法、英美诉讼法,越来越难,又淘汰掉一些人,他们纷纷转校,原因大多出在英文。但转去他校的人,以中文重修国际公法,得分都很高。①

正是这种高标准、严要求,保证了东吴法学院学位的高质量。

因此,虽然笔者同意康雅信关于学制缩短使得东吴法学院的教育水准降低的判断,考虑到处于抗战时期的 1944 级四年内四迁校址的恶劣环境及临时组织教学的艰苦条件下仍然坚持重质不重量的严格标准,笔者以为,康雅信的 40 年代

---

① 王绍堉口述,蔡盛琦、张秀云访问记录:《王绍堉先生访谈录》,台湾"国史馆"2015 年版,第 56—57 页。

总体水平"低得多"的断语有夸大之嫌。

潘先生入学后继续发奋读书，1941年暑假期间曾与同班同学程筱鹤等5人代表东吴大学参加全国大学成绩竞赛国文科的复赛（费青教授时任法律系主任和年级导师），只是由于战乱，竞赛没能正常进行下去。

不幸的是，太平洋战争爆发后不久的1942年年初，潘先生的母亲病逝于香港，收到的电报说"母病逝，遗命续学"，不要以她为念，潘先生从此失去了双亲。雪上加霜的是，潘先生此时又因故面临学费无着而停学的境地。费青教授得知此事后伸出援手，希望潘先生复学并表示学校可减免学费。笔者于2015年在上海档案馆看到过潘先生写于1943年2月的"赐准全额免费俾得续学事"申请书，其中写道：

> 事变之始，故乡即告沦陷，家园为墟，遂避难香港。不料此次战事爆发，香港攻略中，寒舍重又见毁于兵燹，先慈亦因兹受惊弃世。由是经济之来源遂完全中断，现暂寄居友家。故于学费一项，实无力缴付。特恳请全额免费，俾得继续研学，为幸为祷。此呈奖学金审查委员会。①

申请书上签字批准的正是时任教务长的费青先生。虽然

---

① "1944年6月毕业生学籍材料"，上海档案馆，Q245-015。

没有看到 1942 年潘先生有关全额免费的申请，笔者推断，是年潘先生也应该经申请获得了免交学费的批准。

从大学第二年第二学期起，潘先生依靠学校减免学费来维持和完成了大学学业。① 为维持生计，潘先生曾在上海"春晖中小学"兼职作文和图画课教师，也由此激发了对于教学工作的兴趣和热情。学校此时也遭遇不幸，部分师生在盛振为院长率领下前往重庆，留沪师生面临失业失学的困境，费青教授临危受命，带领留沪师生暂避租界以"董法记"名义（"董法记"貌似商号名，以此避开了日伪的注意和迫害，但"董法"又是东吴法学院的谐音，表明东吴人数典没有忘祖）恢复上课。期间因战乱四迁校址，直到 1942 年秋校址才稳定，费青、鄂森等 13 人成立院务委员会，根据东吴法学院英文校名"The Comparative Law School of China"（以前一直译为"东吴法律专科"）改称"中国比较法学院"，使得东吴弦歌不辍。② 潘先生在遭逢家庭和学业多重变故的情况下，不仅顺利完成各门功课，还于 1943 年以"中国古代法学思想初探"一文参加悬赏学术论文，获上

---

① 笔者原文写为"依靠学校助学金来维持和完成了大学学业"，此次查到原始文献，应该是"依靠学校减免学费完成大学学业"。也因此，后文的兼职教师维持生计才更合理。

② 参见刘造时：《"孤岛"时期的东吴法学院》，载东吴大学上海校友会、苏州大学上海校友会编：《东吴春秋》，苏州大学出版社 2010 年版，第 16—17 页。刘造时为潘先生同班同学。——笔者注

海等地大学组第一名，获奖金1000元。① 笔者曾在先生所藏购于20世纪40年代的书籍里看到过注明以奖金购书的"题记"。

除此之外，潘先生看到东吴法学院许多书都是日文的，而日本法律是引用德国的，由此萌生了直接学习日本人和德国人著作的想法。正是怀着做学问要通晓中外的强烈求知欲和知己知彼、认识敌人的心情，潘先生选修了法、德、日等外国语课程。据潘先生回忆，开始选修德文的学生有十多个，坚持到底的只有两位，潘先生就是其中之一。东吴法学院当年的"法律系各年级学生成绩"里清楚载明，潘先生的德文和日文成绩位列全年级第一，日文两个学期成绩分别为94和80分，德文两个学期成绩分别为98和97分。② 正是这种语言优势，使得潘先生于1944年发现了日本法学家江家义男翻译、日本早稻田大学出版社出版的《苏维埃刑法和劳动改造法典》，随后将其译为中文，并以毕业论文"汉译世界最新刑事法典——苏维埃刑法和劳动改造法"获学士学位。潘先生在1944年就能以从日文翻译的《苏维埃刑

---

① 上海《申报》1943年2月28日第3版载有一则题为《博士笔厂悬赏征文揭晓》的新闻：本厂前为鼓励学生利用寒假时期进修学术起见，登报悬赏征文。承本外埠各大中学学生踊跃应征，美不胜收。兹将本厂聘请蔡声白、严独鹤两先生评定名次除分函通告外，兹将特登报揭晓。计开：大学组三名，第一名潘汉典（中国比较法学院）得奖金一千元；第二名万长劼（复旦大学）得奖金六百元；第三名奚正修（交通大学）得奖金四百元；第四名王敏（大同大学）得奖金二百元。

② 参见"私立东吴大学法学院学生学业成绩表"，上海档案馆，Q245-27。

法和劳动改造法典》作为学位论文,一方面说明潘先生在外国语方面的明显优势——日文是东吴法学院的选修课,选修的人不是很多;另一方面也反映了东吴法学院比较法学的传统和特点——不仅保留英美法的研究,也面向日本、德国和苏联等国家的法制。

一己之力,编辑年刊献母校

2016年夏,笔者因公赴台,代潘先生赠送先生的"老同学"王绍堉先生一册《潘汉典法学文集》,在扉页题赠留言后,先生署名"上海东吴法学院1944年年刊主编"。以笔者的理解,先生很看重自己主编的是册年刊。

1944年毕业前夕,潘先生被同学推举,担任了《东吴大学法学院年刊(1944)》(The Woolsack)的总编辑工作。由学生编辑出版发行的《东吴大学法学院年刊》于1923年首刊发行,潘先生编辑的此卷年刊列为《东吴法学院年刊》第三卷。年刊有数处校园的老照片,有杨永清、吴经熊、盛振为、费青、鄂森等历任校长、院长、教务长及时任该校教职工的近照,有法律系毕业生身穿学位服、头戴学位帽的个人照和法学院及法律系、会计系①四个年级的集体照,还有校

---

① 政府从1932年起开始采取措施限制法律专业的学生数量,到了1938年即取得了实质性的成效。这种限制的结果是,东吴法学院为了保持入学率并从而保证足够的学费收入以支撑法学院的继续运转,他们不得不新开了一个会计系(在政府的规定中这是不属于"法科"的)。参见〔美〕康雅信:《中国比较法学院》,载高道蕴、高鸿钧、贺卫方编:《美国学者论中国法律传统》(增订版),清华大学出版社2004年版,第626页。

园生活、师生文艺等栏目，法律系和会计系的四年课程、任课教师和教材都列入其中……该年刊不仅记录了东吴法学院1944届同学的艰难求学之路，而且为我们留下了珍贵的历史文献。

《东吴法学院年刊（1944）》"卷首语"出自级长刘文华和总编辑潘汉典之手：

> 吾一九四四级自入学以还即与母校患难相依，今忽届毕业之期。回首去日：风雨晦明一堂修业，经传鹿洞四载同门，此情此景历历在目；每一道及，无不唏嘘感喟。佥曰："斯我校史最可歌可泣之一页也，焉可无史以传以垂久远，而为他年证印之资。"吾级遂发宏愿，图复院刊。鄂师吕弓博士闻之称善，许予鼎力玉成，由是议遂决。鄂师慨垫巨款，事乃举，编撰工作即告开始。吾同学则群策群力，更获诸师臂助，招徕广告，充实经费。至于出版事务，则劳刘哲民先生斡旋者尤多。

> 本刊之制，既为吾侪四年大学生活之写照，更重史料之蒐集。是故姑苏母校，虹口旧院，以至数年来流离迁徙之客舍，均顺序见于画图；全院各级皆有史有像；而师门或赠嘉言以送别，或赐巨构鸿文，更使篇幅灿然增色。故是书为吾级之兰亭集，亦吾院之繫（系）年史也。

《东吴法学院年刊》中断20年之后，居然在战时"孤岛"得以延续，行动本身已然是"可歌可泣"之举，也说明了编者的强烈的文化传承意识。

笔者曾在1945年的《东吴法声》里，看到过盛振为撰写的《复刊词》：

> 抗战以前，东吴大学法学院法律学系出版刊物凡三：《法学杂志》、《中国法学季刊》（英文）及《东吴法声》。《东吴法声》为法律学系同学所主办，内容大都为同学之作品。

笔者以为，东吴法学院学生所办刊物不限于上述三种，《东吴法学院年刊》也应该入选。

王国平在其《东吴大学简史》一书中有专节讨论"东吴大学的学术成就"，包括"刊物"和"著作"。谈到"刊物"，王国平写道：

> 《回渊》载文称"吾校刊物之由学生主其事者，有《雁来红》，有《学桴》，有《东吴》，有《新东吴》，有《东吴年刊》，有《法学季刊》，有《一九一五之乙卯》，有《一九一七之丁巳同级录》，有同学会委员会之《老少年》，有美洲同学会之 Old Soochou"。

此外，还有生物材料处出版之中英文两种月刊。中文月刊即国内中学用的《中学生物院刊》；英文月刊即专为国内外大学用的 B. S. S. Bulletin（专载有关生物科学文字）（按：原注据馆藏档案）。在这些刊物中，《雁来红》与《东吴月报》在中国大学学报史上占有重要的学术地位。据王文，东吴大学1903年创办了《雁来红》特刊，可惜只出了一期。1906年6月，东吴大学创办了《东吴月报》。孙乐文在年度报告中说："《东吴月报》是一本月刊，由本校学生和教师共同编辑。"是我国高等学校最早的大学学报。后更名为《学桴》，再后来更名为《东吴》《东吴年报》《东吴学报》《东吴杂志》《新东吴》《东吴年刊》等。有意思的是，王文虽然没有提及《东吴法学院年刊》但插图用了《东吴法学院年刊（1946）》。

在《东吴法学院年刊（1944）》里，级长刘文华和总编潘汉典先生对《东吴法学院年刊》的历史有文字记述：

> 本年刊创始于一九二三年，刊行两卷，遂不复见；迨一九二九与文理学院镕于一炉，合编《东吴年刊》，复刊两卷，嗣后又因故中辍，迄今十有四年，而院刊之中断，则二十年矣。

据此，东吴大学刊物——特别是学生办的刊物除了《东吴法声》外还有《东吴年刊》和《东吴法学院年刊》。经笔者查询，这些东吴学生刊物在中国政法大学图书馆和北京大学图书馆都没有发现。即使在国家图书馆也只有零星几期。国内收藏最全的是上海档案馆，笔者去年两次赴上海的其中一个目的就是前往上海档案馆查询这些学生刊物。

上海档案馆馆藏目录显示，该馆存有1923年的《东吴法科年刊》，笔者收藏有 1924 年《东吴法科年刊》，至 1944 年《东吴法学院年刊》正好是第三卷，印证了上述文字所言不虚。

值得讨论的是《东吴年刊》。上海档案馆馆藏有 1921 年的《东吴年刊》。笔者收藏的 1920 年《东吴年刊》明确注明为第三卷（VOL. III）。查阅 1929 年《东吴年刊》，刘荔生撰写的"弁言"写道：

> 学校有年刊，犹国之有史，家之有乘，示不忘也。我校年刊，创始丁巳，阅时已十有二载。惜辛酉后，因他故中辍至今。兹循成例，恢复旧观，略事变更，勉图完备。

丁巳年为 1917 年，辛酉年正是 1921 年，"弁言"所述与 1920 年的《东吴年刊》正可互证。换言之，据 1920 年和 1929 年的《东吴年刊》，该刊应该创始于 1917 年，至 1921 年出了四卷，后因故中辍。1929 年的《东吴年刊》是"循旧例，恢复旧观"，应该是复刊。笔者也曾就此事请教过潘先生，先生欣喜新的"史料"发现，直言应该写一写。随后先生解释道，当年编写年刊时正处于战时，资料收集十分不易，早期资料没有看到。遗憾的是，直到本文写作之时，因没有查阅到 1915 年东吴法学院成立以前的相关刊物，笔者仍不清楚《东吴大学简史》提到的《学桴》《东吴》等刊物与《东吴年刊》的具体联系。

出版于 1946 年 12 月的《东吴通讯》也证实：

> 吾校法学院自民国二十六年因敌日寇沪，不得已迁入南阳路治中女子中学上课，旋再徙西藏路慕尔堂，暂借租界资为屏障。此际大部分校具悉沦敌手，但学校行政尚维原状。迨三十年十二月八日敌寇复侵入租界，入据慕尔堂本校临时校址，以为海军队部，致吾校所有图书、校具、册籍、文卷皆未遑携走，竟大多散佚，而东南一带寇氛遍地，遂无复安席设教之地矣。

刘荔生的"弁言"也提到了上海、苏州两地办刊的细节：

> 盖我校合文理法三院而成。文理两院，向居吴下，法律学院，别在沪滨。前此年刊之出，各有专书。今则镕于一炉，蔚为巨帙。排比编次，煞费周章。幸而事有多分，神而不契。邮书商榷，双方共任厥艰。

出版于 1929 年的《东吴年刊》，是东吴大学本部（文理学院）和法学院合办的刊物，只办了两期，其中有一些法学院师生的信息。

在此只提部分工作人员就可知编辑阵容之强大：1929 年年刊文牍为都乃毅、费孝通，干事徐百齐、杨寿林等，中文助理有闵刚侯等，英文助理有徐百齐等，印刷主任为谈家桢等。其中法律学院（当时名称）级长为徐百齐、查良鉴，文牍有费青和都乃毅。

1930 年年刊执行部社长为谈家桢，文牍为卢峻和费孝通。编辑部中文助理为杨季康（即杨绛），英文助理为张梦白。

《东吴法学院年刊》始于 1923 年，署名为"东吴大学法律科学生部"。该期编辑部总干事为江一平，中文主笔为高君湘，英文主笔为盛振为，序言为高君湘所作："本校法科创立之八年，实为我同学毕业之第六届始，特刊为年刊，以资纪念。"

1924 年的《东吴法科年刊》的"序言"仍然出自高君湘之手：

> 吾校年刊发行之第二届，湘又谬推任校譬之役。既承各同学之宏篇频赐，俾克告厥成功。于是谨弁其首而系以辞曰：夫自昔洙泗讲学，春风时雨，弟子服膺，终身春秋之世，列国报聘，意气相投，倾盖缔交，坚逾金石。盖欲求进德修业以任天下之重，固不得不借助于师友也。慨自晚近以来，尊师信友之美德凌夷极矣。在校为同学为教师，出校以后，天各一方，东西劳燕，数年不见即成路人。虽曰人心世道责有攸归，然而乏纪念物以传久远，盖其原因之一也。今年刊出而首摄校长及诸师长之影次及各同学肖像与其小传，又次各级级史暨本校近状，所以尊师长，所以志友谊，更所以资考镜，一举而数意具。俾吾同学读之则爱校怀旧之念油然而生，社会人士读之则睹生活状况。是年刊之作虽非若出版物

之讨论学术为主旨，又非若日报之以批评时局为目的，然亦岂可以已乎，岂可视为徒耗资而无俾于实乎。

年刊"所以尊师长，所以志友谊，更所以资考镜，一举而数意具"，说得何等好！

需要说明的是，1924届毕业生有15名，包括高君湘、盛振为、李中道和谢颂三等。1923届只有5名毕业生，也因此年刊工作人员多为1924届学生，1923届的江一平出现在编辑部，并且担任了总干事。

回到《东吴法学院年刊（1944）》的话题，笔者注意到刊内有署名"百行"的《自说自话：关于本刊的二三事》一文，潘先生特意在"百行"下加注：赵伯珩。赵伯珩是年刊编辑部7位成员之一，其他成员有左宗矩（副总编辑）、俞伟奕、卓泰安、徐启明和过载青。

且来读读赵伯珩的记述：

> 经过七个月的不长不短的时间，这一册年刊，在我们的潘总编辑的努力工作之下，由拍照而拉稿，由制版而排版，由排印校对，而付印装订，现在毕竟帙然成册地呈现在我们的眼前了。一本年刊的完成，或者说一件事情的成功，它的内容倒往往不是公正的评价的对象，因为一切的外在的内在的条件，在在都能影响它的内容，然而贯穿全部工作进行的精神，倒是值得注意的。记得编辑年刊的动机，是产生在法四上学期开学后的第

一次级会里。当时的提议很多,有几位提议"级戒",有几位提议"献纪念物于母校",有几位则主张"吃一顿",真有"百家并起,异说纷纭,皆欲以其道易天下"的情势。然而编印"年刊"的提案,到底被多数的投票而表决了。其后便开始推选负责人员。我们的潘汉典,就在那时不声不响地负起了编年刊的责任。然而不久,因为大家都忙于应付 quiz、小考、report、大考、论文……所以年刊的事,十分之八九便都落在编辑部和委员会的四五位肩上了。在毕业统考前一日倒数上去的五六个月里,所有关于编辑以至出版方面的事,包括拍照,选择照片,剪贴,跑制版公司,请师长们写文章,动议开会,跑印刷公司,校样……这些事差不多全是汉典一个人在奔走。来校上课,手里拿着课本外,总是另外有些大大小小的信封、纸包,里面不是铜板便是稿子和排印的样张,同时他自己还另外读德文,坐图书馆……虽然如此,可是这些事绝不曾影响了他的年刊工作。年刊上的要每一篇每一页的印上去的东西,都曾经改过三四遍以上,有时我竟替排字工友们着急起来!甚至于一条线之微都用红笔注过 Border No. 6∶16 point. 可以说这本子上的一切都是他曾经费过不少气力的结晶。汉典的任重致远,劳怨不计的精神,临事不乱好整以暇的态度,使我不能已于言,在工作最初的进行中,我虽没有狭隘的地域观念,可是仍然不免说他有"广东脾气"，事情告成，才知道，他的确有计划，更知道他有多方面的天才，即以美术而论，年刊中的一张"Forget me not"不是很好吗？因为他有过人的毅力，这次工作中，他尽的力量太大了，在这里我个人虽然不好代表全体同学，可是我知道得太清楚了，不由得不十分地感谢他，因为他的努力工作使年刊能够蔚然出版。

可以在此补充的是，20世纪80年代知识出版社出版过一套"国外法学知识译丛"，其中的《司法制度和律师制度》一书的译者之一就是赵伯珩。当然，此套译丛的绝大部分译者都出自东吴法学院。

笔者曾于2015年赴沪拜访过副级长刘造时老师。刘老师亲口称赞：年刊几乎是潘汉典一人之力。刘老师不仅是副级长，夫人过载青也是编辑部成员，这种评论自然相当可信。

《东吴法学院年刊（1944）》附有潘先生的编者"后记"，信息量相当大。

> 本刊自去冬着手编辑，至出版之日，经过整整的一年了。其间催促出版之声不绝于耳的日子也占去了一半，对于这些热烈的鞭策，编者实在是感谢不尽的，同时又抱歉不过的：他不能早日应命，又无暇一一为之剖析其所以然。直到今天，印刷所对他宣告道现在没有问题了。他才胆敢重写这篇后记，原想倾吐一些当时受之抑郁，现在想来颇有点儿味儿的故事，或曰宝贵的经

验，给诸君共赏的，可是，事实与篇幅两不许可，只得轻轻说去，希望一向督责甚力的先生小姐们能够理解，本刊的完成并不是一件容易的事情，在她的历程上，有着许多为我们读书人所不易想象得到的，穷于应付的困难，至于因此而原谅本书之迟延给付，编者尤其感激不尽了。

我们的年刊社自成立以至结束，始终没有过一个社址，这是一件稀奇的而为诸君所周知的事实，因而编辑室自然无从说起，于是工作的中心点不得不落在我当时的居所了。——我想编辑部之没有彻底动员，这是一个很重要的原因吧！我能够和其他六位聚首工作的日子，只有十个星期日的下午。其他的日子，只好唱独角戏了。

然而我们编辑部同人总算不愧为编辑的。在过去一年中我们的副总编辑左宗矩君也曾牺牲了三个下午，到我那儿去工作，此外又填写了一些东西，徐启明也曾一度驾临准编辑室视察，此外又给会计系同学拍了一些照片，过载青小姐虽然没有参与编撰的工作，却为我们划了一个格子，并写了几百个字儿。他们的努力是不可抹杀的。至于俞伟奕君，还有赵伯珩君、卓泰安君，曾经有六七个星期日的下午和我在一块儿工作，此外又分担了好些事务，填写、抄誊、校对，使本书减小不少的缺点，这都是他们的劳绩，特此表扬。至于编辑部以外的钟、徐二君，还有四五位不知名的友人，为我们的生活留影，我也要谢谢他们。

为着迅速起见，许多事情只好一人任之，自己去干；于是为之总编辑者不得不兼办"出版"了。然而交涉制版与排校等事，只不过是麻烦而已，充其极，也不过费些精神时间即能办妥。这些事情在半年前便解决。

在本书出版过程中最壮观的、浪涛最大的，还是在经营印刷这一段。此中，有 Waste 的问题，纸张不足的问题，印刷困难的问题……以至烫金的问题，因而引起的封面、装订等问题；够了，我不想再往下说了。然而我想诸君知道的是，这一段路是走了半年才好容易走完的。我之不能早日复命，即在于是。

这段"自白"印证了赵伯珩和刘造时的评价：

由于人手不足，编撰的时间短促——只有五个月——和编者的能力有限，因此本刊不能尽如理想，这是不待说的，而鲁鱼亥豕尤属不免。可是有些地方也并不是错误的，如本刊中有些古人词句缺了一二字或改了一两个字，对词学稍有研究的人便能指出，然而我想还是让她那样的好。

最后，我们不得不向本刊的总顾问鄂先生表示十二分的感激之意：他自始至终在精神上给我们不少的勇气与指示，在经济上给我们绝大的援助，本书之成，所负于先生者最大。在出版上，刘哲民先生给我们介绍制版公司和接洽印刷的好意，代购纸料之劳；芮龙先生为我们"直接交涉"，解决了印刷问题和最后一个难题，费神实多；刘世芳先生、姚启胤（型）先生、张中楹先生、王佩铮先生为我们审订本稿，使得免除了不少误漏；我们要向他们致谢。此外，许多先生们为我们招徕广告，在经济上予以甚大助力，于此不及一一道谢为歉。

仅从上述文字，我们就可以感受到一位学生编辑的全情投入、尽心尽力和不亚于职业编辑的素养。

编者最后写道：

> 至此，编者在一年前对本刊总顾问的诺言总算完全履行了，不觉松了一口气。然而想到他自己的债务却因此而迟延履行了：一年前他决心做些东西献给他的母亲，于是接受了 Prof. Dr. Buenger 的要约，从事德国 BGB 的汉译。终于因年刊之事而半途搁浅了；他对不起自己，更有负宿诺，只好求 B 先生原谅了。虽然 BGB 有云："Der Schuldner kommt nicht in Verzug, solange die Leistung in Folge eines Umstandes unterbleibt, den er nicht zu vertreten hat.（BGB 285）"我民法第二三零条亦如是云云，他竟然也不无辩解了。一笑。是为后记。
>
> 潘汉典，一九四四年十二月八日

笔者不懂德文，查阅民国民法典，该条文内容为：给付迟延之阻却成立事由：因不可归责于债务人之事由，致未为给付者，债务人不负迟延责任。

法条的引用说明了编者的严谨。笔者在"附言"里更读出了"沉重"。其中的 Prof. Dr. Buenger 就是讲授德国民法的秉格教授，要约应该是德国民法典的翻译，但原因在于"一年前他决心做些东西献给他的母亲"。笔者知道，潘先生11岁父亲病故，1942年22岁就读东吴法学院时，远在香港的母亲又因病逝世。因战火阻隔，先生甚至未能奔丧。母亲"遗命续学"，先生含悲苦读，学业一直处于年级前三位（另两位是程筱鹤和俞伟奕），而且掌握了英、法、德语和日文。先生与秉格教授相约翻译德国民法典就是为了献给母亲。但为了给母校留下一份珍贵的"记忆"，先生不惜"对不起自己，更有负宿诺"，这是一种更深沉的情感。

明乎此，我们再读是卷年刊十分醒目的"献词"——"敬以此册献给母校与祖国"——就会感慨良多。联想到当时正处于日寇占领下的祖国和被迫内迁的东吴大学以及留沪数次迁址、不得已更名的"董法记"和"中国比较法学院"，编者的拳拳爱国心跃然纸上。笔者清楚地记得，2012年前后，有一次潘先生在学院路校区课后与部分学生小聚，先生偶然忆起抗战时期的求学经历，说到动情处潸然泪下，在场同门无不唏嘘感叹。

潘先生当年在年刊里写道：

编者能薄才谫，谬膺重命，深惭蚊负无殊，乃坚辞不获，惟有竭其驽力。今幸勉成一帙，得免方命之罪。虽限于物力，仅粗具规模，然廿载堕绪于兹再续，四年鸿雪由是永存矣。明日天涯海角，吾侪执此史册，岂独旧欢得以涌现于眼底，可以稍慰离人之怅惘而已哉？吾知其必不止于是者。

五六十年后，是届学生潘汉典、刘造时、过载青、钟吉鱼、张颂星、秦曾期、陈裕宽、陆懿文、俞伟奕等重聚于沪上，还纷纷在年刊上签名留念。历史已然证明了作者的预见。

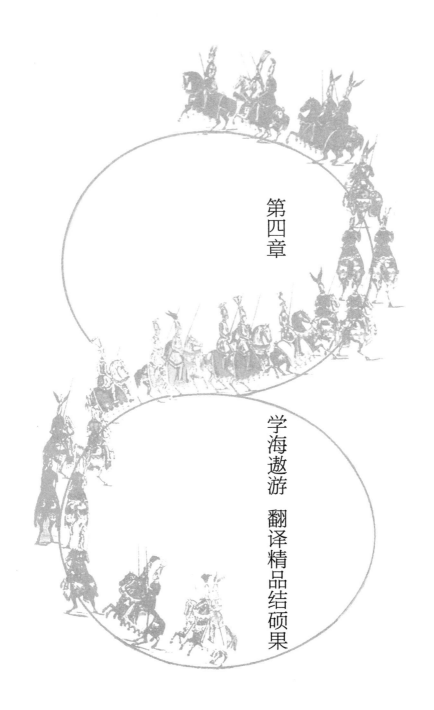

第四章

学海遨游　翻译精品结硕果

1944 年大学毕业后，潘先生在鄂森老师的推荐下，开始在上海中南银行（鄂森任该行法律顾问）信托部和地产部工作。虽然在银行工作收入比较可观，但由于此项工作是为了生计而且有违潘先生从事学术研究的心愿，潘先生在此工作期间一直用自己的别名——潘宗洄，离开银行后才恢复了本名。

东吴法学院于1926 年成立了法科研究所，成为当时中国少有的几个获准（开设法学）研究生课程的法科研究所。该研究所学制两年，毕业颁发法学硕士学位（LL. M.）。研究所一贯以比较法的学习和研究为重点，在其发展的顶峰期可以看做中国比较法教学的典范。① 1946 年研究所在上海恢复招收硕士研究生，潘先生和其大学同学程筱鹤、俞伟奕等都成功考取（程筱鹤后来转入北京大学法学研究所）。

1945 年，离沪转任西南联大教授的费青先生经常寄信，鼓励潘先生从事学术研究。潘先生于该年购得美国法学家博登海默1940 年版《法理学》（*Jurisprudence*），开始利用业余

---

① 参见〔美〕康雅信：《中国比较法学院》，载高道蕴、高鸿钧、贺卫方编：《美国学者论中国法律传统》（增订版），清华大学出版社2004 年版，第609 页。（按：原译文似有部分不通之处，经查对原文酌改部分内容。）

时间边读边译，于1947年1月完成了该书的翻译。①

谈到博登海默1940年出版其代表作《法理学》时，在美国学术界尚默默无闻，潘先生何以能在当年就发现此书的价值时，先生直言与东吴法学院的求学和治学经历有关：

> 我于1940年入东吴大学法学院学习时，大一上学期学了时任系主任费青教授讲授的哲学概论，他把我们引入了法哲学的殿堂。费青教授1934年就翻译过美国哲学家霍全的《法律哲学现状》。在有英美法传统的东吴法学院，像费青教授这样的兼有大陆法知识背景的教授并不多，自然深受学生的喜爱。我也由此喜欢上了法哲学这门课程。
>
> 到了大四下学期，刘世芳教授为我们开了法理学。刘世芳教授也是兼有大陆法知识背景的教授。
>
> 刘世芳教授当时是上海的大牌律师，非常有名。他的夫人是德国人。他讲法理学，用的是美国法学家霍尔

---

① 2011年，笔者在搜集、整理、编辑《潘汉典法学文集》（2012年由法律出版社出版）资料过程中，发现了潘汉典先生完成于1947年的博登海默1940年版《法理学》中译本完整手稿，包括脚注、小号引用字体等，几乎可以直接出版。笔者当时确有震撼之感。由于原书被外借未还，致使该译本未能收录于《潘汉典法学文集》。《潘汉典法学文集》出版后，笔者尽快完成了中译本的录入。随后，潘汉典先生又从国外购得1940年版《法理学》，潘先生原有的1940年版《法理学》也完璧归赵。几乎可以肯定地说，这是博氏《法理学》（1940年版）最早的汉译本。笔者看到这部历时60多年、约17万字的译稿上清楚地记录着每页的翻译日期：开始于1945年8月7日，完成于1947年1月21日。2015年，法律出版社出版了潘译《博登海默法理学》精装收藏本，得到了业界很高的评价。

(Jerome Hall)的《法理学阅读文献》(*Readings in Jurisprudence*)一书作教材。上课全用英文,第二节课会向学生提问,因而这门课学生压力很大。

正是东吴法学院的求学经历,使我对法理学产生了浓厚兴趣。当时东吴法学院有很多国外法理学著作,比如庞德的《法理学》,柯勒、凯尔森和施塔姆勒的著作等,上学期间都曾阅读过。毕业后虽然离开了学校,但读书治学的活动并未中断。治学过程中,法理学一直是关注的重点。

霍尔的教材资料很丰富,法理学各学派都有介绍,百家争鸣,名家的思想资料很全。课堂上虽没有讲完全书,但对法理学各派的思想观点和脉络都熟悉了。对霍尔著作的精读为以后的法理学研究奠定了基础。①

潘先生1944年在东吴法学院求学时用的教材就是霍尔的《法理学阅读文献》,于1938年在美国出版,应该是美国最新教材。② 潘先生当时的法理学老师是刘世芳教授。刘世芳于1924年获耶鲁大学学士学位后又在欧洲学习了3年,是东吴法学院为数不多的兼有英美法系和大陆法系知识背景的教

---

① 详见《敬畏学术:潘汉典译博登海默1940年版〈法理学〉访谈录(代译序)》,载博涵默:《博登海默法理学》,潘汉典译,法律出版社2015年版。
② See Jerome Hall: *Readings in Jurisprudence*, The Bobbs Merrill Company 1938.

授。① 因民国时期东吴法学院的资料非常匮乏,现在无从知道东吴法学院从何时开始使用霍尔的书作为教材。但即使从东吴法学院1944年使用该书算起,也基本与美国一流大学法学院保持了同步。笔者曾在京城各大图书馆遍寻此书,最后在北京大学图书馆找到一本库存本。因年代久远,纸张发黄变脆,该书已不堪翻阅。但在该书的借阅登记信息里,笔者意外发现了如下字迹:"法律系费青先生指定",落款时间为1947年9月10日。费青时任北京大学法律系教授,曾任潘先生求学时的东吴法学院法律系系主任兼民法、哲学概论等课程的教授。此段文字至少说明北京大学法律系1947级学生的法理学教材也是用的霍尔1938年出版的《法理学阅读文献》。无巧不成书,据北京大学法律系编《北京大学法律学系名录》(1998年5月),北京大学法律系1945—1959年间只招过三届(即1947级、1948级和1949级)硕士研究生,1947级只招了程筱鹤、袁文两名。其中程筱鹤与潘先生是东吴法学院1940级同班同学,1946年与潘先生同时考入东吴法学院硕士研究生。1947年又转考入北京大学法律系研究生,师从费青教授学习法理学和国际私法。费青教授指定的教材究竟用于该届本科生还是研究生,由于缺乏资料目前只能存疑。

---

① 参见〔美〕康雅信:《中国比较法学院》,载高道蕴、高鸿钧、贺卫方编《美国学者论中国法律传统》(增订版),清华大学出版社2004年版,第599页及注。

潘先生在多年后的一次访谈中介绍了当年购书的传奇经历：

> 1949年前上海公共租界有一家外文书店（Kelly & Walsh Book Co.）①，常有国外最新的书籍展览，我经常光顾这家书店浏览并买过一些外文报刊和书籍。1945年的某一天，我去该书店后发现了博登海默的 Jurisprudence（《法理学》），看书名我就有兴趣。在书店里翻了翻书的内容，马上爱不释手。但这本书当时正在布展台上展览，只有一本，并不出售。如参观者欲购买，可向书店下单订购。
>
> 离开书店后，我对博登海默的《法理学》难以忘怀。没过多久，我再次前往书店，恳请书店工作人员将书卖给我。工作人员问我为什么非要买这本书，而且如此急迫？我告诉他们自己是东吴大学法学院毕业的法学学士，正在从事外国法和外国法学研究，迫切需要这本书。也许是东吴大学法学院的声誉自身具有的说服力，也许是我购书的真诚和迫切愿望打动了他们，工作人员破例地把这本作为展品的样书卖给了我。从1945年到现在，已经快70年了，这本书一直陪伴着我，它是一份珍

---

① Kelly & Walsh Book Co. 原名英商别发印书馆有限公司，俗称别发洋行。据黄海涛专文"别发洋行考：兼论近代中国知识分子与别发洋行"一文，别发洋行（即别发印书馆）不仅销售英文书籍，而且是引进当时英美最新最流行的知识的文化传播者，诸如达尔文、赫胥黎、斯宾塞的著述都由别发引入。辜鸿铭、林语堂、温源宁等人的英文著述也曾由别发出版。参见黄海涛：《别发洋行考：兼论近代中国知识分子与别发洋行》，载郑培凯、范家伟主编：《旧学新知集》，广西师范大学出版社2008年版，第214—215页。

贵的记忆。

潘先生当年的手稿每一页页眉印有供填充的日期。从其记录可知,潘先生自1945年8月7日开始翻译这本书。以后每天或隔几天就翻译几页。其中8月11日和12日两天翻译了9页,约5 000多字,而这两天正好是周六和周日。可以想象,潘先生当时的业余生活几乎都投入到这本书的翻译中。先生回忆道:

> 这是一本好书。好书就是一位好教师,读好书就是与好教师对话。既然是好书,就应该认真阅读,只有这样才可能掌握和消化其中的内容。

> 当时并未有出版的想法。动手翻译是因为这本书确实很精彩,值得精读。动手翻译的过程,自然也是学习的过程。能把全书翻译出来,自然相当于自修并精研了书的内容。

正是因为在东吴法学院师从刘世芳研读过霍尔的《法理学阅读文献》,并精读过博氏的《法理学》,60多年之后,潘先生仍能清晰比较两部著述的异同:

> 霍尔的法理学偏于资料,对法理学各派的名家都有介绍,而且资料丰富。博登海默的法理学不仅有各派名家的资料,而且提取精华,并有自己的评论和研究心得。博登海默的《法理学》是对西方法理学的全貌探索,展示了西方法理学的各类珍宝,是法理学研究的基

础和范例。通过博登海默的著述，我个人对法理学各派的脉络和源流以及相互关系等认识更清晰了。

潘先生于1944年毕业于东吴法学院。毕业后，是业师鄂森介绍到上海中南银行从事法律工作。1946年，先生与同窗程筱鹤、俞伟奕等一起考上母校攻读硕士研究生，受到业师刘世芳、郭云观等的器重和欣赏。正是在读研究生期间，先生于1947年1月完成了美国法学家博登海默1940年版《法理学》的翻译工作，该译著于2015年由法律出版社以精装本出版。两个月后的3月4日，先生又依据德文原著，参照莱勒的英译本完成了德国法学巨擘耶林的名著《权利斗争论》。6月7日，先生适时收到师友倪征燠、鄂森和高文彬受托从日本购得的松岛烈雄的日德对照本，"甚喜"。8月29日和9月5日，先生的译作《权利斗争论》（节译）发表于《大公报》的"法律周刊"版，此时参照的译本增加了日译本。

潘先生收藏的耶林的德文原著《法律目的论》，扉页有先生亲笔写下的文字：

> 于上海善钟路访得，喜极！
> 方译毕 Jhering 之 Dr Kampf ums Rech
> 一九四七，九，七

这是先生译文见报后的第三天，先生购得耶林的与《权利斗争论》同样重要的德文原著《法律目的论》，欣喜之情可以想见。先生笔下罕见的"喜极！"，生动形象地表达了先生彼时的心情。

据先生回忆，此书购于先生第一次应恩师费青之招赴京前依习惯游上海外文旧书店，购于凯格路西文旧书店，时寓上海西区愚园路101号中南银行公寓。先生补充道，该书是作为废品出售，因此是以"捡漏儿"的方式入手的。从先生津津有味的讲述中，可以体会先生当时的心情必然是"甚喜"。

其间，先生还获得业师秉格教授赠送的耶林原著第一版的1948年版本。

其时先生谋生之所是上海的中南银行，同时在东吴法学院攻读硕士学位，1948年以题为"中国有限公司论——比较法的研究"的优异论文获得法学硕士学位。此后经业师郭云观介绍，受聘上海光华大学法学院副教授。

上述零散资料说明，潘先生1946年至1948年间，完成了东吴法学院的硕士课程，国际私法成绩最优，获著名国际私法专家郭云观①教授的赏识，并以题为"中国有限公司

---

① 郭云观（1889—1961年），国际法学权威。1915年毕业于北洋大学法律系。1916年，应第一届外交官考试，被录取在外交部秘书处实习，翌年被派赴驻美大使馆，并由外交部资送美国哥伦比亚大学。1919年春，任巴黎和会中国代表团秘书。1926年9月后，历任燕京大学教授、法律系主任兼副校长，并兼清华大学法学教授。1932年5月，任国民政府司法行政部参事。是年11月，调任江苏上海第一特区地方法院院长。在上海任职期间，兼任复旦大学、东吴大学等校教授及光华大学法律系主任。1946年12月，任上海高等法院推事兼庭长。1949年上海解放前夕，他拒绝逃往台湾，指令将法院档案资料完整移交给人民政府。此后，仍在东吴大学、光华大学担任法学教授。1953年因病退职。1961年3月31日病逝。参见《上海审判志——人物传略——郭云观》，载http://www.shtong.gov.cn/node2/node2245/node81324/node81338/node81355/node81358/userobject1ai101118.html，最后访问时间：2012年6月15日。

论——比较法的研究"的优异论文取得法学硕士学位,和俞伟奕等都顺利毕业,成为东吴大学法学院为数不多的法学硕士之一。① 其间,先生先后完成了美国法学家博登海默1940年版《法理学》和德国法学家耶林《权利斗争论》的翻译,其中的《权利斗争论》部分章节在《大公报》发表。同年从上海"内山书店"(日本友人内山完造开办,内山是鲁迅的朋友)购得《马克思、恩格斯的史的唯物论与法律》〔日本法学家平野义太郎编译,马恩经典著作中关于法律的文摘,日文版,昭和八年(1933年)大炯书店出版〕,第一次接触马克思主义法学。先生彼时虽然供职于非学术单位(中南银行),但先生的绝大部分时间和精力都投入到学术工作之中,而且取得了丰硕的成果,这些活动和成果足以证明先生就是一名真正的学者。

潘先生于1948年6月硕士研究生毕业,郭云观老师时任上海高等法院院长、上海私立光华大学法律系主任。他先是推荐潘先生进入上海高等法院,许以科长职务并送去一纸委任状。其时潘先生已对国民党政府的腐败堕落十分痛恨,不愿参与政治,于是婉言谢绝并告之志愿从事学术研究且正在考虑曹杰教授推荐的江西某国立大学的教职。郭云观老师闻

---

① 东吴大学法学院共颁发了31个法学硕士学位,包括1928—1937年10年间的14个和1944年颁发的1个。将近一半的学生(14个)在1947—1949年间获得硕士学位,最后的两个是在1951年获得学位的。多数的硕士毕业生(65%)是从东吴法学院本科毕业的。参见〔美〕康雅信:《中国比较法学院》,载高道蕴、高鸿钧、贺卫方编:《美国学者论中国法律传统》(增订版),清华大学出版社2004年版,第609页注。

之改荐上海私立光华大学兼职教授。是年9月，潘先生就任上海私立光华大学法律系兼职教授（后因有老教授认为潘先生学历尚浅，于1949年改定为兼职副教授），开始了自己热爱的教学研究工作。在光华大学任教期间，潘先生共计讲授了法理学、新法理学（西方法学思想与流派批判）、马列主义法律理论、海商法、保险法等课程，并编写了上述课程的讲义。在此期间，潘先生曾有感于自己大学时代经济不能自立的痛苦经历，将个人生活所需以外的一部分工资以"念慈"的隐名交由学校作为助学金补助清贫学生。

1948年，潘先生还曾向国外的耶鲁大学等院校研究院申请奖学金。

先生至今珍藏着1949年耶鲁大学法学院的几封"回函"：

一封写于1949年2月28日，出自美国耶鲁大学法学院院长之手，授予潘先生于1949年至1950年奖学金，在耶林大学法学院从事研究。

另一封来自耶鲁大学法学院学生会，时间为1949年7月1日，欢迎潘先生入读耶鲁大学，并详细介绍了接待事宜。

注明1949年9月26日的回函由耶鲁大学法学院注册主任撰写，说明已授予先生奖学金并通知入学注册期限。因期限届满，文件归档。如日后有意入学应申请云云。

先生也曾提及，后来出国访问期间曾与耶鲁大学某教授晤面，提及了当年与耶鲁大学失之交臂的渊源。某教授很是认真，回耶鲁大学后查到了当年的文献，并特别告知了先生。

更为难得的是，潘先生业师鄂森先生（1928年东吴法学院毕业，与倪征燠、李浩培同期。同年，赴美国斯坦福大学法律研究院，后转入林肯大学，获法学博士学位。曾与同窗倪征燠一起出任抗战胜利后的东京审判中国检察官顾问，曾任东吴法学院教务长）当年不仅为潘先生撰写了推荐信还专门为此致函时任教育部长的杭立武，请杭立武协助办理出国手续。鄂森函中称潘先生"久为师友所器重"，"敦品力学，将来必大有造于邦家"。看到业师的墨迹，先生一阵感慨，回想自己当年一介书生，东吴的师长都对自己有恩。

潘先生因故没有赴美求学。

1949年5月，上海解放。潘先生购得不少中文版的马列法学著作（新中国成立前只能从"苏商""时代书店"买一些莫斯科出版的英文版的小册子），自修马克思主义法学。不久，时任北京大学法律系主任的费青教授寄信邀潘先生到北京一行。当时费青教授和张志让教授①正在筹备新中国成

---

① 张志让（1893—1978），1920年毕业于哥伦比亚大学法律系。回国后曾任北洋政府司法部参事、大理院推事、武汉国民政府最高法院审判员。1932年春起，任复旦大学教授、法律系主任。1936年救国会"七君子"被捕后，担任"七君子"的首席辩护律师。上海解放后被任命为复旦大学校务委员会主任委员。历任最高人民法院副院长，全国人大法案委员会、法制委员会委员，第五届全国政协常委。1949年7月—1952年9月，张志让任复旦大学校务委员会主任。1954年，我国颁布了第一部《宪法》。张志让参加了这部《宪法》的起草和制定工作。参见复旦大学校史研究室李爱铭：《百年复旦人物志：校务委员会主任——张志让》，载《复旦学报（社会科学版）》2004年第5期。

立前被迫停刊的《中建》① 杂志复刊，并改名为"新建设"，费青教授希望潘先生先从事该刊的编辑工作，因潘先生更钟情于学术研究工作而婉拒。

1950年春季，东吴法学院依照新的课程表要开设"马列主义（国家与）法律理论"，因找不到教员，请潘先生回母校兼课。潘先生因此三入东吴法学院，此次已是教师身份。潘先生在东吴法学院除讲授"马列主义（国家与）法律理论"课之外，还兼任"新法学"的授课任务，前者类似于经典选读，以马恩列斯和毛泽东的经典著作中关于国家与法的理论的章节摘录为内容，后者则介绍新的法学理论，即马克思主义法学理论。

潘先生三入东吴法学院，与东吴法学院结下了一生的情缘，也由此奠定了潘先生的法律人生：四年本科教育，为潘先生打下了坚实的英美法和比较法基础；两年研究生教育，

---

① 此处据潘先生记忆。据朱树锦文，王良仲当时是上海中国建设出版社的创办人，自任社长。该社出版有《中国建设》月刊和《中建》半月刊，都领有国民党内政部的登记证。当时吴晗、费青、费孝通等经常举行时事座谈（书中已谈到），准备出版一个自己的刊物，但无法领到登记证。王良仲在上海地下党的影响下，把在上海出版的《中建》半月刊停刊，利用这个登记证到北平来创刊了《中建》（北平版）半月刊。吴晗当时也是编委。解放后，《中建》（北平版）改为《新建设》月刊出版。吴晗一直参与其事，并担任编委会主任。参见朱树锦：《关于〈吴晗传〉》，载《读书》1985年第3期。另据曾任《新建设》总编辑的吉伟青文，《中建》被迫停刊后，《新建设》杂志创刊。编委会负责人是费青；编委15人包括：向达、吴晗、李广田、袁翰青、张志让、费于、费孝通、闻家驷、雷洁琼、樊弘、潘静远、钱伟长、钱端升、严景耀。董事长王良仲、费振东、潘祖丞。1958年秋，中央宣传部决定将《新建设》划归科学院哲学社会科学学部领导，直到1966年"文革"中被迫停刊。参见吉伟青：《我所了解的〈新建设〉》，载《百年潮》2003年第6期。

使得潘先生站在了法学和比较法的研究前沿;走上讲坛,已是当时国内为数不多的新法学研究人员。潘先生谈起东吴法学院,总是十分动情,他为笔者拿出了精心保存的1995年盛振为老师(盛振为先生时年已95周岁)寄给他和妻子的贺年卡,上面有盛振为老师亲笔写下的贺词和摄于当年(1995年)的照片,旁边潘先生用工整的字体注明:"上海东吴大学法学院院长、法学教授盛振为老师。"他说自己的法学教育是在东吴法学院完成的,要感谢的东吴法学院师生很多、很多,他也以自己是东吴法学院的校友而自豪。

附:

对话耶林　精研名著求真义

2016年3月20日,笔者接到师兄潘百鸣(潘汉典先生公子)的电话,告知又发现导师潘汉典先生手稿若干,听了喜出望外,次日即赶到先生家中。到先生家里后发现,手稿的数量惊人:不是若干,而是厚厚的一大摞,而且内容相当丰富,其中最重要的莫过于德国法学家耶林著《权利斗争论》的译著手稿了。

在潘先生1985年后的手稿里,有完整的译著目录:既有"中译者序",也有"译者后记",遗憾的是迄今都未找到原稿。先生今年已经96岁高龄,精力也明显不比往年。笔者征得先生同意,代为整理译著。整理过程无疑是一次极好的向先生学习的机会,笔者也在此过程中屡被震撼。笔者愿在此介绍一下整理译著过程中的发现和体会，也从中学习老一辈学人的治学精神。

笔者知道先生于1947年曾在《大公报》上发表过从德文节译的耶林著《权利斗争论》（主要是该书第一章），发表时被更名为《法律奋斗论》。1985年，先生在《法学译丛》上再次发表了该书节译的修订稿，发表时恢复了原来的译名《权利斗争论》。

《权利斗争论》一文收入到《潘汉典法学文集》里，篇首的"译者注"说的明白："中译本作于1947年，根据A. Langen版德文本译出，日本原有三个日译本，近年又增加了两个译本，可见此书在国外影响之一斑。现根据东京大学法学部研究室藏德文本，参考小林孝辅、村上纯一的两个日译本修订旧译。"

"译者注"提到的潘先生1947年发表的译作是《权利斗争论》的早期版本，自然应该认真阅读。

笔者曾在国家图书馆复印过先生当年发表的译作。《大公报》于1947年8月29日和9月5日分两期在"法律周刊"版刊载了潘先生的译作，并加了编者按："德国耶凌教授（1818—1892）此文，为十九世纪法学思想史上一重要文献，流传甚广，惟迄无中文译本，兹由潘汉典先生根据德文原版第十五版（1905年本）译出，并参考美国Lalor氏之英译本和日本松岛烈雄氏之日译本订正，以贡献于专攻法学之读者。"

文中提到"译作系根据德文原版第十五版（1905年版），并参考美国Lalor氏之英译本和日本松岛烈雄氏之日译本订正"，这一信息表明潘先生当年是据德文原版第15版翻译，并参考了英译本和日译本，说明先生当年已经自觉地参考多种语言的译本从事翻译工作。先生于 1985 年翻译出版的意大利政治家、思想家马基雅维利的《君主论》（商务印书馆版）和 1992 年与高鸿钧、贺卫方和米健合作翻译出版的德国比较法学家茨威格特和克茨的《比较法总论》（贵州人民出版社版）等译作都是多种语言的译本互校，此种方法可以追溯到 1947 年的《法律奋斗论》。

据潘先生撰写的《君主论》"译后记"，先生"根据英译本译出后，为了译文"信、达"起见，曾取英、美、法、德、日各国译本互相核对，发现文义莫衷一是，定稿甚难，决定以意本为据。为此苦读意文。"在接受《参考消息》记者徐明的采访时潘先生说道，只有精通意大利语，才可能避免意大利语原版著作转译的错误，花 10 年时间学习意大利语，就是为了翻译这本书。前述《大公报》"编者按"表明，先生当年的译稿根据的是德文本第 15 版（1905 年版）。需要在此说明的是，先生当年不仅依据德文原著进行翻译，而且参考了不同的版本。

据先生介绍，在东吴法学院读书时就主动要求时任法律系主任的费青先生开设德语课，开课时有十几个同学选修，到最后只剩两个人坚持到底，潘先生就是其中的一位。依笔者理解，先生选修德语，就是为了有能力读懂德文原著。在校期间就翻译了德国哲学家叔本华的作品，充分说明了先生的外语天赋——当然也证明了先生的天赋其源有自——先生的祖父就是翻译进士。

笔者在先生寓所看到过耶林原著第一版，即 1872 年版。先生告诉笔者，这是业师德国法学家秉格（Karl Bünger）所赠。

第三章已经提到，秉格教授是潘先生于东吴法学院就读时的"比较民法"（实际讲授德国民法）课老师。潘先生就读期间，学习成绩优异，与程筱鹤、俞伟奕等三人的成绩一直位列年级前三名。笔者曾于 2015 年前往上海档案馆查询东吴法学院的档案，潘先生的"比较民法"课成绩位居榜首——第一学期的成绩为 90 分，第二学期居然得了满分 100 分。这样的成绩自然会给任课教师秉格教授留下极深的印象。与本文有关的"第二外语（德语）"的成绩也非同一般，法二的成绩为 98 分，法四的成绩为 97 分。

前文也提到，在《东吴法学院年刊（1944）》里，潘先生撰写的"后记""附言"，披露了潘先生与秉格教授的不同寻常的关系：先生与秉格教授相约翻译《德国民法典》就是为了献给母亲。但为了给母校留下一份珍贵的"记忆"，先生不惜"对不起自己，更有负宿诺"，这是一种更深沉的情感。

潘先生能在大学毕业前就接到秉格教授合译《德国民法典》的要约，说明其为人为学深得秉格教授的欣赏与信任。

笔者原来以为，秉格教授所赠原著 1872 年版是先生当年翻译时的母本，但后来发现其出版时间为 1948 年，与 1947 年的手稿及《大公报》发表译文的时间不符。

为此，笔者再一次专程拜访先生。经请教先生得知，即使大学毕业后（1944 年），先生与秉格仍经常来往。前文提到的耶林原著 1905 年版，就是先生借自秉格教授，并据以翻译的。前文提到的"余借有德文本且已据之译毕"，印证了先生的回忆。耶林原著第一版于 1948 年再版，秉格教授第一时间赠予潘先生，由此也可看出师生间的深厚感情。

前文提到了日译者松岛烈雄的德日对照本，其中的德文也是源自原著第一版。

笔者在先生家中,还看到过一份老式打字机打出来的耶林原著的德文文稿。先生告诉笔者,这是1951年调入北京大学法律系后,前往位于北海的国家图书馆查询,在"特藏室"里找到的耶林原著。因是"孤本"不外借,先生在图书馆内的打字室里一字一字地打完了原书。

笔者清楚地记得,大约五年前,原法学院同事郑永流教授(后在中欧法学院任职)在一次会议期间,亲手将一本耶林原著复印本交给笔者,请笔者转交潘先生。近日与郑永流教授核实,时间大约为2011年5月。转交的耶林原著为1897年版。

至此,笔者亲眼目睹过的德文原著不下四种:1872年版第一版(松岛烈雄日译本中的德文本也是第一版);1897年版;版本不详的日本东京大学复印本;版本不详的打字版。加上《大公报》"编者按"提到的1905年版,2011年手稿提到的1874年维也纳 Berlag der G. J. Manz'schen Buchhandlung 第四版以及1903年第五版,潘先生翻译耶林的名著至少参阅过七种德文版本。

如果说遍寻德文原著的各种版本是为了准确理解作者——"对得起作者"的话,笔者以为,潘先生对于英译本、日译本和中译本的广泛搜集意在寻求最佳的中文表达——"对得起读者,对得起自己"。这里先介绍日译本。

笔者在先生家中看到过日本松岛烈雄译本。书里提供了相关信息:日译者其时为明治大学讲师,该译本是德日文对照本,东京郁文堂书店发行,昭和十六年订正再版,其时为1941年。

在该书"扉页"上,先生记录了购书过程:

"今年二月,托鄂森先生在日本搜求。与倪征��学长两先生往书店探问,均谓售罄已久。此鄂先生归国告我之结果。即另函高文彬同学在东京再探寻,今晨倪先生归国携来。甚喜,惟展阅后仍复失望——余借有德文本且已据之译毕。因该德文本删去原书末章(论罗马法),故欲求日译全豹以补足第六章。不料携回之译本亦与该德文本同一缺陷也。另一日译本为日冲宪郎所译,岩波版,惜未得!"

落款时间为1947年6月7日。在时间之后又有"补记":据"德文本译毕后已二月余。汉典记,在上海"。

在此需要说明的是,鄂森是潘先生就学东吴时的业师,彼时去东京正是参加远东国际军事法庭对日本战犯的审判。倪征��参与东京审判的故事众所周知,在此无需多言。东京审判的中国工作人员高文彬也是东吴法学院毕业,比潘先生低一届。

查阅先生当年的手稿,清楚写明:"汉典译毕,一九四七年三月四日十二时,于上海。"

综合上述信息可知,先生于1947年已经根据德文本完成了耶林的《权利斗争论》,时间为1947年3月4日。同年6月7日,先生又通过东吴法学院师友倪征��、鄂森和高文彬在日本购得松岛烈雄的德日对照本,期间肯定还看到过美国译者莱勒(John J. Lalor)的英译本。是年8月29日和9月5日,先生在《大公报》发表了其中的第一章(按:原文共六章)。

1984年6月,先生应邀赴日本东京大学法学部访问,不仅与该校宪法学者多有交流——得知中国出版的法国、德国、意大利、罗马尼亚、加拿大以及日本宪法的中译本都出自先生之手,日本同行对先生刮目相看——而且在法学部研究室图书馆借阅并复印了耶林的原版著述。图书馆管理人员为之感动，法学部主任松尾浩也在共进午餐时感叹，日本学者都在赶时尚学习英美法，"老古董"已很久无人问津了。难得有人借阅这些"老古董"，也由此说明了图书馆的价值。

在此需要补充说明，潘先生此次访学，主要就中国法与英美法方面与该校交流，演讲也集中到主题方面。日本法学家高见泽磨近年来京，还感谢先生当年的英美法传授。

笔者在先生家里看到过台湾林文雄翻译的《为权利而抗争》（协志工业丛书出版股份有限公司出版，1996年版）复印本，该译著是转译自日本学者村上纯一的日译本。

1985年，先生在《法学译丛》发表了《权利斗争论》的"修订版"，并特别说明："根据东京大学法学部研究室藏德文本，参考小林孝辅、村上纯一的两个日译本修订旧译。"

笔者在先生家中看到过两位日译者小林孝辅和村上纯一为潘先生亲笔签名的日译本赠书，小林孝辅的日译本为1983年版，落款时间为1984年11月24日，村上纯一的日译本为1984年版，没有落款时间。两本日译本应该都是潘先生赴日访问期间获赠。

此外，笔者还看到过前文提到先生收藏的日冲宪郎的日译本（岩波文库版，昭和六年——即1931年版）。

笔者还在一次偶然的机会，看到了先生复印的台湾《法律评论》第39卷第11、12期合刊里刊载的张瑞楠译《为权利而奋斗》，原文注明参照日本学者三村立人之日译本《权利奋斗论》。

文末有先生的批注:"此日译本系日本早期译本之一,东京清水书店发行,殊欠精确……"从此批注对日译本的熟稔及对翻译的批评,说明先生对此日译本至少也阅读过。

综上可知,潘先生翻译过程中参考过不少于五种日译本。

前述《大公报》"编者按"已经提到了美国的英译者莱勒(John J. Lalor)。笔者在先生家中看到过莱勒的英译本1915年版复印本。在该复印本"目录"前的空白处留有文字:"2011年1月12日,原版借于北大图书馆;2011年2月27日,复印于蓟门法大;2011年2月28日,原版还于北大图书馆。祝潘老师健康长寿!"落款时间为2011年3月16日。署名"魏敬贤"。

笔者于7月7日尝试与魏敬贤联系,所幸很快通了话,得知魏敬贤是一位女士。魏女士电话里告诉笔者,她是中国政法大学学生,本科和硕士都在中国政法大学就读。2011年年初的一天,是日天气不好,她在学院路校区的图书馆做"义工",意外发现一位耄耋之年的老先生在图书馆的卡片柜前查阅图书卡片。魏敬贤主动与先生攀谈,问有何需要帮忙的。先生告之正在查询耶林的《权利斗争论》英译本。交谈中魏敬贤得知先生已经91岁高龄,居然无任何人陪伴自己在图书馆查询图书,感动之余提出为先生去找英译本。潘先生表示感谢并给了魏敬贤一张留有电话和住址的名片。之后,魏敬贤热心地在中国政法大学图书馆、中国社会科学院图书馆和北京大学图书馆查找此书,终于通过一位不认识但很热心的北大同学借到了美国的莱勒的英译本,复印之后又冒着寒风于3月份将复印本送至潘先生家中。此后,魏敬贤分配至丰台法院工作,头两年还曾看望过潘先生。近几年工作繁忙看望的少了，但魏敬贤对潘先生的学术动态了如指掌，潘先生的名片也一直珍藏着。一本译著复印本成就了一段以前不相识的师生的一段传奇"书缘"。

笔者还看到过师兄潘百鸣从网上下载的莱勒的英译本。

前述德日对照本"购书记录"显示，"惟展阅后仍复失望——余借有德文本且已据之译毕。因该德文本，删去原书末章（论罗马法），故欲求日译全豹以补足第六章。不料携回之译本亦与该德文本同一缺陷也。"

再查先生完成于1947年的手稿，在"第六章"首页，先生特意加了"眉批"（按：因笔迹颜色不同，故可确定为成稿之后的"补记"）："1905年德文本及松岛烈雄日德对译本均未见此章，故无从校正。"

据上述信息，笔者判断，先生1947年完成的手稿，第一至第五章是据德文原著翻译，惟第六章因德文1905年版和松岛烈雄的德日对照本"均未见此章"，应该是据莱勒的英译本翻译的。笔者也曾将莱勒译本与潘先生手稿第六章进行过比较，基本吻合。

据先生回忆，当年曾购得莱勒的精装本译著。

莱勒的英译本是耶林原序提到的第一个英译本，原序提到的第二个英译本——阿斯沃尔夫（Philip A. Ashworth）译本值得予以特别说明。

笔者曾听先生讲过师姐潘百进（潘先生的女公子）从英国购书的经历。笔者为此于今年5月份两次向师姐请教。据师姐回忆，当年（1994年前后）在欧洲留学时，有机会前往英国，受父亲嘱托，前往大英图书馆借书。第一次前往的时候，曾按照图书馆的规定预约。当师姐手持潘先生开出的书单在图书馆服务台查询时，管理人员一看书名为之惊讶：这可是罕见的特藏书，居然有中国学者知道此书并前来索书。大英图书馆果然名不虚传，管理人员热情接待并几经周折找到了原书。原书无法外借，师姐借助图书馆的影印件以不菲的英镑复制了该书。图书馆还因此为师姐办理了一张"长期借书证"。

极具传奇色彩的阿斯沃尔夫英译本发挥了重要作用。笔者在先生的译稿"中译者注"里发现，原著的一个关键词"Recht"在莱勒的英译本和阿斯沃尔夫英译本之间出现了分歧。潘先生结合德文原文并对比法文、意大利文、俄文以及日文后，明确说明美国莱勒的英译本采用"法律"一词，同作者在本书所着重阐述的主要侧面不一致，"殊难赞同"。关键词理解的差异直接影响到原著书名的翻译，阿斯沃尔夫将原著书名译为 *Batter for Right*（《为权利斗争》），莱勒译为 *The Struggle for Law*（《为法律斗争》），从行文看，潘先生明显更赞同阿斯沃尔夫的译名。

如果笔者的上述考证和推断成立，也许可以解释潘先生即使与商务印书馆早已有约，缘何一直没有出版已经研读几十年的译稿——其中的第六章出自英译本，而且是有重大缺点的莱勒译本，先生希望有机会从德文本直接翻译第六章。

笔者在整理过程中，注意到译稿的一个有趣的细节。

耶林原著序言和正文里都有关于莎士比亚名剧《威尼斯商人》剧中人物夏洛克的评论，还部分引用了原剧的对话。莎翁的名作享誉世界，翻译名作自然不易，选择译本也就十分重要。

笔者在先生译稿的中译者注里发现先生提到了梁实秋先生的译文。为了准确起见，笔者特意购买了商务印书馆1947年版的梁实秋译《威尼斯商人》（初版于1936年）。在译者序里，梁实秋介绍了是书的版本历史、著作年代、故事来源和《威尼斯商人》的意义等珍贵资料。"例言"部分更是直陈："原文晦涩难解之处所在多有，译文则酌采一家之说，虽皆各有所本，然不暇一一注明出处。原文多'双关语'，若难迻译，可译者勉强译之，否则只酌译字面之一义而遗其'双关'之意。原文多猥亵语，悉照译，以存其真。"由此也可大体明白，梁实秋翻译的莎士比亚作品缘何当年在商务印书馆一版再版，水平确实不一般。

　　笔者后来发现，译稿中的相关内容——包括莎翁的剧中人物对话与梁实秋译本并不相同，笔者也曾与朱生豪的译本（人民文学出版社1978年版）对照，也不相同。

　　笔者为此于5月27日带着梁实秋译本和手稿前往先生家中请教，先生明确告知，是根据莎翁英文原著直接翻译的。

　　笔者知道，先生是以著名的广州培正中学第一名的成绩入读上海东吴法学院。先生在培正求学时前期校长是黄启明（按：获美国哥伦比亚大学教育学硕士学位），继任校长是杨元勋校长（按：美国哥伦比亚大学政治经济学硕士学位，曾任孙中山先生秘书）。先生的扎实的英文训练就是在广州培正中学完成的。先生特别向笔者讲过当年的英文教师龚振祺，龚先生系留美法律博士（J. D.），学生都称他为龚博士，他上课时会介绍莎士比亚、马克·吐温等外国名家的作品以及《鲁滨逊漂流记》等名著，他亦曾说英文《圣经》是国外文学佳作，欲学好英文不妨多读。

先生甚至清楚地记得龚先生文学功底深厚，有时在课堂上直接用英文翻译唐诗。听到这些传奇般的经历，自然也就理解了先生何以对莎士比亚名著的翻译十分在意，何以会参照梁实秋的译本以及直接阅读英文原著。

正如出身法律世家的耶林会对莎翁名剧中的法律问题有自己的独到理解一样，同样出身法律世家的潘先生（潘先生父亲潘澄修曾任广东澄海律师公会会长），又受过广州培正中学严格的英文训练和上海东吴法学院的法学熏陶，自然会对译文中的法学内容提出自己的看法。在文中中译者注里，潘先生明确说明梁实秋译本"似有未洽"，自然有其深意。

1947年《大公报》"编者按"的一处错误也应在此指出。"编者按"提到，耶林原著"惟迄无中文译本"，这一断语不符合事实。

笔者在先生寓所看到过张肇桐出版于1902年的中译本。谈到该译本，先生特意提到了张肇桐的"洞见"，钦敬之情溢于言表。

能让先生钦敬的人不是很多，笔者借机浏览了一下该译本。

是书扉页印有"文明界·甲部""中国圣药"的字样，笔者初步解读为上海文明书局的"宗旨"。彼时仍是清朝末年，是书延续了中国传统书籍的版式：繁体字、竖排版，重点号沿袭了"圈点"的格式，眉批也一仍其旧。

还是读一读译者"前言"（原书为"例言"）吧：

"权利竞争之义，著者发挥殆尽，译者莫赞一词。著者以德人见奥人之衰颓，不忍坐视，著此书警之。译者以中国人哀中国人之萎靡，忧心如焚，译此饷之。其功彼难而此易，其情则此切而彼汎也。

……

此书之名，早轰于我学界。首见于译书汇编。（原按：前两章刊入汇编，系乌程章君译述。今章君方从事他业，不暇卒译，又不使读者有成书无期之叹，因举稿授余。余续译后四章而前译半仍其旧。用誌数语不敢掠其美并谢妄加窜改、圈点、批点之罪）《新民丛报》又撮其大旨，著《权利思想》一篇。学者睹残鳞片甲，想望甚殷，而全豹久不得见。用是不揣冒昧，尽月之力，校译成书。惟译者不解德文，但凭英国扫希尔斯氏、日本宇都官氏译本（按：此为原文，英国扫希尔斯氏应为前述阿斯沃尔夫（Plitp A. Ashwerth）旧译，日本宇都官氏限于资料译情不知）重译。自问视英日两译本，尚少不合之处。不识于原本真面目如何。海内大雅，幸教之……"

落款时间为光绪壬寅八月，即 1902 年 8 月。地点为日本东京早稻田大学。

据程梦婧的"《大宪章》在晚清中国的传播"（《清华法学》2016 年第 2 期）一文，"有人将《大宪章》称之为'最有名之《自由大宪章》'、'世界之初之宪法'，其中的部分制度条款可为'天下后世之模范'"。就在此段话的注里，程文说："这一评价也可能受到日本宪法学著作的影响。如日本的高田早苗在《宪法要义》中阐述道：'世界最初之宪法，即英王约翰迫于贵族平民而发布之大宪章 Magna Charta 也。此实君主向民立约行善政之证据。虽与日本宪法，略有异同，而就其定代议制度及非经国民承诺不得课税等制观之,则确乎世界最初之物,天下后世之模范也'。"而《宪法要义》的译者正是张肇桐。(按:是书于1902年由上海文明编译印书局出版。)

郑永流教授译耶林《为权利而斗争》(商务印书馆2015年版)一书列举了一百余年公开出版的中译本,其中的前三个译本分别为《权利竞争论》,载中国留日学生译书汇编社《译书汇编》1900年12月创刊号和1901年2月第4期,东京;《权利竞争论》,张肇桐译,上海文明编译印书馆,1902年版;《权利斗争论》,潘汉典译,1947年《大公报》。其中的张肇桐译本源自英译本和日译本,潘先生的译本源自德文本原著并参考了英译本和日译本。

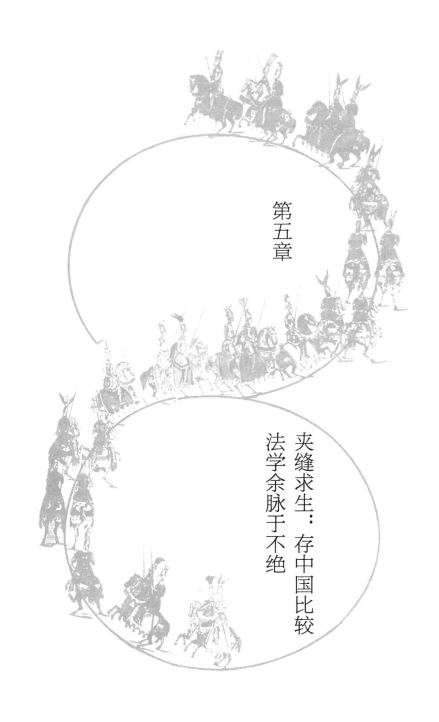

第五章

夹缝求生:存中国比较法学余脉于不绝

1950年，潘先生开始利用业余时间在"苏联侨民协会"设立的"俄文专修学校"补习俄文，坚持一年多时间，于1951年夏获得中级班结业证书。至此，潘先生所学外语已达五种：英文、德文、法文、日文和俄文。这些语言优势，为潘先生从事学术活动打下了坚实的基础。

1951年春，潘先生不再在光华大学和东吴法学院兼课，工作之余集中阅读和学习。曾从30余种马恩经典著作如《资本论》《反杜林论》等（中译本）中摘编了"马克思、恩格斯论国家与法律"，约10多万字，翻译了苏联维辛斯基编著的《苏维埃国家法》（英译本，纽约版）导论——关于马列主义国家与法律理论部分约4万字（未刊稿）。除此之外，潘先生在与东吴校友冯尔泰（1945届，时任最高人民法院华东分院刑庭副庭长）时有交往，互相探讨法学的理论和实践问题。冯尔泰得知潘先生愿意参加司法实践的想法后，表示可以推荐到华东分院任研究员，结合司法实际研究问题，并建议可以请曹杰先生（时任司法部副司长，也是冯尔泰在东吴的老师）或费青先生写信推荐。费青老师在通信时告知潘先生北京大学法律系正需要青年教师，力荐潘先生加入北京大学法律系并为此亲自书写了六封信。① 已在北京大学法律系工作的同窗程筱鹤也欢迎潘先生加入北大。北京大学法律系拟聘潘先生为讲师,这比潘先生在光华大学和东吴法学院的职称和待遇要低,收入更无法与银行工作相比,只有原来收入的40%。但面对全国最高学府和梦寐以求的学术研究工作,潘先生毫不迟疑地决定前往。是年12月,潘先生收到北京大学马寅初校长签发的聘书后即刻到任。

1952年1月,刚调入北京大学法律系的潘先生与楼邦彦教授②和李由义(时任北京大学法律系助教)被推荐参加了刚成立的中央政法干部学校第一期轮训班的学习,1953年2月学习期满在中南海举行结业典礼,毛泽东、刘少奇等国家领导人参加典礼并合影留念。

1952年5月北京政法学院成立。潘先生的人事关系随北京大学法律系并入北京政法学院,任讲师。1953年2月中央政法干部学校学习期满,潘先生分配至新成立的北京政法学院政法业务教研室司法建设组。潘先生在北京政法学院工作不到两个月,就于1953年4月被副会长张志让推荐、会长董必武决定指名调入新成立的中国政治法律学会(以下简称"中国政法学会"),费青教授时任政法学会研究部副主任,潘先生为当时唯一的研究员。是年,潘先生由中国政法学会

---

① 详见拙编:《费青文集》,商务印书馆2015年版。
② 详见楼邦彦:《楼邦彦法政文集》,清华大学出版社2015年版。

提名，出席了中华全国青年第二次代表大会，会上提交了"加强青年对政法工作重要性的认识"的提案。在中国政法学会工作期间，潘先生先后在研究部、国际联络部工作，还参与了《政法研究》创刊的具体工作。工作之余，潘先生翻译了恩格斯《英吉利宪法》（德文版中译，费青校，载《新建设》1954年7月、8月号）和《英格兰状况》（德文版中译，费青校，载《新建设》1955年3月号），因当时此类非俄文的政法类译文相当少见，受到时任中国政治法律学会会长董必武的鼓励和赞扬。①

在中国政法学会国际联络部工作期间，潘先生翻译了《国际民主法律工作者协会重要文件汇编》，于1954年由中国政法学会印行。在该《汇编》的"序言"中，可以看到如下说明："本集所收入的文件，系由英文、法文或德文分别

---

① 笔者曾有机会看到潘先生于2007年应邀赴台湾东吴大学讲学之行前，在上述译文复印件上所加的"注"——"根据《马克思、恩格斯全集》德文本第1辑第4卷（1933年苏联外国工人出版社版）。中译文原载（北京）《新建设》学术性月刊，《英格兰状况》载1955年3月号，《英吉利宪法》载1954年7月及8月号"，并特别写下了"誌感"："潘汉典，中国政法大学研究生院教授、博导，译注时任中国政治法律学会研究员。费青，原任北京大学法学院教授、系主任，后任北京政法学院副教务长、教授。费青与潘汉典为终身师徒。费青（费孝通之兄）1957年病逝。费师诲人不倦，爱国忧民，以学术报国为训，使门生终生难忘。重读老师校订拙译，受益良多。师恩如海深，不禁泪下。汉典重读后记于京寓，2007年3月2日。"笔者知道潘先生对于恩师费青的感情极深，也是有感于先生对自己恩师的深情，笔者与潘先生合作，于2015年在商务印书馆出版了《费青文集》（上下册）。先生不仅参与蒐集资料和编辑，而且亲自作序并以95岁高龄参加了文集首发式。即便如此，当笔者看到上述文字时，还是被先生披露的心声所感动。

第五章　夹缝求生：存中国比较法学余脉于不绝

译出，译文尽量忠实于原文，未敢强求划一。"[1] 自1955年起至1965年止，《世界知识手册》和《世界知识年鉴》中有关"国际法律界会议与组织"的内容，均出自潘先生之手。如笔者随机查阅的《世界知识手册》1955年卷，除载有国际民主法律工作者协会的介绍和活动外还载有"国际法律工作者保卫民主自由会议"。在《世界知识年鉴》（1958年卷）中除载有国际民主法律工作者协会的有关活动外还载有"国际法协会""亚非法律工作者会议"等内容。

《政法译丛》于1956年创刊，由中国政治法律学会创办。据该刊创刊号"编者的话"，该刊是"为了适应从事政法实际工作和政法教学工作的同志更多地学习苏联法学研究工作上的新成就和政法工作先进经验的迫切要求而创办。《政法研究》两个月一期，每期选择一两篇翻译文章，容纳不了更多的翻译文章，因此创办《政法译丛》，作为《政法研究》的姊妹读物，以便更好地完成读者'学习苏联'的要求"[2]。翻开该创刊号的目录，呈现在眼前的是清一色的苏联法学和法律的译文。以此背景阅读潘先生发表于20世纪50年代的译文，别有一番滋味在心头。如翻开1957年第5期《政法译丛》的目录，12篇论文中一篇英国丹尼斯·普里特的"不列颠殖民地的'公民权'"实际上是从俄文转译的，

---

[1] 潘汉典著、白晟编：《潘汉典法学文集》第225页。
[2] 政法研究编辑委员会：《编者的话》，载《政法译丛》1956年创刊号，第96页。

两篇非俄语译文是"短期监禁刑的存废问题"（译者署名吉蒂，编译自法国《刑法与监狱学季刊》）和法国 A·比松的"法国司法制度"，后者正是潘先生以"勉力"为笔名从法文版《法律为和平服务》杂志中翻译而来，除此之外，其余都是苏联法学家的文章。以《政法译丛》1958 年第 6 期为例，目录里的 10 篇法学论文有 9 篇出自苏联法学家之手，唯一的例外是潘先生以"翰殿"笔名翻译的美国约翰·B·斯通的"美国宪法的崩溃和对公民自由的破坏"译文。收录在本文集的另外两篇译文"二十年来美国反动立法措施对公民自由的蹂躏和对美国共产党的破坏"以及"西德司法机关中纳粹法官充任要职"均载于《政法研究资料选译》① 1960 年第 1 期，这是该期目录中 13 篇译文里仅有的两篇非苏联法学家的译文，对比该刊 1959 年第 1 期所载清一色的来自苏联的 17 篇文章，该期已经算有所变化。与此大环境有关，中国社

---

① 《政法研究资料选译》为政法研究编辑委员会编，法律出版社出版的内部书刊。据国家图书馆馆藏书目信息，《政法译丛》只在 1956 年至 1958 年出版，《政法研究资料选译》只有 1959 年和 1960 年的各 3 册，两种刊物都是政法研究编辑委员会编、法律出版社出版，所不同的只是后者改为内部书刊。另据《政法研究资料选译》1959 年第 1 期（即创刊号）"编者的话"："本刊是由中国政治法律学会和中国科学院法学研究所合办的内部刊物，今年拟共出三册。本刊根据我国政法工作的实际需要，译载下列各项资料：（1）苏联和其他社会主义国家关于国家和法律理论的资料；（2）苏联和其他社会主义国家对资产阶级的国家和法律学说、法律以及司法制度的批判；（3）资产阶级国家可供我国研究批判的政法方面的资料；（3）各国提出的关于政法方面的新问题的资料；（5）其他可供我国政法研究参考的资料。本刊译文，一般用摘译或编译的方法，必要时才译出全文。本刊内部发行，凭本单位介绍信，直接向北京市新华书店内部发行组联系订购。"（见该刊 1959 年第 1 期第 37 页）据此，两种刊物时间上连续，主办方重合于中国政治法律学会，《政法研究资料选译》可视为《政法译丛》的续刊。

会科学院法学研究所的前身——中国科学院哲学社会科学部法学研究所独立创办的最早刊物——《法学研究资料》与《政法译丛》和《政法研究资料选译》的任务、宗旨基本一致。以该刊 1963 年第 1 辑为例，目录中所有 5 篇法学译文都出自苏联法学家之手，一篇有关法律的译文是苏联刑法典的修改和补充，3 篇书刊评介除 1 篇是有关保加利亚学者的著作之外，其余都是苏联法学家的著作，即使仅有的一则动态也是关于苏联婚姻和家庭及劳动改造立法基础草案，全部内容可以说是苏联法学（当然是部分法学）的翻版。

1963 年，潘先生参与了翻译南斯拉夫约万·乔治耶维奇著的法语版著作《社会主义国家南斯拉夫》，负责其中的"序言"部分，该书 1963 年由法律出版社内部发行。1964 年，潘先生翻译了英文版《摩洛哥宪法》、法文版《索马里宪法》、英文版《坦桑尼亚宪法》（当时译为坦噶尼喀），收入中国科学院法学研究所[①]编《世界各国宪法汇编》（第一

---

① 中国社会科学院法学所成立于 1958 年 10 月，当时隶属于中国科学院哲学社会科学部。根据宣炳善的研究，1949 年 11 月，中国科学院正式成立。1955 年后，受到苏联的影响，成立了学部，分为数理化、生物地学、技术科学及哲学社会科学部 4 个部门。在 1966 年"文化大革命"爆发时，"哲学社会科学部"被陈伯达等人取消，而其他学部得以保留。由于"哲学社会科学部"在十年"文革"中被取消，但中国的文科总得有一个规划与管理的机构，所以在"文革"结束后的 1977 年成立了中国社会科学院，中国社会科学院的前身就是原属于中国科学院的"哲学社会科学部"。1993 年 10 月，经国务院批准，中国科学院学部委员改称中国科学院院士。不过这个时候，因为"哲学社会科学部"早就被取消了，所以也就只有自然科学与技术科学方面的院士，没有人文社会科学方面的院士，而"中国社会科学院"也没有设立院士。参见宣炳善：《"哲学社会科学"概念的中国语境》，载《粤海风》2007 年第 5 期。

辑），由法律出版社于 1964 年出版。从该辑目录看，包括了《阿尔及利亚共和国宪法》《埃塞俄比亚帝国修正宪法》《几内亚共和国宪法》《加纳共和国宪法》《喀麦隆联邦共和国宪法》《利比亚联合王国宪法》《马里共和国宪法》《突尼斯共和国宪法》等，主要是非洲国家的宪法。据潘先生回忆，其后应法律出版社约稿翻译了《日本国宪法》，计划载入《世界各国宪法汇编》第二辑并排出清样，但此辑因故未正式出版。

1964 年，潘先生以"王愚"的笔名在《政法研究》1964 年第 2 期上发表了论文"对美国实在主义法学的（法院判决即法律）批判"（此文为潘先生与妻子王昭仪合写，王昭仪时任《政法研究》编辑部编辑，是该刊及后续的《法学研究》的资深编辑），该文是笔者所发现的潘先生在 1949 年至 1978 年期间所写的唯一一篇公开发表的论文，笔者迄今仍未发现国内这一时期有关美国实在主义（现多译为现实主义，下同）的其他论文。无疑，该文带有那个时代所特有的强烈的意识形态色彩和语言特点。但如果我们将该文放在当时的历史环境中，就会发现该文的材料是丰富的（有实在主义数位代表人物如霍姆斯、弗兰克、卢埃林的著述，甚至是最新的直至 1962 年的著述），行文是规范的（有大量的脚注），特别是对比苏联法学家 B. A·图曼诺夫涉及美国实在主义法学的同类论文（如"近代资产阶级法学中社会学派和心理学派"，载《政法译丛》1957 年第 6 期和"对资产阶级法制原则和几种法律学说的批判",载《政法译丛》1958年第3期),该文对现实主义法学的理解更为准确,分析也更为细致。即使我们今天重读此文,仍可获得有关美国现实主义法学的相关信息。

十年"文化大革命"时期,是新中国比较法学的第二阶段,中国政法学会停止活动。潘先生于1969年至1972年赴湖北沙洋最高人民法院五七干校锻炼劳动,于1973年4月调入中国社会科学院法学所,任研究员。在此期间,"在打着反对封、资、修的旗帜下的大批判中,五十年代引进的苏联法学连同早被蔑视的西方法学一道被彻底地否定了。曾经在1954年《宪法》中引进的一些外国的法律原则和制度,如'法律面前人人平等'、律师辩护等制度在文化大革命期间制定的第二部宪法中被取消了。比较法研究当然无从谈起"[1]。

附:

《外国法学动态》:一份被忽视的刊物

米健教授著《比较法学导论》(商务印书馆2013年版)一书中写道:"比较法学的复兴可从以下一些事例得以体现。1976年社科院法学研究所开始编辑出版《外国法学动态》,开辟了一

---

[1] 潘汉典:《比较法在中国:回顾与展望》,载潘汉典著、白晟编:《潘汉典法学文集》,法律出版社2012年版。

个介绍传达外国法学动态与信息的渠道；1979 年又开始编辑出版《法学译丛》，从而把外国法学介绍与传播引入一个更高的阶段；1995 年，《法学译丛》改刊名为《外国法译评》，改变了单纯介绍外国法的做法，将对外国法的研究纳入该刊物的范围；2000 年，该刊物又更名为《环球法律评论》，办刊宗旨与境界又提高了一个层面。"米著特意加了注："《法学译丛》是 1979 年社科院法学研究所在 1976 年创办的《外国法学动态》刊物基础上开始编辑出版的。"①

时任该刊物编辑的马骧聪先生在接受采访时谈到：1972 年我们整个法学所从干校回来，当时上级让我们赶紧恢复介绍对国外法律与法制建设的情况。所以，我们很快恢复了编译介绍外国法学研究资料的工作，但在开始我们出的是单页的"外国法学动态"。后来改为出版《外国法译丛》。马骧聪先生的谈话可以作为米健著述的佐证，只是《外国法译丛》的刊名有误，或许是采访者的手误所致。②

高鸿钧教授等编的《比较法学读本》（上海交通大学出版社 2011 年版）一书收录了潘汉典先生发表于 1990 年的论文"比较法在中国：回顾与展望"。潘文写道："为着比较法研究建立必要的基础资料，1976 年中国社会科学院法学研究所首先编辑出版了《外国法学动态》，介绍关于苏联东欧各国和美、英、日

---

① 米健：《比较法学导论》，商务印书馆 2013 年版，第 313—314 页及第 313 页脚注。
② 参见何勤华主编：《中国法学家访谈录》（第一卷），北京大学出版社 2010 年版，第 12 页。

本、西德、法国的法律和法学的最新信息。从1979年起编辑出版了《法学译丛》，这是新中国一个全面介绍东西方法律和比较法的专门期刊。它根据中国当前立法、司法、行政、国际贸易等实际工作的需要以及教研工作的要求，选择东西方各国法律和法学的重要文献译出。当代德、法、美、匈、苏著名的比较法学者的论述，直到法哲学的各个流派，从古典的如德国耶林的《权利斗争论》，直到当代的新自然法学派的一个代表人物德沃金等人的著作，也在这个杂志中获得反映。此外，北京大学法律系、中国政法大学、西南政法学院和全国各地许多政法院校，除了出版法学研究杂志外，也纷纷编辑出版外国法的翻译刊物，从而为我国比较立法、司法等实际工作和比较法学的研究，提供东西方各国信息及最新资料。"①

以笔者目力所及，潘先生的论文是国内著述中第一个提到该刊物的文献。

笔者在2012年的论文里已经注意到了该刊出版时间为1973年②，因笔者当时在中国政法大学图书馆、北京大学图书馆和国家图书馆馆藏目录中都未找到任何一期《外国法学动态》，只从潘先生家里看到有限的几期，相关论述有不少缺憾。经师兄潘百鸣帮忙，之后在潘先生家中找到了1973年和1975至1978年的《外国法学动态》（目前没有发现1974年的《外国法学动态》，原因待考），可以对旧文作一些补充和修订。

---

① 高鸿钧等编：《比较法学读本》，清华大学出版社2011年版，第80—81页。
② 详见拙文：《纯正学人潘汉典》，载《东吴法学》2012年秋季卷，第317—318页。

笔者原文写道:"哲学社会科学部法学研究所仍然于1973年起开始编辑出版《外国法学动态》,介绍关于苏联东欧各国和美、英、日本、西德、法国的法律和法学的最新信息,只是明确注明'内部资料,供领导参考',未公开发行。"这里的编辑单位有误。该刊1973年共出版了4期,封面印有"中国科学院法学研究所编印"。从1975年第1期起至1977年第2期,编辑单位改为"哲学社会科学部法学研究所"。从1977年第3期开始,编辑单位又改为"中国社会科学院法学研究所",直至1978年第2期,具体时间为1978年5月23日。编辑单位名称的变化,反映了法学研究所隶属主管部门的变更以及国家对于法学研究定位的认识。笔者当年撰文时,可能限于资料有限而且没有仔细核实每一期的内容,以致出现了不应有的错误。

结合前述马骧聪先生的回忆,出版于1973年6月7日的《外国法学动态》第1期可能是该刊创刊号。

以第1期为例,作为国家级法学研究所的一份期刊,确实太过简陋。从外观上看,与其说是一份期刊,不如说是一份文件。该期封面格式、纸张大小都与当时的中央文件无异,篇幅也只有区区7页——含封面但没有封底。本期4篇文章既未注明资料来源,也没有译者署名。当然也没有像马骧聪先生所回忆的那样夸张——"单页"。简陋的程度很难与其编辑者——"中国科学院法学研究所"联系起来。

从内容来看,本期4篇文章都是有关美国的,包括"尼克松建议'改革'美国刑法典""美国准备恢复死刑"等,第一期几乎是美国法的专号。1973年的后3期几乎是清一色的苏联法的内容——唯一例外的是第 4 期的"智利举行'过渡时期的国家和法'讨论会",恰好反映了当时的政治形势——既反帝(反对美国帝国主义)又反修(反对苏联修正主义)。

更为醒目的是,该刊注明的"内部资料,仅供参考",说明该刊当时并未公开发行,属于"内参"之类。从 1975 年第 1 期开始,更明确注明"内部资料,供领导参考",其"内参"性质更为明显,这也解释了何以各图书馆目录都无法检索到。

该刊 1975 年出版了 4 期,1976 年和 1977 年各出版了 6 期,1978 年出版了 2 期。以笔者所见,该刊一共出版了 22 期。从内容方面分析,基本延续了 1973 年该刊的特点——以批判美国和苏联法学为主,如果不考虑几篇书评和资料性文字的话,两篇例外的文章分别是 1977 年第 6 期出版了"在经济'高度成长'中的日本犯罪动态(上)——从日本的犯罪统计观察"和 1978 年第 2 期出版了"各国宪法规定有关环境保护条文的提法"。后一个例外可能与 1978 年制定《宪法》有关。从 1977 年第 6 期开始,作者开始署名,该期作者有潘汉典、陈朱承、任允正和时富鑫,至 1978 年第 2 期,作者计有马骧聪、任允正、时富鑫和陈朱承等,笔者判断,应该都是当时编辑部的主要成员。

潘先生不仅为笔者提供了珍贵的《外国法学动态》,据先生回忆,《外国法学动态》1976 年第 5 期刊载的"当代美国国会政党和议员的构成概览"一文和 1977 年第 6 期的"在经济'高度成长'中的日本犯罪动态(上)——从日本的犯罪统计观察"一文都出自潘先生之手。

根据笔者的考证和分析,笔者以为,导师潘先生当年论文中关于《外国法学动态》的出版时间可能有误，应该提前到1973年。笔者目前尚未看到1974年的《外国法学动态》。按常理推测，该刊1973年出版4期，1975年出版4期，不应该在中间停刊1年。因没有第一手资料，目前此问题笔者只能存疑。

前述米健教授著作提到，"《法学译丛》是1979年社科院法学研究所在1976年创办的《外国法学动态》刊物基础上开始编辑出版的"，笔者以为有在此讨论的必要。

《法学译丛》于1979年1月出版，其"致读者"一文写道："《法学译丛》可以说是《法学研究资料》的复刊。……现在编印的《法学译丛》即是在原有的基础上，根据新形势下法学研究工作的需要，重新编辑出版的。"[1]

《环球法律评论》继续了这一说法："本刊诞生于1962年，乳名《法学研究资料》，专事译介苏联为主的外国法学，然刊行不久便夭折于'文革'的疾风暴雨之中。1979年复刊，易名《法学译丛》，1993年再度更名为《外国法译评》，2001年最后定名为《环球法律评论》。刊名几易，折射出我国法律史的一段辛酸曲折而又进取日新的历程。"[2]

从《法学译丛》和《外国法学动态》的出版编辑单位看，二者都是现中国社会科学院法学研究所，后者的几次编辑单位变化也是源于法学研究所主管单位的变化。从出版时间看，前者初版于1979年1月，后者停刊于1978年6月，而且明显还有未刊

---

[1] 《法学译丛》1979年第1期，封3。
[2] "编者前言"，载《环球法律评论》2013年第6期。

稿——"在经济'高度成长'中的日本犯罪动态（上）——从日本的犯罪统计观察"一文没有续文，具有明显的接续关系。从编辑人员分析，虽然笔者没有编辑部彼时的具体人员名单，但从文献中可以看到，后者注明的潘汉典、马骧聪、任允正、时富鑫等也都出现在《法学译丛》里。内容方面，由于1978年国内政治形势的变化较大，两份刊物间的变化较为明显，但专事外国法和比较法的主旨没有变化。笔者以为，学术史不应该割裂从《外国法学动态》到《法学译丛》之间的连续性。

再从《法学研究资料》分析，该刊创刊于1962年，停刊于1966年，也是由中国科学院法学研究所编印，与1973年创刊的《外国法学动态》属同一个单位编印，具有明显的继承性。

对比《新建设》等综合性学术刊物被迫终止和《法学》《华东政法学院学报》等被迫中断多年的刊物，法学研究所相对连续不断的刊物编辑出版可谓独此一家。学术史当然应该考虑政治背景等因素，但应该以学术为准，《法学研究资料》《外国法学动态》和《法学译丛》作为以"法学研究所"名义编辑出版的刊物，其自身的"史料"价值具有独特的意义。

基于上述分析，虽然明显与《法学译丛》和《环球法律评论》编辑部的说法有异，笔者认为，法学研究所的《环球法律评论》应该始于《法学研究资料》，中经《外国法学动态》《法学译丛》和《外国法译评》几次曲折、发展和易名，其中的《外国法学动态》不宜否定或无视。

上述问题有进一步讨论的空间。中国科学院法学研究所成立于1958年，第一任所长为中国科学院哲学社会科学部副部长张友渔先生。创刊于 1959 年的《政法研究资料选译》的编辑出版单位为中国政治法律学会和中国科学院法学研究所，署名为"政法研究编辑委员会"。前述《法学研究资料》的编辑出版单位为"中国科学院法学研究所"。再往前溯，出版于 1956 年的《政法译丛》的编辑出版单位也是"政法研究编辑委员会"。从编辑出版单位看，《法学研究资料》由"中国科学院法学所"编辑、法律出版社出版，《政法研究资料选译》也是由法律出版社出版，编辑单位之一也是"中国科学院法学所"。从单位负责人的角度分析，哲学社会科学部副部长张友渔不仅是法学所的首任所长，同时还是中国政治法律学会副会长。两份刊物的承继关系清晰可见。

再就《政法译丛》与《政法研究资料选译》进行分析可以发现，两者的具体署名都是"政法研究编辑委员会"，前者的主管单位为中国政治法律学会，后者的主管单位为中国政治法律学会和中国科学院法学研究所，二者之间有交集。据潘先生回忆，虽然其时潘先生供职于中国政治法律学会研究部，但由于先生是学会唯一的研究员，而且精通数门外语，从《政法研究》和《政法译丛》创刊起就参与了编辑工作，这些回忆可以从上述潘先生发表于上述刊物的译文得到印证。据先生回忆，1958 年法学所成立后，张友渔也曾建议潘先生多参与《政法研究资料选译》和《法学研究资料》的编辑工作，先生发表于《政法研究资料选译》的译文也可以作证。笔者也曾请教过《政法研究》资深编辑、师母王昭仪。据师母回忆，早期就一个编辑部。法学所成立后，编辑部双重领导，但机构仍然是一个。只是有几位编辑重点负责《政法研究资料选译》，1962年后，才成立了《法学研究资料》编辑部。这也说明，《法学研究资料》与《政法译丛》具有清楚的连续关系。

如果笔者的考证和分析可以成立，《环球法律评论》的源头可以上溯至《政法译丛》，就如同《法学研究》创刊于1954年的《政法研究》一样。事实上，何勤华教授就曾论及，"1979年，中国社会科学院法学研究所恢复了《政法译丛》，改名《法学译丛》……"①

1957年，倪征燠先生曾呼吁"救救比较法"。② 上述潘先生的经历和作品表明一位比较法学者在以实际行动回应倪征燠先生的呼吁，同时反映了潘先生在夹缝中求生存，为保存中国比较法学血脉而作的艰辛努力。上述事实也告诉我们：1978年前的新中国比较法学既不是空白，也不应回避或将其概念化或简单化。

---

① 何勤华：《新中国外国法制史学60年》，载氏著：《比较法学史》，法律出版社2011年版，第142页。

② 1957年6月17日，中国政治法律学会举行座谈会，倪振燠先生发言时提出三条具体建议：（1）抢救人（具体提到戴修瓒和李浩培）；（2）抢救书；（3）抢救课。抢救课——指国际法和比较法。参见倪振燠《淡泊从容莅海牙》，法律出版社1999年版，第195—196页。

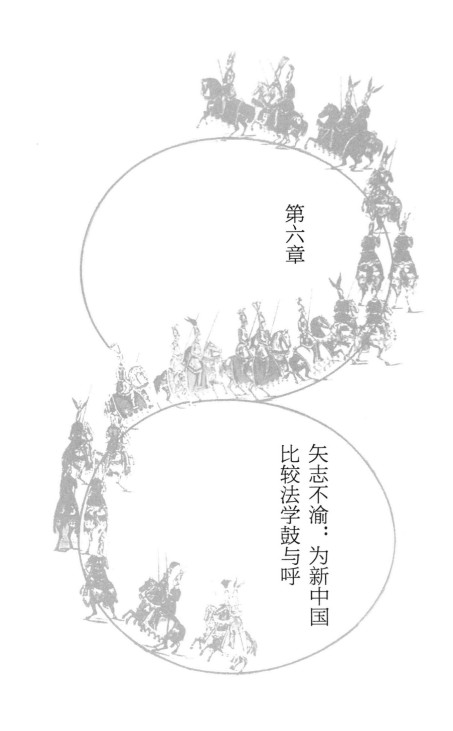

第六章

矢志不渝：为新中国比较法学鼓与呼

翻译为业：把外国最好的法律制度和先进的思想介绍进来

1978年，我国比较法学进入到第三阶段——一个新的快速发展时期。"经过十年的惨痛经历，中国人民普遍要求实现法治和尊重公民权利。因此在20世纪70年代后期制定的第三部《宪法》，修改了第二部《宪法》的一些规定，例如，重新肯定'法律面前人人平等'的法治基本原则。"① 在此大背景下，社科院法学所决定于1978年试刊《法学研究》，恢复《法学研究资料》并更名为《法学译丛》。② 潘先生受命负责筹备《法学译丛》并主编该刊。该刊于1979年1月

---

① 潘汉典：《比较法在中国：回顾与展望》，载潘汉典著、白晟编：《潘汉典法学文集》，法律出版社2012年版。
② 何勤华称："1979年，中国社会科学院法学研究所恢复了《政法译丛》，改名《法学译丛》……"参见何勤华：《新中国外国法制史学60年》，载何勤华《比较法学史》，法律出版社2011年版，第144页。如笔者在前注所述，《政研究资料选编》和《政法译丛》都属于政法研究编辑委员会编辑，但后者明确属于中国政法学会所办，前者属中国政法学会和法学所合办，虽然两个主办方有着千丝万缕的联系，但毕竟不属于一个机构。因此，何勤华的上述陈述，既未提及过渡阶段的《政法研究资料选编》和《法学研究资料》，也欠缺对《政法研究资料选编》和《政法译丛》主办方相互联系又区别的必要说明，似有简单化和不准确之嫌。

出版创刊号，编辑部在"致读者"中说："《法学译丛》可以说是《法学研究资料》的复刊。1962年法学研究所曾根据当时法学研究工作的需要，编辑出版了《法学研究资料》，供法学研究工作者参考使用。'文化大革命'开始以后，由于林彪、'四人帮'的干扰和破坏，刊物遂被停止出版。现在编印的《法学译丛》即是在原有的基础上，根据新形势下法学研究工作的需要，重新编辑出版的。《法学译丛》的主要任务是：在马列主义、毛泽东思想的指导下，贯彻'洋为中用'的方针，根据国内外阶级斗争形势、国际往来和社会主义革命与建设的需要，选译外国重要法学论著、法律、法令文献等资料，供党、政、军宣传部门和理论工作者，法学研究工作者，政法院校、系师生，政法干部，有关的外事工作者和有志于法学研究的广大读者研究、批判和参考使用。"[①] 当时编辑部有6名编辑，马骧聪、任允正负责俄语部分，朱文英、周叶谦负责英文部分，郭布罗·润麒负责日语部分，作为主编的潘先生负责其他语种。笔者初步检索《法学译丛》1979年至1984年5年间的译者、校者署名，卢干东、谢怀栻、李浩培、余叔通、王名扬、曾炳钧、张光博、陈忠诚、郭布罗·润麒等赫然在列，魏家驹、康树华、郑成思、徐鹤皋、朱文英、周叶谦、时富鑫、韩延龙、刘楠来、刘兆兴、曾庆敏、吴大英、何秉松、黄进、高鸿钧、黄风、

---

① 载《法学译丛》1979年创刊号。

邓正来、凌岩等也名列其中，这还不包括一些使用笔名的译者和校者。正是这支高水准的编者、译者和校者群体，保证了《法学译丛》的高起点、高品位，赢得法学界的高度称赞。

潘先生除了在《法学译丛》担任 8 年（1979—1987 年）主编外，还于 1982 年出任社科院法学所编译室主任。就担任《法学译丛》主编的 8 年工作而言，潘先生不仅承担了主要的组织工作，而且校对了大量稿件。仅以 1979 年的 6 期《法学译丛》为例，署名为潘先生的校对者就有 13 篇之多，平均每期 2 篇多，涉及英文、日文和法文等语种。[①] 与潘先生有过工作接触的人都知道，潘先生对文稿的审校极其认真，甚至连一个外文字母都不放过。[②] 潘先生在做好上述工作的同时，直接翻译的译文多达 58 篇。

1987 年，潘先生奉调进入中国政法大学。一般人包括一些中国政法大学的教师和比较法学界业内人士不知道，这已是潘先生二进中国政法大学和第三次与中国政法大学结缘

[①] 其中美国托马斯·埃默森教授的"论当代社会人民的了解权"一文，译者为朱文英，校者为潘先生。笔者发表于《比较法研究》2011 年第 1 期的"潘汉典比较法思想初探"一文曾将此文误作潘先生译文，在此向该文译者朱文英道歉。

[②] 多年之后担任中国政法大学校长的黄进教授回忆道："读研究生期间，曾经做过一些外国法律和法学论文的翻译工作，投稿到潘老当时任职的中国社会科学院法学研究所主编的《法学译丛》杂志上。没想到的是，作为杂志的主要编辑者，潘老亲笔回信给我，对我的翻译文稿提出修改意见和建议，一一指正文稿中的误істiu。其治学态度之严谨，工作态度之认真，提携后进之情谊，令我感佩至今。"黄进把潘先生誉为法大几位"最可爱的人"之首。

第六章　矢志不渝：为新中国比较法学鼓与呼

了。第一次是1952年5月，潘先生的人事关系（讲师）随北京大学法律系教师一起转入新成立的中国政法大学的前身——北京政法学院，虽然在北京政法学院实际工作的时间只有两个月（1953年2月至4月），但潘先生是中国政法大学名副其实的元老。① 2012年中国政法大学校庆60周年时特别表彰了潘先生、陈光中等建校时的教职工。

第二次是30年后的1983年5月初，潘先生经司法部特别邀请，参加了在意大利罗马召开的"第三届法律信息学国际会议"——主办方为意大利最高法院电子计算机处理资料中心。②

笔者看到过中华人民共和国司法部授予潘先生的"银星荣誉章"，潘先生在"银星荣誉章"包装盒上留有文字，注明"在廿世纪八十年代司法部派遣两度出席意大利最高法院召开的世界法律信息国际大会，司法部授予原中国社科院法学所研究员、中国政法大学法学教授"。笔者判断，此次司法部颁奖，可能与潘先生应邀代表国家出席国际会议并有重要成果密不可分。（详情见第七章）1985年，时任司法部部长兼中国政法大学校长邹瑜正式签发聘书，聘请潘先生为中

---

① 在"北京政法学院教学名单"（1952年10月6日）里，潘汉典以北大讲师的身份位列其中。参见中国政法大学档案馆编：《法大记忆：60年变迁档案选编》，中国政法大学出版社2012年版，第7页。

② 因当年照片中有中国政法大学图书馆负责人郭锡龙老师，笔者于2016年9月13日电话请教了郭老师。据郭老师回忆，当时潘先生的身份是刚成立的中国政法大学图书馆馆长，郭老师是图书馆负责人。

国政法大学兼职教授。①

潘先生正式调入中国政法大学的时间为1987年9月。在潘先生留存的一份"1987—1988学年第二学期研究生院开设课程总览表"里，笔者查到潘先生担任的课程有"专业外语"（为行政法专业开设）、"马列主义法学选读"（为西方法律思想史专业开设）以及"比较法学"（为外国法制史专业开设）。潘先生还留存了1988年中国政法大学下发的两份该年第一学期"聘请任课书"：一份是学校法制所研究生办公室下发的，为1988级行政法专业学生讲授外国行政法和专业外语（英）；另一份是学校法律系研究生办公室下发的，为1988级法理专业学生讲授比较法总论。同时留存的该学期课表有上述课程的具体授课时间和地点。

1987年，潘先生经时任校领导的党委书记陈卓、常务副校长甘绩华两次到家拜访，由社科院法学所调入中国政法大学并于1988年出任该校新成立的比较法研究所第一任所长兼《比较法研究》主编。②

---

① 笔者于2016年9月在潘先生家中看到一份"研究生院研究生选课成绩单"，课程为"比较法学"，选课人数为9人，授课教师为潘汉典，学生年级为1985级和1986级，专业背景分别为法理学、外法史、行政法、经济法等。笔者判断，时间应为1986年。与成绩单同时留存的还有几份学生提交的论文。这些资料说明潘先生于1986年曾作为兼职教授为中国政法大学研究生院授过专业课。

② 参见白晟：《纯正学人潘汉典》，载《东吴法学》2012年秋季卷，第320页。

在主编《比较法研究》期间①，潘先生发表了3篇译文。概括潘先生主编《法学译丛》和《比较法研究》12年期间的译文，笔者将其大致分为以下三类：

第一，外国先进的法律思想介绍。1980年翻译了美国法学家萨默斯的"富勒教授的法理学和在美国占统治地位的法哲学"，这是国内有关富勒法学思想的最早介绍。同年潘先生翻译了美国法学家德沃金的"认真地看待权利问题——论美国公民的反对政府的权利"，并于1982年翻译了德沃金的"论规则的模式——略论法律规则与原则、政策的法律效力、批判实证主义"、1983年翻译了美国学者贝尔韦斯、柯亨的《德沃金其人及其思想》。这也是国内有关德沃金法学思想的最早介绍。信春鹰、吴玉章翻译的《认真对待权利》于1998年出版②，此书距潘先生第一次在国内介绍德沃金已过了18年。1985年，潘先生翻译了美国学者李·温伯格和朱迪思·温伯格的"论美国的法律文化"，该文是国内第一篇关于法律文化的译文。1987年，潘先生又翻译了李·温伯格和朱迪思·温伯格的"论法律文化和美国人对法律的依赖性"。潘先生曾于1947年节译了德国法学家耶林的《权利斗争论》，发表于该年的《大公报》上，1985年再译此书，发表于

---

① 时任副主编的高鸿钧教授回忆道："尤为感人的是，潘先生对每期文章都认真通读，对于其中的译文还亲自进行校对。"参见高鸿钧："《比较法研究》点滴"，载《比较法研究》2007年第3期。
② 参见〔美〕罗纳德·德沃金：《认真对待权利》，信春鹰、吴玉章译，中国大百科全书出版社1998年版。

《法学译丛》1985 年第 2 期上。在译者注里,潘先生作了说明:"中译本作于 1947 年,根据 A. Langen 版德文本译出。日本原有三个日译本,近年又增加两个译本,可见此书在国外影响之一斑。现根据东京大学法学部研究室藏德文本,参考小林孝辅、上村淳一的两个日译本修订旧译。"据郑永流教授在其于 2007 年由法律出版社出版的耶林的《为权利而斗争》译后记中介绍,潘译当为汉译的第三个和第五个版本,而且都是从德文版直接翻译。① 据此,以直接从德文版翻译论,2007 年的郑译比 1947 年的潘译晚了 60 年,即使与 1985 年的潘译相比,也已过了 22 年。此外,20 世纪 80 年代,潘先生还先后翻译了英国学者施米托夫的"英国'依循判例'理论与实践的新发展"(1983 年),美国学者里克斯·E·李的"三权分立的基本原理:分离与分配"(1983 年),英国学者亨特的"马克思主义与法的分析"(1986 年)和英国学者科特雷尔的"当代英国的法社会学"(1989 年)等。

第二,将比较法学的最新研究成果介绍到国内。潘先生密切关注国际比较法学界的最新动态,并及时将最新的研究成果介绍到国内。以比较法学界两部名著为例,法国著名的比较法学家勒内·达维德和约翰·E.C·布赖尔利的名著《当代世界主要法系》英文第二版于 1978 年在伦敦出版,潘

---

① 参见〔德〕耶林:《为权利而斗争》,郑永流译,法律出版社 2007 年版,第 50 页。

先生于1979年《法学译丛》刚试刊,就节译了该书的第一章第一节"比较法概说——论比较法的性质及其效用"[①],此后又节译了其中的"美国法的结构"(1982年)及勒内·达维德的"正义的基本原则——比较法的考察"一文(1986—1987年)。国内漆竹生教授翻译依据的是该书1982年法语第八版,出版于1984年,书名为《当代主要法律体系》。[②] 潘先生译的书名为《当代世界主要法系》,依笔者之见,"法系"的译名要比"法律体系"更为准确。据此也可以说,潘先生的译文是勒内·达维德的名著《当代世界主要法系》在国内的最早译文。德国(当时为联邦德国)比较法学家K·茨威格特和H·克茨著的《比较法总论》英译本于1977年在荷兰出版,英译者为牛津大学研究员托尼·魏尔,因原著者盛赞英译本,潘先生于1982年根据英文版翻译了该书第一卷第二章"比较法的效用和目的",其后又陆续节译了该书的"比较法的概念"(1983年)、"伊斯兰法概说"(1984年)、"法系式样论"(1985年)等。潘先生的译文同样是该书汉译的第一人。其间,潘先生翻译的比较法学方面的重要论文还有:法国学者威勒的"马克思主义和比较法"(1980年)、瑞典学者博丹的"不同经济制度与比较法"(1980年)、匈牙利学者萨博的"比较法的各种理论问题"(1983年)、美国学者萨非里

---

① 载《法学译丛》1979年第6期,第1—9页。
② 参见〔法〕勒内·达维德:《当代世界主要法系》,漆竹生译,上海译文出版社1984年版。

乌的"比较法在立法上的运用"（1983年），美国学者格伦顿、戈登、奥沙克维的"比较法律传统序论——比较法的范围、目的、法律传统和方法论"（1987年），苏联学者图曼诺夫的"论不同类型法律体系的比较"（1989年）和英国学者鲁登的"英国的比较法"（1990年）等。

第三，引介发达国家的法律制度。潘先生在这方面也做了大量工作，成果非常丰富，内容涉及宪法（后文专述）、行政法、民商法、刑法、诉讼法、国际法等几乎所有法律部门。国际法领域的译文有"（德意志民主共和国）关于国际民事、家庭和劳动法律关系以及国际经济合同适用法律的条例（法律适用条例）"（1979年）、"在罗马尼亚社会主义共和国的外国人管理法"（1980年）、奥地利学者施鲁厄尔的"国家豁免法的新发展——美、英、西德立法、判例与国际法的比较"（1981年）、西德学者哈尔斯泰因的"专利制度和向发展中国家转让技术"（1982年）、美国学者里斯的"支配国际契约的法律"（1983年）等。行政法方面的译文有美国学者施瓦茨的"美国行政法的最近发展"（1983年）。刑法领域的译文更多，包括"南斯拉夫青少年犯罪问题"（1979年）、"西德刑事制裁的法律与理论"（1979年）、法国学者苏西尼的"西欧的犯罪趋势和预防犯罪战略"（1981年）、"亚洲各国犯罪趋势和预防犯罪战略"（1981年）等。司法制度方面有"南斯拉夫检察制度"（1979年）、"法国青少年司法制度"（1979年）、"南斯拉夫的社会自治律师"

(1979年)、日本学者敷田稔、土屋真一的"日本少年司法制度"(1980年)、南斯拉夫学者德拉什科维奇、科蒂奇、米奥维奇的"南斯拉夫律师职业及其他法律帮助方式"(1981年)、美国学者斯米特的"美国司法责任论"(1983年)、美国学者伯格的"美国司法部门现状"(1983年)等。开阔的视野、敏锐的法律人感觉加上多种外语的优势,使得潘先生的译文总是走在时代的前面,如1980年就翻译了南斯拉夫学者马迪奇的"南斯拉夫产品责任法概述",1980年前后翻译了"(美国)在阳光下的政府法——关于联邦政府机构会议分开的法律"(1979年)、《(美国)情报自由法——美国法典第五编政府组织与职员》(1981年)以及英国学者尼尔、罗拔兹的"法律信息自动化与英国法学教育——英国一个主要法律学院的实践"(1984年)。1988年《国家经济信息管理条例》起草小组编撰《信息与信息技术立法文集》时,收录了潘先生所译的"(美国)在阳光下的政府法""(美国)情报自由法"以及补译的"(美国)个人隐私法"和巴西《国家信息政策及其他措施法》并聘请潘先生为该文集主编。1992中国信息协会信息立法专业委员会正式聘请潘先生为中国信息协会信息管理和立法研究会主任委员。

  提到翻译为业,不能不提及商务印书馆1985年出版由潘先生翻译的意大利政治家、思想家马基雅维里的《君主论》。据潘先生撰写的"译者序",《君主论》的思想资料是共和国时代马基雅维里在政治、外交、军事实践中早已积累起来的，其创作则在被放逐后，大约从1513年六七月开始，在年底以前写出，修改定稿当在1515年以后，距今已经500多年。

1513年3月出狱后，马基雅维里变成村夫，在乡下过着贫困的农民生活。但是他仍然没有忘记经国治世的理想，坚持从实践到理论进行探索，他写出了四部学术名著，成为政治学家、史学家、军事著作家、剧作家，为人类积累精神财富作出贡献，这是他所没有想到的。晚年，马基雅维里把生活分为两截：白天在农民当中劳动和生活；黑夜单独"与古人晤对"，探索治国之道。《君主论》就是这样完成的第一部著作。

作者著述传奇，译者译书也不凡。

据潘先生所撰"译后记"，在20世纪三四十年代，商务印书馆、上海光华大学政治学社、中国文化学会曾出版过《君主论》，但译本均由英译本转译，译著中有不少纰漏。

1958年商务印书馆将此书列入世界学术名著选题计划，即向译者约稿。译者根据英译本译出后，为了译文"信、达"起见，曾取英、美、法、德、日各国译本互相核对，发现文义莫衷一是，定稿甚难，决定以意文本为准据另译。

据《参考消息》记者徐明当年的报道，他为了准确翻译《君主论》，花了10年时间学习意大利语。

潘老说："马基雅维里是一个伟大的思想家，一个理想主义者，而他的一生又非常不幸。有人说，他是一个阴谋家。但他实际上是一个爱国者,他将毕生精力都致力于追求意大利的统一。我对他充满了崇高的敬意,对他的著作充满了敬畏之心。1958年我决定翻译他的著作时,就下了决心,要对得起马基雅维里,要对得起这本经典,更要对得起自己。"

潘老介绍说,他在译出《君主论》的译本后,又拿出英、美、法、德、日各国译本互相核对,发现文义莫衷一是,定稿非常难,于是,决定学习意大利语,根据意文本直译。自此,10年意大利语的学习,26年艰难而又漫长的译著打磨历程也就拉开了帷幕。

几十年的辛劳,潘老一语带过,扼要归纳为四点:只有精通意大利语,才可能避免意大利语原版著作转译的错误,花10年时间学习意大利语,就是为了翻译这本书;搜集英、美、法、德、日等国不同的版本、译本,对照比较,择善而从,再行修订;在讲授法理学课程中,从法理学角度去加深对原著的理解;搜集世界各国对马基雅维里的研究资料,对译稿再修改补充。[1]

1985年出版《君主论》译著时,潘先生使用了四种意文本,参考了13种英、美、法、德、日等国出版的《君主论》译本,参阅了17种关于马基雅维里思想和生平的意、英、

---

[1] 参见《译坛"四老"之潘汉典:26年苦功铸就名著》,载《参考消息》2012年12月7日。

美、德、法、俄、日各国论著，在 27 年里四易其稿。

谈到《君主论》的出版，潘先生对时任商务印书馆政治室编辑骆静兰（吴恩裕夫人）赞不绝口。骆静兰不仅主动约稿，而且热心鼓励。潘先生回忆道，骆静兰鼓励潘先生说，你连更难的德文都可以学会，意大利文不在话下。从意大利文翻译原著是破天荒、开先例。曾是潘先生北大法学院同事的吴恩裕教授也强调《君主论》是政治学名著，是西方政治斗争的思想背景，应该深入研究。

师母王昭仪清楚地记得，骆静兰是家里的常客：上班路过来一趟，下班回家前又来一趟，既关心译作进展，也共同研讨内容——骆静兰也是政治学教育背景。

也因此在"译后记"里，潘先生特别写道："出版之际，译者不能不表示衷心感谢商务印书馆编辑部的同志们，特别是骆静兰同志在长时期中的鼓励与催促以及付排前后的辛勤劳动与帮助；如其不然，此书至今也未必能够定稿。"

潘先生在译后记里提到："译者根据英译本译出后，为了译文信达起见，曾取英、美、法、德、日各国译本互相核对，发现文义莫衷一是，定稿甚难，决定以意文本为准据另译。其后借到《君主论》卡塞拉（Mario Casella）审订本及列宁格勒外文图书馆藏本，即根据此两个版本，对照英、美、法、德、日各国多种译本重新译出，第一稿于六十年代初完成。七十年代陆续借到马佐尼（M. Mazzoni）审订本及邦凡蒂尼（M. Bonfantini）审订本，又根据两者，同时对照各国译本,先后进行两次较大的修改,择善而从,不拘泥于一个版本。这是第二稿和第三稿。1982年和1984年,笔者先后在加拿大麦吉尔大学法学院及东京大学法学部进行学术交流研究,搜集到各国关于马基雅维里的研究资料,对译稿又进行了两次修改,成为现在的这第四稿。本译本全部脚注系由译者汇集各国有关资料写出,仅供读者参考。"① 一本不算厚的著作(中文字数不超过10万字)竟需要潘先生花费近27年的时间,参阅17种不同版本,涉及意、英、法、德、日、俄六种语言,并且四易其稿,如此行为常人几乎无法理解。正是潘先生这种对知识的认真、对学术的敬畏,才使得该书位列商务印书馆经典之列。中国翻译工作者协会于2002年以"长期从事翻译工作,成绩卓著"授予潘先生资深翻译家荣誉证书。中国翻译家协会于2012年授予潘先生"翻译文化终身成就奖"。

与《君主论》相比,作为国际比较法学名著之一的《比较法总论》的翻译经历则有所不同。1990年5月,《比较法总论》著者之一克茨教授访问北京,莅临中国政法大学比较法研究所,共同探讨比较法学研究与教育及交流问题。潘先生提到,"克茨教授获悉其《总论》数章已于80年代初介绍于中国法学界,深为赞赏。在座比较法研究所讲师新秀,自告奋勇,咸愿分任译事,推笔者牵头合译以总其成。克茨教

---

① 潘汉典著、白晟编:《潘汉典法学文集》,法律出版社2012年版,第54页。

授闻之欣然即授予全书中译权（随后由两著者及德国原出版社正式来函授权）。克茨教授并即席慨允赞助出版……"① 于是由潘先生、米健、高鸿钧、贺卫方合作，依据该书1984年德文第二版、1987年英文版和1974年日文版完成了全书的翻译，全书由潘先生根据德文版并参照英文、日文版校订并于1992年由贵州人民出版社出版。② 著者和译者的互动与合作，不仅保证了译事的顺利进行，也成就了中德文化交流的一段佳话。20年后的今天，该书仍位列各大学外国法和比较法学研究生必读书目，足以说明此书不愧为比较法名著。③

---

① 潘汉典著、白晟编：《潘汉典法学文集》，法律出版社2012年版，第47页。
② 参见〔德〕K·.茨威格特、H·克茨：《比较法总论》，潘汉典、米健、高鸿钧、贺卫方译，法律出版社2003年版，中译者序，第2—5页。
③ 《比较法总论》于2003年由法律出版社出版了第二版，于2017年由中国法制出版社出版了第三版。

学术为本：筚路蓝缕启山林

1990年，潘先生在《比较法研究》1990年第2期上发表了"比较法在中国：回顾与展望"一文，此文对我国比较法的历史、现状、前瞻及若干理论问题进行了较全面的探讨。笔者认为，此文是同一时期中国比较法学界不可多得的一篇重要论文，高鸿钧教授主编的《比较法学读本》[①] 于20多年后将此文收录其中就是明证。更为难得的是，此文对比较法的中国起源进行了专门论述。

潘先生在该文指出："关于比较法的起源，东西方许多国家的比较法学者几乎普遍地追溯到希腊梭伦（Solon，公元前640—公元前558）所从事的雅典立法；罗马十人团（Decemvirs，公元前451—公元前450）所制定的《十二铜表法》；柏拉图（公元前428/7—公元前348/7）的《法律论》，亚里士多德（公元前384—公元前322）的《政治学》。这类观点见诸：胡格（Hug）的著名论文《比较法的历史》（载

---

① 参见高鸿钧、赖俊楠、鲁楠、马建银编：《比较法学读本》，上海交通大学出版社2011年版。

《哈佛法律评论》）、法国勒内·达维德（R. David）的《当代主要法律体系》（1982年版，漆竹生译）、联邦德国茨威格特和克茨（K. Zweigert 和 H. Kotz）的《比较私法导论》（1984年新版，德文本）、日本五十岚清的《比较法学的历史与理论》（1977年版）等等。苏联比较法学者季列（A. A. Tulle）在所著的《社会主义比较法学》一书中（1977年版）论述比较法的历史时，亦援用法国比较法学者安谢尔（M. Ancel）关于比较法学起源于希腊罗马哲人和立法家的观点。总之，关于比较法在中国的起源，在英、美、法、德、日、苏等国著名的比较法论著中是阙如的。

因此，我们首先从比较研究的角度探索比较法在中国的起源，以补充世界比较法学史的缺漏。我们的出发点是，通过对我国客观的历史事实的考察，佐证比较法在法律发展史上的一大功能及其普遍性；其次，是通过本国的历史经验，帮助我们认识先民为'变法'的目的运用比较法，曾经取得的成就及其影响，从而策励我们在贯彻执行对外开放的基本国策的法制建设与法学研究中，积极运用比较法以便作出应有的贡献。"

关于比较法在中国的产生，我国的学者也有论述。沈宗灵教授在《比较法总论》一书中只是提及，并未讨论。沈宗灵教授认为，在长达两千多年的中国封建社会中，由于经济、政治和文化各种条件的限制，对中国法律和外国法律之间进行比较研究，看来是不存在的。但如果对比较法作广义解释，那么，在战国时期各诸侯国法律之间以及自秦统一后各诸侯王朝法律之间的比较研究，却是相当多的。以中国第一个成文法典——李悝的《法经》而论，据史书记载，李悝"集诸国刑典，造《法经》六篇"①。吴大英教授认为："我国历史十分悠久，早在公元前二十一世纪，就形成了夏朝奴隶制国家，出现了《禹刑》。公元前十六世纪至公元前十一世纪的商朝，参考《禹刑》，有所损益，制定了《汤刑》，其内容比《禹刑》更为充实，这已是初步采用了比较法。"②

潘先生认为，每个国家在某一时期或朝代从事制定或修订法制时，通常而且必然同本国自己直接的过去相联系，势必有所损益，这是各国立法的通例，也是人类思维的普遍现象和客观规律。这不属于在法学领域中通常所特指的或者各国比较法学者公认的比较法范畴，很难说这是比较法的产生。③ 我们没有理由或必要把我国比较法的诞生追溯到公元前16世纪，好像比西方的古希腊、古罗马的比较法的诞生要早9世纪至11世纪，比东方的古巴比伦的比较法的诞生（公元前18世纪的《汉谟拉比法典》）迟两个世纪。

---

① 沈宗灵：《比较法总论》，北京大学出版社1987年版，第26页。
② 吴大英、徐炳编著：《比较法基础知识》，法律出版社1987年版，第3—4页。
③ 原文注4：值得注意的是，甚至所谓"夏刑"与"汤刑"的具体内容本身就不是没有疑问的；史籍和出土文物迄今也未能帮助我们获得较多的确切的信息。陈顾远教授就曾经指出："史书所引黄帝之李法，夏之政典，固绝对不可信。即左传昭公6年所载晋叔向语，（'夏有乱政而作禹刑；殷有乱政而作汤刑'），同一不可信。……禹刑、汤刑之是否有其条文，抑或仅为惯例，仍莫得而明之。"（陈顾远：《中国法制史概要》，台北1977年第5版，第61页）

潘先生在文中强调，战国初期即公元前约 400 年，魏文侯师（相）悝（约公元前 455—公元前 397）所撰《法经》不仅如通常众所公认的，是我国历史上第一部比较系统的成文法典，而且是世界比较法起源上一部古老而伟大的著作。从当时所产生的社会效果及其后在中国法制史上的深远影响来说，它同东西各国比较法的起源相比较是毫不逊色的。

潘先生在文中分析了比较法在中国诞生的历史背景。李悝生活的时代之前——春秋中后期，周王室已经衰微，原有奴隶制的法律制度逐渐失效，代表新兴地主阶级的诸侯国开始制定并公布各自的法律制度，充分说明"春秋之时各国多自为法，如晋之被庐、刑鼎、郑之刑书；竹刑、楚之仆区皆非周法也"①。——沈家本关于春秋后期中国立法出现多国化的论断无疑是正确的。它恰好为不同国家的法律比较研究提供了充足的前提条件。我们需要进一步指出的是，各国这些新的立法不同于原来周王朝的法律，正好反映了：原先以井田制为其经济基础的奴隶制的法律制度的崩溃，同时表明新兴地主阶级进行变法和法律改革及其封建法律制度的创立。②

潘先生在文中进一步论证到，作为代表新兴地主阶级利益的魏国创建者魏文侯（在位公元前 445—公元前 396），原

---

① 原文注 12：《沈寄簃先生遗书》《律令九卷》之一。
② 参见原文注 13：例如，韩国有申不害的《刑符》，楚国有屈原作的《宪令》，齐国有《七法》，赵国有《国律》，秦国有《秦律》。

来有自己的法令。① 然而"周衰刑重,战国异制,魏文侯师于里(李)悝,集诸国刑典,造法律六篇:一、盗法;二、贼法;三、囚法;四、捕法;五、杂法;六、具法"②。这就是说,魏国的统治者,为了适应当代政治经济形势的急剧变化与发展,维护新兴地主阶级的经济利益和政治要求,不受本国原有的法律制度的拘束,大胆地总结了其他各国的立法经验,创制出自己的新的法律。历史表明:《法经》不仅是我国比较立法第一部硕果,开我国编纂系统的法典的先河,而且魏国实行变法,国富兵强成为战国七雄中的强者,《法经》无疑起着重大的作用。《法经》被后世采用,继续发生强有力的影响:战国中期(公元前361),商鞅挟李悝在魏国变法的经验到秦国(公元前359),"商君(鞅)受《法经》六篇以之治秦,终助秦孝公成霸业"③。秦国推行封建制的法治,为日后秦王灭六国、一统天下开辟道路。沈家本亦曾指出"此书为秦法之根原,必不与杂烧之列,不知其书何时始亡,恐在董卓之乱"。其后,《汉律九章》就是在《法经》之上,加上汉相萧何所作"户""兴""厩"三篇构成。以后历代封建王朝的法律往往在前代法律的基础上加以修改或增减。《法经》的篇目在中国历代法典上仍然或多或少地保

---

① 参见原文注14:根据沈家本的分析,"魏国本有法令之书,不自李悝始"。同前引沈著。
② 原文注15:《故唐律疏议》卷第一,疏。
③ 原文注16:林咏荣:《中国法制史》,1976年台北版,第50页。又王玉哲编著:《中国上古史纲》,1959年第1版,第222—224页。

留下来。而且作为中国传统法律特点之一的"诸法合体",可以说也是从《法经》开始的。

潘先生在文中评论道:如果说,更早的《汉谟拉比法典》可以称为东方奴隶社会最早一部比较立法的成就,那么也可以说,《法经》是东方封建社会最早的一部比较立法的成就,而且是作为推行改革和促进社会发展的有力工具出现的,两者是东方比较法起源上的双璧。

潘先生的上述论点是成立的。夏商的法律不足以成为中国比较法的起源,一是由于"史籍和出土文物迄今也未能帮助我们获得较多的确切的信息",二是因为二者侧重于纵向比较。李悝的《法经》则与此不同。更重要的是,既然公认的比较法在西方的起源是希腊,而"在古希腊,大小城邦林立,不同政治制度并存。这一情况为法律的比较研究提供了一个有利条件"[①]。战国时的诸国纷争,不同政治法律制度并存,也足以成为比较法研究的一个有利条件。

1992年4月,潘先生参加了在北京大学举办的国际比较法学会议,该会议也是中国法学会比较法学研究会第一次会议。在此次会议上,潘先生提交了一篇题为"论世界法律体系分类的若干问题"的论文。在该文中,潘先生对东西方两位比较法先驱——西方法国的孟德斯鸠与东方日本的穗积陈

---

① 沈宗灵:《比较法研究》,北京大学出版社1998年版,第15页。

重的比较法思想进行了比较分析。① 法国孟德斯鸠作为近代比较法的一位先驱，在他的名著《论法的精神》中，对东西方各国法律进行广泛的比较与阐述；其中没有对世界各国的法律和法律制度直接地进行分类，而是继承并发展了亚里士多德在《政治学》中关于"政制"（Constitution，又译"政体"）或"政府"（Government，又译公务团体）的三分法以及"各种政体各持有不同的正义或法律观念（兼有正义和法两方面的意义）"这一观点，将政体分为共和政体（republican）、君主政体（monarchial）和专制政体（despotic），并且阐述"由政体的性质直接引申出来的法律"。孟德斯鸠把中华帝国和日本的法律作为两个专制主义的法律分别评论，并没有察觉他们之间在法律渊源上的关系，他所强调的地理环境尤其是气候、土壤等因素对政制的重大作用，也没有给他带来远东法的结论。1884年日本东京大学教授穗积陈重（Hzoumi Nobushige，1856—1926）首倡《世界五大法族说》，是对19世纪末世界法律形态第一个宏观比较考察的重要概括，作为法系论的先锋，对于比较法学研究具有深远意义。穗积陈重在渊博的东西方法学知识的基础之上，在1884年刚

---

① 在笔者阅读的中文相关文献中，杨鸿烈最早提出穗积陈重与比较法学的联系。杨鸿烈指出，"若就区别世纪诸法系而论，则最早主唱'法系'之说者厥为日本之穗积陈重博士，氏于明治十七年（清光绪十年）三月之《法学协会杂志》第1卷第5号揭载'法律五大法族之说'分世界之法系为'印度法族、中国法族、回回法族、英国法族、罗马法族'五种"。参见杨鸿烈：《中国法律对东亚诸国之影响》，中国政法大学出版社1999年版，第2页。

刚由东京大学创刊的《法学协会杂志》第 1 卷第 5 号发表"法律五大族之说"（后收入《遗文集》第 1 册第 292 页以下）。该文阐述法系论的重要意义，并将世界各国的法律划分为：印度法族、中国法族、伊斯兰（回回）法族、英国法族和罗马法族，并进一步说明这些法系的适用范围（原文——"法境"，即法域）、法律渊源（"法源"）及其态势（"静止法、迟进法、进行法"等），翌年（1885 年）继续发表《万法归一论》对该文予以补充（载《法学协会杂志》第 12 号》）。

潘先生指出，值得注意的是：（1）该文发表的时间在比较法学史划时代的 1900 年巴黎举行第一次比较法国际会议之前 16 年。（2）在这次会议上，一些比较法学家为比较法作为一门法律科学抑或作为一种方法展开论争的时候，穗积陈重早已开始进行积极的实质重大课题的探索。（3）穗积陈重提出的"五大法族说"包括当时世界的主要法律体系，对长时期地，甚至在 1900 年国际会议及其后相当时期内存在的西欧中心思想是一项有力的反驳：例如著名的法制史学家和比较宪法学家埃斯曼（Adhémar Esmein, 1848—1913）在这次国际会议上就"比较法与法学教育"（Le Droit Compaeé et l'Enseignment du Droit"）所作的重要的报告，虽然强调"必须将各国的制定法或者习惯加以分类归入小数法族或者法群，而后者每一个都代表具有独创性的法律体系"。（…he must classify the laws of different people or custom, by dividing them into a small number of families or groups, each of which constitutes an original system of Law.）但是在 Esmein 教授所作的法系划分中，却把中国、日本和远东各国的法律完全遗漏了。与此相对照，穗积陈重的分类就显得更加重要了：它真正反映了当时东西方主要的法律秩序。

1904 年，穗积陈重在美国召开的 International Congress of Arts and Science 发表 Lectures On the New Japanese Civil Code as material for the study of Comparative Jurisprudence（Maruzen, 1912, 2nd and Revised ed.）将原来的五大法族，增补了"斯拉夫法族"和"日耳曼法族"，从而将现存的世界各地的法律分为至少七大法族（Great Families of Law），即（1）The Family of Chinese Law；（2）the Family of Hindu Law；（3）the Family of Mohameden Law；（4）the Family of Roman Law；（5）the Family of Germanic Law；（6）the Family of Slavonie Law；（7）Family of English Law.（此处称为大法族，即意谓此种分类并非已竭尽无遗）这就使得此一分类包括当时世界上主要的法律体系，比其他一些分类，包括其后的某种分类，例如 Esmein 教授的分类，具有更广泛的普遍性。穗积陈重在比较法学的方法上提出系谱论的方法（Genealogical method），区别于其他几种方法，在调查研究一般法律原则时加以采用。它以具有共同的世系（commonlineage or descent）的一定的法律群（a certain group of law）作为比较的单位。他断言每一个文明国家的法律都包含两个因素即"本土因素"

(indigenous element)和"外国因素"(foreign element),并且提出一条原理:社会的文化愈高,其"外国因素"(对本土因素)的比重愈大,这是来自"外国法的继受或采用"(reception or adoption of foreign law)。如果一个国家的法律规则或原则,在另一个国家被采用了,在这两国法律之间就产生一种亲属关系(kinship),如同祖先(ancestor)和子孙(descendant)的关系。作为新法的楷模或渊源的旧法可以被称做母法(Parental law or mother law)。这个名词已经通常使用了。

穗积陈重就是按照上述方法得出世界七大法族。这是一种生物学的遗传学的观点在法律分类上的运用,穗积陈重称之为历史的方法与比较方法的结合。

潘先生在文中评论道,穗积陈重的七大法族论,比同时代的一些比较法学家的分类,更普遍地反映了这个世界法律的多样性,对东西方文明和法律给以同等的重视,这是更加符合比较法学的根本精神:促进包括东西方在内的一切民族的相互了解、交流和共同发展与进步;在比较法考察领域扩大到世界范围,在法律科学的研究上是完全必要的,也是时代的要求。

沈宗灵教授在此次国际比较法会议述评中对潘先生该文进行了点评。[①] 在其后于1998年再版的《比较法研究》一书

[①] 参见沈宗灵、王晨光编:《比较法学的新动向》,北京大学出版社1993年版,第8—94页。

中，沈宗灵教授在相关章节中增加了法国比较法学家埃斯曼等人及德国比较法学家茨威格特与克茨的法系划分理论。① 该书引用了潘汉典教授的上述论文内容："值得注意的是，据中国比较法教授潘汉典介绍，早在1884年日本东京大学法学教授穗积陈重就已在东京大学的《法学协会杂志》第1卷第5号发表文章，将世界各国法律划分为五族：印度法、中国法、伊斯兰法（回回法）、英国法和罗马法。1904年，穗积陈重在美国召开的一次国际会议上，将原来提出的五个法族，增补了斯拉夫法和日耳曼法，从而划分为七大法系。'穗积陈重的七大法系，比同时代的一些比较法学家的分类，更普遍地反映了这个法律世界的多样性，对东西方文明和法律给予同等的重视，这是更加符合比较法学的根本精神：促进包括东西方在内的一切民族的相互了解、交流和共同发展与进步；在比较法考察领域扩大到世界范围，在法律科学的研究上是完全必要的，也是时代的要求。'"② 对照沈宗灵教授于1987年版的《比较法总论》的相关章节，可以明显看到潘先生上述论文对沈宗灵教授的影响。

可与对东方比较法学家穗积陈重评议相比较的是潘先生对西方比较法学家茨威格特和克茨的评议。潘先生在主笔翻译的德国比较法学家K·茨威格特和H·克茨合著的《比较

---

① 潘汉典等人译的《比较法总论》于1992年由贵州人民出版社出版。
② 沈宗灵：《比较法研究》，北京大学出版社1998年版，第47—48页。

法总论》中译者序中写到,"著者是其所是,非其所非,探索真理,不限于国界,不为狭隘民族主义所囿,这是体现在本书各处的基本态度"①。"著者尝征引德国学者耶林之言曰:'外国法律制度的接受问题并不是一个国格问题,而是一个单纯的适合使用和需要的问题……只有傻子才会因为金鸡纳树皮不是在他自己的菜园里生长出来的为其理由而拒绝接受。'此一比较法的基本观点,同我国近代比较法学先驱沈家本的观点正合。沈家本以年逾花甲的高龄修订律例,仍勇猛精进,倡言'参考古今,博稽中外','择善而从';力戒:……'我法之不善者当去之,当去而不去,是之为悖!彼法之善者当取之,当取而不取,是之为愚!'又云:'古今之见又何必存哉。'东西法学家高瞻远瞩,所见如出一辙,可为当世各国借鉴外国法的指南针。"② 联想到潘先生年逾古稀之时,撰写"比较法在中国"一文(1990年)、提交参会论文"论世界法律体系分类的若干问题"(1992年)及写作上述序言(1991年),所论者孟德斯鸠、茨威格特、克茨、耶林、穗积陈重、沈家本等皆为东西方法学大家,"可为当世各国借鉴外国法的指南针"更为先生少有的语气和句式,笔者深感先生不仅"高瞻远瞩",而且在奋力为比较法鼓与呼!

---

① 〔德〕K. 茨威格特和H. 克茨:《比较法总论》,潘汉典、米健、高鸿钧、贺卫方译,法律出版社2003年版,"中译者序"第3页。
② 〔德〕K. 茨威格特和H. 克茨:《比较法总论》,潘汉典、米健、高鸿钧、贺卫方译,法律出版社2003年版,"中译者序"第4页。

附：

潘汉典先生是如何调入中国政法大学的？

除了本书前文所述，笔者还看到过有关潘先生调入中国政法大学的其他不同说法，甚至有的出自潘先生之手。① 有鉴于此，有必要对相关事实做些核实工作。

考虑到潘先生正式调入中国政法大学的时间为1987年9月，江平教授出任校长的时间为1988年7月②，与潘先生自己所写的"应当时的政法大学校长江平教授之请，到中国政法大学比较法研究所主持工作"一语有明显矛盾，笔者为此请教过潘先生。潘先生说当时是请人代笔，签名时没有核实，上述说法不太准确。笔者也请教过知情人，据说，起草时应该是参照了潘先生某处的文字，但时间太久已记不清了。笔者也曾努力寻求相关文字，但到写作此文时为止没有结果。

笔者查阅了江平教授的"自述"："由于我心中始终有这么一个比较法的情怀，于是积极推动中国政法大学1986年设立比较法研究所。当时在全国的高校或法学研究机构中，中国政法大学能够设立独立的比较法研究所，可以说是绝无仅有的。校领导决定先由我兼任中国政法大学比较法研究所所长。研究所当时拥

---

① 潘汉典："上个世纪八九十年代，可以说是比较法学在中国复兴的时期。正是在这个背景下，我应当时的政法大学校长江平教授之请，到中国政法大学比较法研究所主持工作。"参见米健：《比较法学导论》，商务印书馆2013年版，"序一"，第1页。

② 参见《中国政法大学60年大事记》，载刘长敏主编：《甲子华章：中国政法大学校史（1952—2012）》，中国政法大学出版社2012年版，第381页。

有四方面的研究力量：以潘汉典教授为代表的老一辈学术精英，他们继承了东吴法学院的学术风格，主要侧重于英美法研究；以米健教授为代表的新一代学者，主要侧重德国法研究；以董璠舆教授为代表的中国政法大学成立后引进的学者，在日本法方面颇有研究；另外就是以我为代表并矢志不渝地推动罗马法研究的学者。在比较法研究所，当时还有高鸿钧和贺卫方这两位年轻的骨干力量，他俩和米健，被大家称为'比较法三杰'。"①

贺卫方的回忆印证了江平教授的说法："1980年代中期，中国政法大学开始有意识地推进比较法学的研究，这跟时任副校长的江平先生有很大关系。先是在研究生院里成立了比较法研究室，到1986年报司法部批准，研究室变成了直属学校的外国法研究所。记得当时所中有几位前辈学者，包括法理学专家王勇飞教授，苏联法专家史越教授，日本法专家董璠舆教授等，1988年潘汉典教授也加入进来。年轻一代的，有高鸿钧、米健、黄风、华夏、丁玫、程建英等。"

笔者为此请教过高鸿钧教授，高老师也证实，时任学校副校长的江平教授确实有"比较法情怀"，不仅积极推进比较法学的研究，而且应外国法研究所同仁的举荐，力荐潘先生调入中国政法大学。

结合前述潘先生1983年受司法部邀请以中国政法大学图书馆馆长的身份出席意大利国际会议并获司法部"银星荣誉章"，

---

① 江平口述、陈夏江整理：《沉浮与枯荣：八十自述》，法律出版社2010年版，第234—235页。

1985 年受聘担任中国政法大学兼职教授，1986 年和 1987 年为研究生院授课的相关情况以及潘先生建校之初就是学校在编讲师（另两位北大在编讲师为朱奇武和潘先生东吴法学院同窗程筱鹤），由时任副校长的江平教授力荐，学校领导层应该很容易获得通过。时任学校副校长的陈光中教授也曾在前述"潘汉典法学之路"恳谈会上提到，校党委当年讨论过潘先生调入学校的情况。潘先生能够以 67 岁高龄调入学校，与学校当时着力引进人才以加强学科建设的政策密不可分，比较法学研究所也需要借助于潘先生的学术威望。

回到笔者的原文。笔者于 2012 年曾主编《潘汉典法学文集》，并在法律出版社召开的文集首发式上主持过"潘汉典法学之路"恳谈会。笔者清楚地记得，在拟定参会名单时，笔者曾征求先生拟邀请的参会人员名单，先生特别提到要邀请中国政法大学前党委书记陈卓，"因为是他邀请我加入中国政法大学，我要向他汇报，我来校后一直在努力工作"。笔者曾电话联系陈卓先生，因陈卓先生当时刚从医院出院，医生建议不宜出门，故没有参加首发式。但电话里陈卓先生表达了真诚的祝贺之意，并直言在潘先生面前，自己是个小学生。会后不久，笔者曾拜访陈卓先生并代潘先生赠送一册《潘汉典法学文集》。笔者以前因工作关系与陈先生相识，见面聊了很长时间。分别之时，陈先生还主动要了潘先生的电话，表示要向潘先生问好。非常可惜的是，2013 年春，陈先生因病去世。

据潘先生回忆，陈卓先生曾到家中拜访。另据时任学校副校长的甘绩华老师回忆，甘老师也曾去潘先生家拜访。甘老师参加了 2012 年的《潘汉典法学文集》首发式并现场发了言。笔者于 2016 年 9 月又与甘老师通话，甘老师证实了当时的说法。甘老师补充道：当时学校的一项重要工作就是加强学科建设，不仅调入了潘汉典先生出任比较法学研究所所长，而且随后调入了社科院社会学所副所长王康先生——意在加强学校的社会学研究。笔者也曾于 2016 年拜访过年届 97 岁高龄的王康先生，证实了甘绩华老师的说法。

综合上述，笔者原文里的"时任中国政法大学党委书记陈卓和学校副校长甘绩华到家拜访，潘先生应邀调入中国政法大学"的说法大体无误，但可以在此作些补充：陈卓和甘绩华代表学校到家拜访，潘先生应邀调入中国政法大学。高鸿钧教授的上述回忆，反映了原中国政法大学外国法研究所同仁的意愿，经时任校领导而且熟悉比较法（在校讲授罗马法和外国民商法课程）的江平教授力荐，获得学校领导层和司法部的同意而成行。

笔者博士毕业于法大比较法学研究院，师从潘汉典先生。查阅比较法学研究院官网的"比较法学研究院简介"，"比较法学研究院是中国政法大学在整合原比较法研究所、中德法学院和中美法学院三个教学科研院所的基础上于 2009 年 10 月 15 日成立，是目前中国高校和科研机构中唯一以比较法学为中心的专门的教学科研机构。……比较法学研究院下属教学科研单位六个：比较法研究所、中德法学研究所、中美法学研究所、欧盟法研究所、港澳台法律研究所、《比较法研究》编辑部"。其中的中德法学院于 2002 年 11 月在原比较法研究所德国法研究中心的基础上成立，位于北京市海淀区学院路校区，是大学下属的科研型教学实体。中美法学院（School of American and Comparative Law）成立于2002年11月。学院以美国法和基于美国法的比较法为其教学和研究重点，在中国政法大学的统一计划内招收和培养比较法学专业硕士研究生和博士研究生。此外，学院还以多种形式参与对政法大学其他相关院系研究生和本科生的教学以及相应层次的美国法学学位教育。笔者未看到有关中美法学院和中德法学院之前历史的任何文字。

为了核实潘先生调入中国政法大学比较法研究所的具体情况，也借此获得自己求学时的中美法学院及前身比较法研究所（现为中国政法大学比较法学研究院）的更准确的知识，笔者此次写作专门花时间做了一点功课。

据董璠舆教授的专文《〈比较法研究〉杂志创办伊始的头三脚》，董教授于1983年调进中国政法大学，"先后属于研究生院综合研究室、比较法研究室"，"1986年比较法研究室升格为校直属的外国法研究所"，《比较法研究》于1987年创办，"外国法研究所也想同时更名为比较法研究所，以便一致起来，但因外国法研究所由司法部批准不久，不便更改，才形成先有《比较法研究》杂志，后有比较法研究所的局面"①。董璠舆调入学校一事在学校档案里有记载，1984年学校向司法部报告了"关于调入董璠舆等5名年龄稍大教师的报告"，董璠舆时任外国法副

---

① 载《比较法研究》2013年第4期。

教授。①

高鸿钧教授 1981 年毕业于吉林大学法学院后考入北京政法学院，师从潘华仿教授攻读外国法制史硕士研究生，1984 年毕业后留校。笔者查阅高老师 1985 年发表在《世界宗教研究》第 4 期的《伊斯兰教法的主要特点及伊斯兰法系的现状与前景》一文的作者简介，当时高老师任"中国政法大学研究生院比较法研究室副主任"。据此可以推定，中国政法大学研究生院比较法研究室成立时间不会晚于 1985 年。

关于外国法研究所的成立时间，董文认为是 1986 年，成立时的隶属单位由研究生院变更为学校直属且经司法部批准。查阅《比较法研究》创刊号，"编辑部的开场白"提供了佐证："一九八六年，中国政法大学经司法部批准，在原来比较法研究室的基础上，成立了外国法研究所。"笔者推断，此篇文字应该出自贺卫方之手。另一篇明确署名"贺卫方"的《临别的话》也写道："1986 年年底，为了推进比较法学在中国的发展，在新成立的中国政法大学外国法研究所的要求下，中国政法大学同意将当时科研处主办的两份杂志之一《法学信息》改为《比较法研究》，并由外国法研究所主办。"②

关于外国法研究所所长的人选，贺卫方的文章里有相关信息："董璠舆作为所长成为'因职的'（ab hoc）的主编，我差不

---

① 中国政法大学档案馆主编：《法大记忆：60 年变迁档案选编》，中国政法大学出版社 2012 年版，第 234 页。
② 载《比较法研究》1995 年第 4 期。

多是自告奋勇地担任了副主编，廉雅荣老师兼任编务。所长为当然主编的安排成为长时间延续的惯例。"① 查阅出版于1987年3月的《比较法研究》创刊号，虽注明"内部刊物"，仍清楚载明"中国政法大学外国法研究所比较法研究室编辑部"编辑，主编"董璠舆"，副主编（责任）"贺卫方"。

综合上述考证，笔者初步推断，在江平教授的积极推动下，中国政法大学率先在全国成立了比较法研究室，当时隶属于研究生院，时间约在1985年前后；1986年，经学校主管单位司法部批准，研究室升格为外国法研究所，直属学校领导；1988年，学校正式成立了比较法研究所，时为全国第一家。

至于其中的具体负责人有在此讨论的必要。

按照贺卫方的说法，董璠舆教授应该是外国法研究所的所长而且成为"因职的"《比较法研究》主编。江平教授的回忆则是自己"兼任中国政法大学比较法研究所所长"。其中的《比较法研究》主编一职有《比较法研究》创刊以来各期载明的具体主编和副主编姓名为据：出版于1987年3月的创刊号以括号注明是"内部刊物"，主编为董璠舆，副主编（责任）署名为贺卫方；第2期出版于1987年6月，"内部刊物"的字样已不再出现，主编、副主编的信息一如其旧，此种署名一直延续到1988年第2期；出版于1988年9月的该年第3期只有主编董璠舆的署名，副主编阙如，此时应该是贺卫方所回忆的"下海"时间；1988年12月出版的该年第4期也只有主编董璠舆，没有副主编。

---

① 贺卫方：《创办初期的〈比较法研究〉》，载《比较法研究》2007年第2期。

1989年第1期《比较法研究》的主编已经更名为潘汉典，副主编为高鸿钧。笔者知道，潘先生于1987年9月调入中国政法大学研究生院后，曾担任研究生院专业外语和外国行政法课程的教学工作。1988年11月被任命为新成立的比较法研究所所长，到职后出任了《比较法研究》主编。

笔者目前没见到贺卫方提及的董璠舆教授出任外国法研究所所长的信息——包括目力所及董璠舆教授自己的文字。笔者请教当时供职于比较法研究所的华夏等老师，据华夏等老师回忆，时任学校副校长的江平教授兼任的是1986年成立的"外国法研究所"所长，董璠舆教授和史越教授时任研究所副所长，董璠舆教授还兼任了《比较法研究》主编。

笔者为此于2016年9月曾专程到学校有关部门查询了相关文献，研究生院写于1985年4月1日的"关于成立法律史研究所比较法研究室的报告"明确载明高鸿钧和米健是比较法研究室的工作人员，其中有"董璠舆为室主任，高鸿钧为副主任"的字样，与前述高鸿钧为比较法研究室副主任相吻合。在另一份没有注明时间的"外国法研究所情况表"里，正副所长一栏里明确载明江平、董璠舆和史越，其中的江平兼职一栏里注明是"副校长"。这些信息印证了前述华夏等的回忆。在该表1987年科研规划一栏里，有"创办《比较法研究》杂志一项，主编为董璠舆，（责任）副主编为贺卫方"，这些信息与《比较法研究》创刊号载明的信息一致。

笔者目前可以肯定的是，1985年成立的比较法研究室主任为董璠舆、副主任为高鸿钧；1986年成立的外国法研究所所长为时任副校长江平教授兼任,副所长为董璠舆和史越;1988年成立的比较法研究所所长为潘汉典。这里不排除1988年11月潘汉典接到所长任命以前就成立了比较法研究所,其时兼任外国法研究所所长的江平教授也自动兼任了比较法研究所所长,如此,江平教授的前述回忆就无误。当然,也不排除江平教授记忆有误,把兼任的外国法研究所所长误记为比较法研究所所长。因为没有看到比较法研究所成立的具体文献,笔者以为目前以存疑为妥。

如果笔者的上述考证能够成立,潘汉典先生调入比较法研究所并出任所长,既有原外国法研究所同仁的举荐,也有校领导兼外国法研究所所长江平教授的力荐,当然也有陈卓先生和甘绩华代表学校到家拜访的邀请,因此可以说潘先生于1988年出任学校新成立的比较法研究所所长和《比较法研究》主编是众望所归。

笔者此次考证写下的上述文字只是有感于"比较法学研究院"的历史叙述太少,不多的文字也有相互不一致之处,希望了解真实的"院史"。江平教授对法大乃至对中国比较法学都有巨大贡献,而且是第二任中国法学会比较法学研究会的会长,笔者是江平老师的学生,求学时听"老校长"的"罗马法",真是一种享受。同样在江平老师的"自述"里,"老校长"语重心长地说:"比较法是一个神圣的殿堂。并不是任何一个朝圣者,都能轻松地进入这个殿堂。我进不了这个殿堂,但是未来的中国民商法学者,一定会有人具备这个能力,进入这一最高法学殿堂!"连"老校长"都进不了的圣殿,笔者更不可能进了。斗胆为文,也算是敬畏"圣殿"的一种表达。

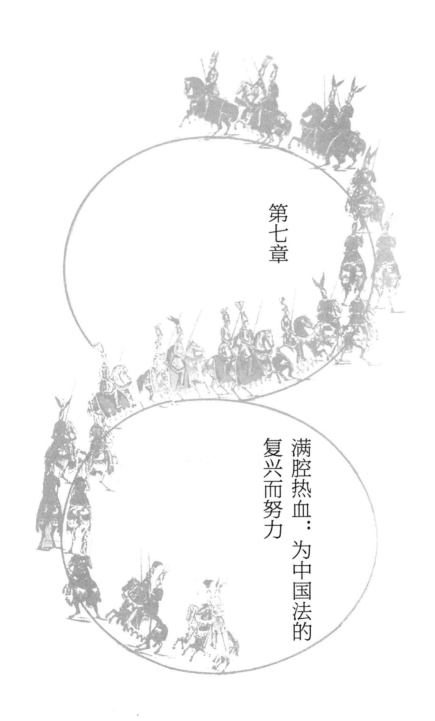

第七章

满腔热血：为中国法的复兴而努力

1982年3月至6月,潘汉典先生前往加拿大访问。访问期间,潘先生不仅在麦吉尔大学进行了研究活动,还应邀前往麦吉尔大学法学院院长约翰·E.C·布赖尔利——也是法国比较法学家勒内·达维德名著《当代主要法律体系》英译者和合作者——家中做客。发表于《法学译丛》1982年第5期的《1982年加拿大宪法》,只是先生此次访学活动的公开成果之一。①

潘先生访问加拿大时正逢加拿大通过了《1982年加拿大宪法》,先生适时地为我国立法机关和法学界翻译了《1982年加拿大宪法》。此时也正是我国新宪法制定之时,先生在加拿大用英文发表的"中国法的复兴"的演讲无疑是期许中

---

① 据高旭晨发表于2001年《环球法律评论》夏季号上的"潘汉典先生访谈录"一文,潘先生在加拿大进行学术访问时,曾发表了一篇题为"中国法的文艺复兴"的讲演。据笔者此次看到的先生用英文撰写的发言稿题目——The Renaissance of Law in China,笔者以为译为"中国法的复兴"更为准确。在该发言稿里,先生引用了比较法学家威格莫尔、达维德和布赖尔利的法系分类,着重探讨了当代中国法30多年来的发展。结尾时作者写道:"简而言之,我们正为了我们国家的需要加速建设法律制度。我们应该找到适合我国国情的自己的发展道路,同时,我们必须向所有先进和发达国家学习。"

笔者近期看到了潘先生访问加拿大期间的一些未刊稿,诸如"加拿大宪法的主要内容——从不列颠北美法观察""加拿大宪法的形式上的构成"以及"谈加拿大新宪法的通过情况——限制联邦政府权力问题"等。结合先生当年发表的译文"1982年加拿大宪法",可以推断,先生当年对加拿大宪法作了专门研究,并且已经有了相当的成果。

国宪法向世界各先进和发达国家学习，制定出一部更能适应中国国情的好宪法，并走向中国法的复兴。

潘先生曾说过，致力于介绍和翻译有关国外法律和法学理论的最直接的目的，就是使它们能够为建立我们国家的良好的法律制度和法学体系提供有用的帮助。

依笔者之见，理解这一点对于理解潘先生至关重要，因为它有助于我们理解潘先生对比较法学执著的动力和原因，理解潘先生的拳拳爱国心。笔者在检索和搜集潘先生的著述时发现，尽管潘先生的学术视野十分广阔，甚至旁及政治学（如翻译意大利政治家尼科洛·马基雅维里的《君主论》[①]），但宪法始终是潘先生多年学术活动的一个重点，也正好可成为笔者上述理解的一个佐证。

在20世纪50年代，为了配合新宪法的制定和颁布，潘先生翻译了恩格斯的《英吉利宪法》（1954年）和《英格兰状况》（1955年）。在60年代，潘先生翻译了十余个国家的宪法，其中包括《摩洛哥宪法》《索马里宪法》《坦桑尼亚宪法》和《日本国宪法》等。

80年代前后，为配合宪法修改，潘先生先后翻译了《美国宪法最新修正案：平等权利修正案》（1979年）、《罗马尼亚宪法发展的新趋势》（1980年）、《罗马尼亚社会主义共和国宪法》（1980年）、《关于南斯拉夫社会主义联邦共和国宪

[①] 〔意〕尼科洛·马基雅维里：《君主论》，潘汉典译，商务印书馆1985年版。

法最后草案的报告》（1980年）、波兰学者希维塔瓦的《波兰修改宪法概述》（1981年）、《（法国）人和公民的权利宣言》（1981年）、《日本国宪法》（1981年）、《法国宪法的立法原则及其制定与修改》（1981年）、《法兰西共和国宪法》（1981年）、《德意志联邦共和国基本法》（1981年）、法国学者塔隆的《宪法与法国的法院》（1982年）、《1982年加拿大宪法》（1982年）、《意大利共和国宪法》（1982年）、《美国宪法修正案第二十八条——待各州批准中》（1983年）、瑞典学者尼曼的《瑞典的新宪法》（1983年）、英国学者斯特西的《瑞典监察员制度》（1984年）、美国学者埃尔芬的《美国宪法男女平等权利修正案失败的剖析》（1985年）等。其中的《罗马尼亚社会主义共和国宪法》、《（法国）人和公民的权利宣言》《日本国宪法》《法兰西共和国宪法》《德意志联邦共和国基本法》《1982年加拿大宪法》和《意大利共和国宪法》均是潘先生翻译并发表于1982年现行《宪法》公布前。尤其应该值得指出的是，《1982年加拿大宪法》是潘先生1982年访问加拿大之后根据1982年4月27日生效的《宪法法》翻译并发表的，可谓该《宪法法》的最新译本。不同寻常之处在于，上述潘先生翻译的《罗马尼亚社会主义共和国宪法》译自罗马尼亚官方语言罗马尼亚语的官方版本、《法兰西共和国宪法》译自法语的官方版本、《日本国宪法》译自日语的官方版本、《德意志联邦共和国基本法》译自德语的官方版本、《1982年加拿大宪法法》译自加拿大的官方版本（英语、法语合编）、《意大利共和国宪法》译自意大利语官方版本。即使《（法国）人和公民的权利宣言》也译自法语版的权威版本——法国大百科全书1973年版。不仅如此，为了使译文准确，潘先生翻译的《罗马尼亚社会主义共和国宪法》还参照了在1975年及1977年布加勒斯特出版的法文版、俄文版和1975年的英文版，《意大利共和国宪法》参考了意大利众议院参议院出版的英文版并曾参阅美国及荷兰版的两种英译本，三种日译本以及几种中译本。六国宪法中绝大多数译注均出自潘先生之手。

　　前述第五章已经提及，潘先生于1983年曾应邀出席罗马第三届法律信息学国际会议。潘先生留存了此次会议的汇报稿，笔者阅读这份30多年前的汇报稿，得以了解了此次会议的基本情况以及潘先生在会议期间的学术和外事活动。

　　此次会议是我国司法部应意大利最高法院电子计算机处理资料中心（以下简称"中心"）主任诺韦利的邀请，派遣了潘汉典和郭锡龙分别以中国政法大学教授、图书馆负责人和北京政法学院图书馆负责人的名义，组成代表团出席1983年5月9日至14日由该"中心"在罗马召开的第三届法律信息学国际会议（全称为"第三届关于法律信息学与国家团体和国际团体问题的国际会议"，以下简称"会议"）。参加会议期间发生了一件值得记录的事情。

　　5月9日上午，潘先生和郭老师前往我国驻意大利使馆由时任大使林中接见，下午二时半约同使馆郭世琮出席会议——

郭世琮系代表林中大使应会议邀请参加开幕式的。

两位代表向大会报到时领取到会议文件资料一大袋（十余种），之后向大会秘书处送交我国司法部贺函，时已三时半，距大会开幕只有半小时。

潘先生就座后即赶紧翻阅刚领到的各种文件资料，突然在《意大利最高法院电子计算机处理资料中心：使用须知》"国家号码一览表"出现有关两个中国的字样：

"CC 大陆中国（中华人民共和国）"；

"CH 中国（民国）（台湾）"。①

这是一个 16 开本、26 页的小册子。封面上印有 1983 年 3 月第十一年第一号（第十一年当指该"中心"建立后的第十一年），在版权页上说明：责任监督人维托里奥·诺韦利（即"中心"主任），电子计算机资料处理中心印刷出版，1978 年 11 月 17 日（当指初版），司法部所有权。从这个小册子由诺韦利所写的前言看来，这是"中心"向第三届国际会议五十多个国家的代表们介绍"中心"工作的一个文件。

潘先生当即前往大会使节席告知我大使代表郭世琮并请报告使馆。当时大会已开幕，诺韦利在主席台上，潘先生和郭世琮即到大会秘书处郑重指出错误，表明我方严正立场，由郭世琮和我代表代表团向大会提出书面意见，并电告使馆依指示继续参加会议，听候意方反应。

---

① 原稿附有页码、意大利原文和中译文，此处只列中译文。下同。

潘先生在会议席上继续查阅大会文件资料时，又发现"中心"印刷出版的大会提供的又一本刊物《意大利最高法院电子计算机处理资料中心：意大利法律检索体系——自动化检索指南》中，在"各国名单及其分类"中，在"亚洲、中东和太平洋"一栏之下，公然出现两个中国字样：

"309 共产党中国"

"310 国民党中国（台湾）"

……

此书 16 开本，160 页，印刷出版者、法制监督人与前小册子相同，但本书是 1979 年第 3 版于 1983 年的重印本。

潘先生又告知郭世琮请转告使馆，其后继续向大会秘书处［负责人比安基尼（Bianchini）］并在会后找到诺韦利以及介绍潘先生参加此次会议的国际统一私法研究所图书馆馆长罗迪诺等人再次郑重表示此系原则问题，作为法律家对于法律资料的处理及流布更应注意其合法性和正确性。要求尽速在大会前以勘误的方式予以更正，在文件中只应有一个中国即中华人民共和国，不能出现一中一台或两个中国的字样或其他形式表现。在向意方交涉的过程中，潘先生本着以理服人的态度坚持原则立场，得到与会的最高法院法官（社会党人）、米兰上诉法院法官以及罗迪诺等人的理解和支持。诺韦利对我方意见自始至终表示充分理解，只承认一个中华人民共和国，并表示愿意改正。第二、三日，潘先生继续向秘书处催问具体结果，据称正研究方法中。找到诺韦利本人，亦谓此事正研究改正办法。第四日休会，第五日秘书处向潘先生提出一项书面说明以征求意见，其大意是，根据中国代表团提出的意见，"中心"出版的《须知》和《指南》两本书中所称中国完全是指中华人民共和国。根据使馆指示，最好仍以具体指出各该措辞分别删除和订正为妥。大会秘书处即根据我们的意见草拟更正稿上报：删除《须知》12页上"大陆中国"中的"大陆"字样及第13页上"CH中国（民国）（台湾）"；删除《指南》第134页上"309共产党中国"中的"共产党"字样及"310国民党中国（台湾）"；删除第135页上"342台湾"。第六日晨（会议最后一日），潘先生等找到诺韦利等人，诺再次表示将来再版改正，只是现时来不及。在大会结束时，潘先生等还找到了最高法院院长米拉贝利教授，向他致意并就有关台湾问题重申我方的立场，表示诚挚希望通过此次国际会晤使中意法律界相互了解和友谊及技术交流获得发展。意大利最高法院院长对我方的立场表示完全理解，认为在《指南》是所称"各国名单及分类"一栏中，应该只有一个中国即中华人民共和国，不能把台湾作为国家处理，应予更正；但是对于《须知》里面的"国家号码一览表"中"国家"一词，他辩解说，只意味着"地区"，仍然可以保留。我方认为，无论如何，原来的措辞是不对的。最后，意大利友人罗迪诺建议，在"台湾"一词后面加上"中国"（中文即"中国台湾"），这就说明台湾是中国的一部分。潘先生即向使馆反映，据答复这是可以的。同时，大会秘书处仍将我方提出的更正意见详细记录上报，并表示将来资料重印分发时定必改正。罗迪诺亦表示此事他将予以注意，并请我方谅解，会议期间短促事繁，实在来不及即时修正。

据潘先生的"汇报稿"，会议结束后，潘先生等即向使馆汇报了此事的最后结果。经办的郭世琮电告代表团，使馆认为此事进行经过已经表明我方严正立场，意方已承认错误，系出于旧的习惯做法，并已一再表示愿意改正，事件至此可以告一段落，并不妨碍中意法律界的友谊与交往的继续发展。①

"汇报稿"提到，潘先生"利用会议开会前及午休等间隙访问议会有关单位、大学、研究所图书馆为随后的国际交流建立联系"。在当年潘先生与意大利罗马大学法学院比较法教授戈拉教授（G. Gorla）的合影背面，先生留有文字记录："1983 年 5 月 9 日至 14 日，意大利最高法院计算机处理资料中心召开国际法律信息会议，（与）罗马大学比较法教授戈拉（G. Gorla）及副教授莫查晤面，谈比较法学问题甚

---

① 笔者于 2016 年 9 月 13 日电话请教了代表团另一成员郭锡龙老师。郭老师证实了潘先生"汇报稿"里的内容。郭老师为此还专门查阅了留存的文件，亲口告诉笔者，此次会议规格甚高，有 51 个国家、1400 多名代表与会，意大利总统、司法部长、最高法院院长等参加了大会并就坐主席台，中国驻意大利使馆代表也在主席台就座。会后，潘先生和郭老师还受到中国驻意大利大使林中、参赞刘光亚等的接见。据郭老师回忆，会议举办方态度很好，接受了中方提出的异议，并明确表示会在正式文件里予以更正。之后不久，郭老师曾听司法部周瑜部长提到潘先生和郭老师的做法应该作为一项访问成果。

快，后应邀访问罗马大学法学院比较法研究所并摄影留念。"此帧照片印证了"汇报稿"的文字。

笔者还看到过 1983 年潘先生与中国政法大学另一位计算机专业的老师在意大利与部分外宾的合影，据潘先生回忆，这是先生第二次赴意大利参会，应该是就计算机专业问题的交流。潘先生时任中国社会科学院法学所编译室主任兼《法学译丛》主编，人事关系并不属于中国政法大学。因时任司法部部长的刘复之兼任中国政法大学校长，使得潘先生以其专业和外语能力与中国政法大学第二次结缘。前文已提及，潘先生于 1958 年应商务印书馆邀请翻译意大利政治学家马基雅维里的《君主论》，因各种外文译本莫衷一是，先生开始自修意大利文，并于 1985 年出版了根据意大利原文翻译的《君主论》，也因此 1983 年参加意大利国际会议时先生可以当场发现会议材料的问题，并第一时间与外交部门联系。

潘先生在"汇报稿"结尾处郑重地向有关部门提了两点建议，其中特别提到了比较法："我国法学家应开展对外国法和比较法的研究。例如法律信息学在世界上约有二三十年的历史，但在我国法学家了解的人很少。在实行对外开放政策的新历史时期，更有必要了解外国法和比较法。为建设我国社会主义法制与法学，吸取外国一切有益的经验和利用现代科技是完全必要的。要积累这方面的知识，不能期望临时应付，要培养适合我国法律工作和法学研究需要，专门研究外国法与比较法的一些人或者设立专门机构（在东欧许多国家,在英、美、法、意、西德、日本等国,都有比较法研究所或者在大学中设有比较法课程)。此事希望在我国政法教育研究规划中能予以考虑。"这是一位比较法学家发自肺腑的心声。

1984年,潘先生前往日本东京大学法学部进行学术访问。据瑞士比较法学家胜雅律的观察,"日本好像是继承境外法律的世界状元,在继承法律方面打破了世界纪录"①。日本法学者对外国宪法的翻译热情而积极,但通常是某一位教授翻译某一国宪法。当日本同行得知潘先生是上述六国宪法的中文译者时,无不感到惊讶,不但对潘先生极为尊重,而且给予了相当高的礼遇,当年的酬别晚宴照片里,东京大学时任法学部部长松尾浩也教授、原任法学部部长田中和夫教授以及比较法教授碧海纯一、比较宪法教授樋口阳一和英美法教授藤仓皓一郎悉数作陪,盛况可见一斑。

笔者近期看到的潘先生在日本访问期间的数份讲演稿具有丰富的内容。第一份讲演稿提到,先生此次访问是应小林教授的邀请,不仅十分愉快,而且对于促进两国人民的相互理解和友好也是有益的。原计划访问期间重点研究了解日本法学近二十年来——即20世纪60年代以后的现实情况,因为期间中国的政治状况阻断了两国学术界的交往。先生提

---

① 〔瑞士〕胜雅律:《论法律继承的两种不同形式》,载《当代法律交往与法律融合——第一届比较法学与世界共同法国际研讨会论文集》(2011年),第5页。

到，作为一名比较法学的研究者，在 20 世纪 40 年代上海的东吴大学法学部的大学本部和研究所学习和研究时期，除了英美法、德国民法、拿破仑法典等西方法学之外，日本国的美浓部达吉先生、佐佐木先生、清宫四郎、宫泽俊义，刑法的牧野英一、小野、泷川幸辰、民法的末弘严太郎、我妻荣，直到和田小次郎、中耕太郎、高柳贤三先生的著作，都曾经增长了先生的日本法学和外国法的知识。50 年代后，先生作为中国政治法律学会的理事和研究员，也曾参加接待日本法学家代表团，包括仁井先生、宫泽先生和平野义太郎先生。联想到先生在东吴求学期间不仅学习了日语，而且毕业论文就是从日文翻译的苏联刑法典，可知先生对日本法制和日本法学具有相当高的造诣。

与先生在加拿大访问时关注宪法问题一样，先生在日本的演讲也以宪法为题，自然也是从比较法学的角度进行观察。先生在讲演稿里提到，宪法作为根本法，在法律秩序中处于支配的地位，因此在一些国家中对宪法的最高法规性设有规定——虽然其措辞不完全相同，并且还规定拥护和遵守宪法和法律的义务，如《日本国宪法》第 98 条称为国家的最高法规，违反其规定的法律、命令等均属无效，并且在第 99 条规定，上起天皇下至公务员都负有拥护本宪法的义务，《美国宪法》第 6 条、第 2 条，《苏联宪法》第 173 条、第 4 条、第 6 条等，都设有类似的规定。据了解，日本宪法学者当中有人认为宪法的最高法规性，在规范伦理上是自然之理，不必设明文规定（见佐佐木《宪法论》第111页，佐藤教授《宪法》第577页），但是有的宪法学者认为，在缺乏法律优位和基本权原理的传统的国家来说，这种规定是有着积极的意味的，而且《日本国宪法》第99条规定自天皇起所有公务员都负有遵守宪法的义务，是具有重要意义的，这是一个值得探索的问题。仅从上引的文字，就可以看出先生对日本法学界——包括日本宪法学界的熟稔，说明先生的比较法学的知识积累之深厚。

先生的讲演稿自然以对我国《宪法》的讨论作为重点。"关于宪法的最高法规问题，在我国的前三部《宪法》中都没有规定。可是，在所谓'文化大革命'的十年动乱中，我国的《宪法》被踩躏，法律遭到严重破坏，使我国人民深深体会到强调宪法的最高法规性和维护法律尊严的重要意义，而且在法律结构的理论上说，也是正确的，因此在1982年的《宪法》中，我们在这个问题上作了详尽的规定。"①

从笔者看到的先生在访日期间的手稿推断，先生可能做过三次以上的讲演。前述讲演稿集中讨论了我国宪法的最高法规性问题，第二份讲演稿题为"我国宪法学的现状与中国宪法学者的作用"，文中提到"承蒙樋口教授的好意要求交流作讲演，明显与第一次的主题和邀请者有所区别。第三份讲演稿以"中国法制近况与趋势"为题，明确写明"我在上

---

① 潘先生访日期间的讲演稿，未刊稿。

次讲演中曾经概括地介绍过我国宪法学的现状，在此不宜过多重复"，明显是另一次讲演。访问结束后，日本东京大学法学部为潘先生颁发了《学术交流纪念感谢状》。

除此之外，笔者还看到过先生的一篇"我国的《共同纲领》和几部宪法的制定"的未刊稿。

提到潘先生与日本法学界的交往，全国外国法制史研究会现任会长何勤华教授的回忆值得在此提及。何勤华教授在其新作《随笔集》里专门写有"比较法学家潘汉典老师"一文。何文自道，在外国法制史研究会的顾问中，潘汉典潘老先生也是必须写上一笔的：

> 在和潘老的接触中，有一件事情特别让我感动，那就是他为我写推荐信的事。1986年，我通过了国家日语水平考试，将公派去日本进修法制史。我查询了一些资料，感觉东京大学法学部的法制史实力雄厚，法制史教授石井紫郎在研究日本中世纪法律史、法文化史方面卓有成就，就很想联系石井教授，跟他学习日本法制史。只是我不认识石井教授，怕冒昧联系不会有什么结果。
>
> 刚好此时潘老到上海来参加由华政承办的外法史第四届年会，他知道了我的情况，马上自告奋勇地为我写推荐信，他说认识石井教授。随后，潘老就在招待所的桌子上，当场就着昏暗的灯光（招待所的灯光都不怎么亮，而这次年会的住宿条件更加艰苦，台灯也就更昏暗了），一笔一画地为我写推荐信。短短的一

封推荐信，潘老起草了七遍，花掉了整整两个小时！潘老的这种精神真的让我既感动，又内疚。我在当天的日记中感叹：潘老"写推荐信尚且如此，可见其治学之严谨！"

潘老对学界晚辈的提携，还体现在他对晚辈的尊重和细心关怀方面。有一件小事，很能说明问题。2009年，华政承办首届中国法学名家论坛，潘老在他的博士生董春华的陪同下也来参加了。在我去他房间看望他的时候，他笑呵呵地交给我一封信，仔细一看，原来是我在20年前即1989年4月22日写给他的一封信，里面讲述了我刚从日本留学回来，带回了日本著名比较法学家大木雅夫以及我的导师东京大学法学部的石井紫郎给他的问候，讲述了我准备翻译大木先生的《日本人的法观念——与西洋的比较》和另一位日本法律文化研究专家川岛武宜的《日本人的法意识》，请潘老作校对的想法（这两本书的翻译，后因日本方面的原因未能进行，大木先生的书后来由中国政法大学的华夏、战宪斌老师翻译出版了）。

潘老说，我给他的信基本上都保存着，而这一封比较重要，故他还给了我，让我自己收藏。这件事让我一直感动至今，毕竟1989年时，我才刚刚评上讲师，在学界也没有什么名气，潘老对我们这种小辈的信件竟然如此重视，一直保留在身边，真是一般人所无法做到的。①

何勤华评价潘先生"是新中国比较法学科的奠基人，也为我国的外国法制史研究做出了很大贡献"。

此外，潘先生于1983年9月应全国人大常委会咨询撰写过《香港总督制初析》的论文，大约同期应最高人民法院咨询撰写过《日本法院组织概况》《法国国际私法关于遗产继承问题的规范》和《日本国籍法》的论文。笔者是在写作本书时意外目睹了这些论文的草稿，从草稿的题记里得知，正式论文已经提交给有关机构，默默地发挥了它应有的作用。在潘先生一份"自述"手稿里，笔者还发现了下述文字："运用比较法为我国政府各部门实际工作服务：曾应我国立法、司法、外事等中央机关的请求，提供关于外国法制、司法、法学等诸方面的情况与意见，如全国人大常委会修订我国宪法时关于当代主要国家宪法根据母语精确译本的提供，关于修订我国宪法原规定外国人因受政治迫害在中国有'居留'权，与当代西方各国宪法相应规定（应改作'庇护'权）的咨询，关于国家主席权限与法国宪法规定总统权限的规定等（在修订会议讨论中紧急电话咨询），又如香港基本法筹委会秘书处关于采取秘密会议或有无外国立法例可以援引作为我方主张的法律根据问题，由王叔文、吴建璠奉命带回法学所，经本人援引外国议

---

① 何勤华：《法律人生：随笔集》，商务印书馆2012年版，第308—309页。

会法规等立法例书面答复（交吴建璠）。再如最高法院关于办理法籍华人遗产继承案件，关于日本政府要求我国订立关于司法……"①

关于现行《宪法》文本中"居留"权改为"庇护"权一事是潘先生对现行《宪法》（1982年《宪法》）的直接贡献。

现行《宪法》第32条规定："中华人民共和国保护在中国境内的外国人的合法权利和利益，在中国境内的外国人必须遵守中华人民共和国的法律。中华人民共和国对于因为政治原因要求避难的外国人，可以给予受庇护的权利。"现在的"外国人在中国受庇护的权利"的文本是现行《宪法》通过前才确定下来的。笔者对照了《共同纲领》、1954年《宪法》、1975年《宪法》和1978年《宪法》，相关条款都用了"居留权"的概念。② 在1982年4月28日公布的《中华人民

---

① 原文至此，续页迄今没有找到。
② 如《共同纲领》第60条规定：中华人民共和国对于外国人民因拥护人民利益参加和平民主斗争受其本国政府压迫而避难于中国境内者，应予以居留权。1954《宪法》第99条规定：中华人民共和国对于任何由于拥护正义事业、参加和平运动、进行科学工作而受到迫害的外国人，给以居留的权利。1975《宪法》第29条规定：中华人民共和国对于任何由于拥护正义事业、参加革命运动、进行科学工作而受到迫害的外国人，给以居留的权利。1978年《宪法》第59条规定：中华人民共和国对于任何由于拥护正义事业、参加革命运动、进行科学工作而受到迫害的外国人，给以居留的权利。

共和国宪法草案》第 31 条仍然称之为"居留权"①。笔者为此专门请教过潘先生，据潘先生回忆，在新《宪法》公布前，外交部向宪法工作小组②转达了对"居留权"的疑问。张友渔为此专门召开了一次会议进行讨论，参加人员有肖蔚云、许崇德、王叔文等。③ 张友渔时任中国社会科学院副院长（兼法学所所长），潘先生时任社科院法学所编译室主任。某天下午 4 点左右，王叔文（时任社科院法学所国家法室主任）给潘先生打电话，询问其他国家的相关规定。前已述及，潘先生此前已翻译并发表了《罗马尼亚社会主义共和国宪法》《（法国）人和公民的权利宣言》《日本国宪法》《法兰西共和国宪法》《德意志联邦共和国基本法》《1982 年（加拿大）宪法法》和《意大利共和国宪法》等。在潘先生的译本中，宪法中的相关条款都译为"受庇护权"，如潘译

---

① 1982《中华人民共和国宪法草案》第 31 条：中华人民共和国对于因为争取人类进步、维护和平事业、进行科学工作而受到迫害的外国人，给以居留的权利。参见《光明日报》1982 年 4 月 28 日，第 1 版。

② 1982 年 11 月 25 日，第五届全国人民代表大会第五次会议召开，为做好代表大会期间的宪法修改，大会主席团第一次会议通过了宪法工作小组名单。胡绳任组长，王汉斌任副组长，成员有张友渔、项淳一、龚育之。参见蔡定剑：《宪法精解》，法律出版社 2004 年版，第 68 页。

③ 笔者推测，此次会议应该是宪法修改委员会秘书处的一次会议。1980 年 9 月 10 日，第五届全国人民代表大会第三次会议审议通过了宪法修改委员会名单，主任委员为叶剑英，副主任委员为宋庆龄、彭真，委员 103 人（略）。这次会上还成立了修宪工作小组——宪法修改委员会秘书处。胡乔木为秘书长，吴冷西、胡绳、甘祠森、张友渔、叶笃义、邢亦民、王汉斌为副秘书长。另有成员若干由各方面的专家和有关工作人员组成。参见蔡定剑：《宪法精解》，法律出版社 2004 年版，第 63—65 页。

《德意志联邦共和国基本法》第 16 条第 2 款[①]、《罗马尼亚社会主义共和国宪法》第 38 条[②]和《意大利共和国宪法》第 26 条[③]等。正因为潘先生此前已翻译了多国宪法的相关规定,并参照多种语言互译,因此潘先生明确表示原"居留权"条款所规定的内容应为"受庇护权",原"居留权"的规定实为误译所致。从最后公布的宪法文本看,宪法工作小组接受了潘先生的建议。为核实潘先生的谈话内容,笔者又查找了相关资料。蔡定剑在《宪法精解》一书中提到,在第五届全国人民代表大会第五次会议上,"人大代表对草案进行了认真的审议,宪法工作小组根据审议中的意见,又对草案作了修改,当然主要是文字性的,涉及约 19 条 30 处"[④]。曾在宪法修改委员会秘书处工作的肖蔚云教授[⑤]在谈到修改宪法过程中讨论的主要问题时专门介绍了"关于外国人的受庇护问题":"我国一九五四年、一九七五年和一九七八年宪法都规定:中华人民共和国对于任何由于拥护正义事业、参加革命

[①] 《德意志联邦共和国基本法》第 16 条第 2 款:"任何德国人都不得被引渡给外国。政治上受迫害的人享有庇护权。"
[②] 《罗马尼亚社会主义共和国宪法》第 38 条:"罗马尼亚社会主义共和国对于由于从事保卫劳动人民利益的活动,由于参加民族解放运动或者保卫和平的斗争受到迫害的外国公民,给予庇护的权利。"
[③] 《意大利共和国宪法》第 26 条:"向外国引渡公民,只有在国际协定明文规定的情况下,才可以同意。对于政治上的犯罪,无论如何不得同意引渡。"
[④] 蔡定剑:《宪法精解》,法律出版社 2004 年版,第 68 页。
[⑤] "我(按:指肖蔚云)因参加了宪法修改委员会秘书处的具体工作,经历了修改宪法的过程,所以向他们讲了讲讨论和修改宪法的精神。"参见肖蔚云:《我国现行宪法的诞生》,北京大学出版社 1986 年版,"作者说明"第 1 页。

运动（或和平运动）、进行科学工作而受到迫害的外国人，给以居留的权利。这里说的居留权，实际上就是受庇护。从英文、俄文的原义来讲，都是指的庇护、避难的意思。主要是翻译的问题，一九五四年宪法参考的是苏联一九三六年宪法，但翻译得不正确。以后为一九七五年、一九七八年宪法所沿用。其实俄文的原义也是避难的意思，并没有居留权的意思。所以宪法改称居留权为受庇护。"① 笔者再次请教时，潘先生为此查了当时出版的《共同纲领》中俄文对照本，认为肖蔚云教授关于"俄文的原义也是避难的意思，并没有居留权的意思"的表述并不准确（有关俄文原义的翻译本身值得专门探讨）。但肖蔚云教授和蔡定剑教授的上述文字至少验证了潘先生谈话内容的真实性。一生谦和低调的潘先生在"比较法在中国：回顾与展望"一文中只对上述过程进行了简单描述："（1982年宪法制定）改正了宪法中长期不切当地使用的法律概念，例如关于外国人在中国受庇护的权利（right of asylum），在几部旧宪法中一直称为'居留权'，在第四部宪法中也接受了当代外国普遍采用的法律概念，改为'受庇护的权利'，如此等等。所有这一切都是运用比较法的结果。"

---

① 肖蔚云：《我国现行宪法的诞生》，北京大学出版社1986年版，第51—52页。

第八章

默默奉献：东吴余脉谱新篇

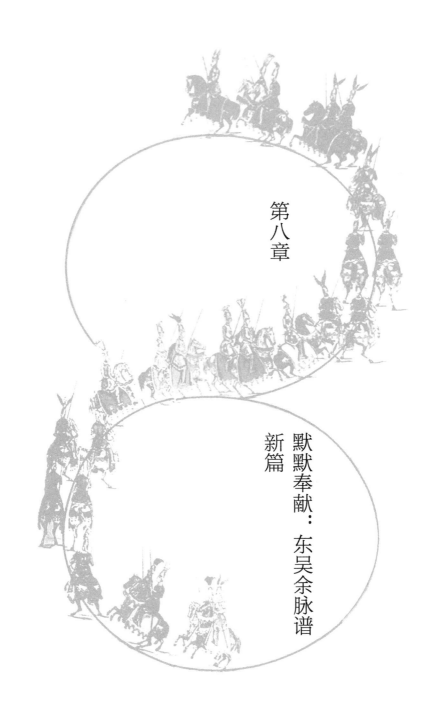

潘先生于1991年12月退休，其时已是古稀之年。潘先生一生低调，退休后更是默默无闻。除了前已述及的参加1992年在北京大学举办的国际比较法学会议并提交了一篇题为"论世界法律体系分类的若干问题"的论文外，就连比较法学界对潘先生的学术活动也知之甚少。但一位真正的学人又何曾有退休？

据潘先生回忆，退休之后曾在中国政法大学研究生院兼了几年比较法的课。

潘先生于2001年被中国政法大学授予"学科建设开创者"称号，2003年被中国政法大学聘为"特聘博士生导师"。从2004年起，潘先生以84岁高龄开始在中国政法大学法学院招收博士生，从2006年起除担任法学院特聘博士生导师外应邀同时担任中国政法大学中美法学院[①]特聘博士生导师。从2004年起至2016年本文写作之时，潘先生已带了11位博士研究生，现均已毕业且获得博士学位——其中4位获法学博士学位，7位获比较法学博士学位，是中国为数不多的比较法学学位博士生导师之一。

[①] 前身为中国政法大学比较法研究所。该院成立于2002年，2004年开始招收硕士研究生，2006年开始招收博士研究生，于2009年与中德法学院一起并入中国政法大学比较法学研究院。

受教于潘先生的弟子尽管分属不同的学院和专业、选择不同的研究方向，但都为先生的多种语言能力和精深学问所折服，更佩服先生对人生的认真和对学术的执著。每位弟子毕业时都有一份发自内心的感动：聆听的每一次上课都经过先生认真准备，提交的每一份作业都有先生仔细的批注——甚至注明脚注中的外文字母错误，参考书目更有先生的直接建议。潘先生弟子之一田茂兴博士清楚地记得自己博士论文列举的一本参考书背后的动人故事：在自己的开题报告通过后出版了该书的最新版本，89岁高龄的潘先生在一个周六上午，独自乘公交车前往出版社，遇出版社周末休息，潘先生又电话联系负责人，该出版社负责人被先生的精神所感动，专程赶到出版社从库房里找出一本，并破例赠送给潘先生（后付款）。该书的最新版本不仅列入田茂兴博士论文的参考书目，而且对于田茂兴论文中相关内容的写作起到很好的参考作用。2010年、2011年潘先生先后为其两位博士的专著（如董春华著《中美产品缺陷法律制度比较研究》等）撰写了序言。

　　潘先生的退而不休不仅体现在教学上。收录于《潘汉典法学文集》的"英美法系的基本原理及其对我国立法的启示"一文是笔者目前搜集到的唯一的潘先生的讲演录。[①] 此

---

　　① 该讲座系国务院国有资产监督管理委员会研究中心中外名家系列讲座组委会组织，潘先生讲座于2004年8月24日举行。主办方寄给潘先生的"邀请函"写道："我们期待：即使在五年、十年乃至更长时间以后，当人们重读您的演讲稿时依然新意迭出！"

文虽是讲演实录，但笔者感觉更像是一次难得的英美法专题课。文中谈到英美法原理："英美法系作为承袭英国中世纪法律传统而发展起来的各国法律制度的总称，其法律渊源主要为判例，也包括各种制定法；判例所构成的判例法在整个法律体系中占有非常重要的地位。英美法系强调'遵循先例'，审判中采取当事人主义，极端注重司法程序；法律制度和法学理论的发展往往依赖司法实务人员，尤其是高等法院法官的推动。英国与美国是英美法系的主要代表国家，但两国间的法律也有相当大的差异。英国法注重法律的形式，而美国法则更关注法律的实质。除了英美法系国家之外，英美法在当今世界其他方面也有着广泛的影响力，尤其在国际贸易和海商运输等领域。由于我国法律体系在本质上归属于大陆法系，因此，对英美法的了解相对欠缺，学术界亦普遍缺乏操持与驾驭英美法系的学术品格。现阶段对英美法系的刑法、证据法、法律伦理等完整的系统教育尚属空白，亦缺失对英美财产法、合同法、侵权行为法的理论及实践进行系统性研究的学者。随着中国加入WTO直面国际规则的挑战，加强对英美等国法律制度的研究，其必要性和紧迫性越来越受到法学界的重视。在对外关系以及国际贸易争端中，缺乏对英美等国法律制度的把控，最终将在诸多方面招致障碍。据报载，中美入世谈判多次陷入僵局，与谈判双方用两套不同的法律概念不无关系。重视对英美法的研究，不仅是因为知识层面的考虑，更是当代政治、法律和经济格局理性与现实的需求。英美法在国际政治经济组织（包括世贸组织）、跨国贸易和投资等领域均具无法回避的实质性影响。在诸多情形下，尤其在国际经济贸易契约中，英美法惯常被选择为适用法律。因此，英美法的研究亦已成为维护我国经济利益、增强国际竞争力的必然路径。"文中探讨了英美法系判例法对我国法制的启示："法律不能被创制，只能被发现、整理。英美法系的规则就是在一系列判例中演进和发展起来的。单个判例并非被视为绝对不变的法律实体，从长远来看，个案的判决并不重要，重要的是法院在一系列相似案件判决中适用的规则和原理。正如18世纪英国著名法官曼斯菲尔德勋爵所指出的，'普通法通过一个个案件净化自身'。'遵循先例'原理在实现司法公正和司法效率方面的重要意义对于我国立法具有重要借鉴意义，且已进行了一些有益的尝试。当人们按照法律实践行动本身的规律性来思考法和操作法的时候，判例意识就会觉醒；在判例价值社会化的过程中，判例机制随之诞生，其在尊重司法规律、实现司法公正方面的重要意义，已为实践所印证。法律的借鉴绝非将法条或制度照搬过来即可，以判例法（case law）和法官法（Judge made law）为特色的英美法与以所谓 civil law 作范本的大陆法之间并不能实现直接的对接。如果把依靠判例才得以生存的制度或规则'开创性'地转正为成文法的条文，且不作构成上的细化，那么实际操作中的困惑就难以避免。基于此，英美法系判例法更多的借鉴意义在于实现司法公正与效率的终极目标下，探求具有中国特色的司法统一性制度设计。英美法系判例法的研究还将在变革我国法学教育模式方面具有践行性价值。普通法法学教育的目的仅在于教育学生阅读判例法、提炼判例隐含的法律原则。而这些原则可以演绎成为一个'巨大的、自治的体系从而适用于未来特定案件的判决'。因此，判例法制度实际依赖的不是逻辑推理，而是经验推理。但在德国、日本、法国等大陆法系国家，法律推理极为简单和粗糙。法律推理的核心为三段论，即把法律规则一律看做大前提；把争议的问题还原为一些简单的实例模型，看做小前提；然后通过演绎推理获得最终的判决。相反，英美普通法法院则尽可能多地寻求经验事实，尽可能多地寻找争议案件与先例之间的'类推关键'，最终用对'类推关键'的处理方式来裁断新的争议。当没有先例可用的时候，普通法法院也不引证三段论，拒绝将判决结论作规范性的陈述，而在于为新案件中的特殊事实与不同的法律原则建立联系，从而造就新的先例，其判决结论仍然是一个经验性的陈述。英美国家毕业的法律硕士、博士往往可以立即成为优秀的律师。而德国、日本等用两倍以上时间培养出来的大量法律人才则在进入律师行业后需重新开始学习判例、非法律专业知识。由于认识到这种法律教育的低效率，日本东京大学已经宣布要在2005年取缔现有的法律教育模式，转而全面采用美国法学院的教育模式。基于此，相信判例法研究将有助于对我国现行法律教育模式进行锻造和改良，从而对相关立法取得经验。"文中还讨论了英美法系的成文立法及借鉴。全文平实朴素,仿佛一位睿智的老者将扎实的知识和卓越的见识向读者娓娓道来,而真正理解先生的意蕴却需要读者的知识积累和丰富阅历。笔者联想到2006年,中国政法大学中美法学院首次招收比较法学博士生,潘先生欣然接受邀请出任该院的博士生导师,以及其后多次为英美法教学和研究呼吁和奔走,似乎能感受到先生为中国中断多年的英美法研究和不完整的比较法研究而焦虑的心情。在2012年清华大学法学院召开的"法律全球化高端战略研讨会"上,潘先生仍在呼吁比较法学者关注国外的最新动态,比如最新版的美国学者R. B. Schlesinger的 *Comparative Law*:*Cases-Text-Materials*(7th ed,2009)。

  提到加强英美法研究不能不提到潘先生就任中国政法大学"特聘博士生导师"(2003年12月)前出版的《元照英美法词典》。2003年5月,《元照英美法词典》横空出世。《南方周末》于出版前夕在头版头条如此报道:"这是一本有史以来中国最大的英汉英美法词典,460多万字,所收词条已达到4.5万多个,是日本出版的《英美法词典》的3倍。在没有政府支持,没有经济资助,没有鲜花和掌声,甚至连正规办公室都没有的情况下,两代学人在默默无闻中历经九载寒暑的呕心沥血之作,终于接近了尾声。""国家司法部一位司长评价说:"这是个很奇怪的事,一部具有国家权威的词典,却由一群无职无权无钱的学人和老人编撰,他们做了我们整个司法行政教育系统想做而做不了的事。"①

翻开《元照英美法词典》版权页,赫然注明:主编薛波、总审订潘汉典。《元照英美法词典》的"缘起"出自潘先生之手:"本词典的编纂,肇始于1994年,项目发起人及主持者与其同侪假中国政法大学研究生楼之斗室,作为工作室与四壁图书之资料室。复诚邀中国政法大学、北京大学、中国人民大学、中国社会科学院等单位法学教授、研究员并慎选法学硕士、博士研究生等参与其中,先后达二百数十人,依主持者策划部署,分工协作,自浩瀚原典中提炼词条奥义,施行初编、复编、初审、勘定以及录入校订等工序流程,并辱承散处京、沪、宁、杭、港、台各地及海外对英美法素有学养的老学者、专家同仁,不问报酬,承担后期审订重任。主编者及总审订者铭感五中,莫可言宣,谨此致敬。"

"缘起"指出:"本词典以《英美法词典》题名,所称英美法包括英格兰法和威尔士法,美利坚合众国的联邦法和州法,兼指深受英格兰法影响并同属普通法系的加拿大、澳大利亚、新西兰等国的法律。本词典的编纂旨在为中国提供一部以英美法律词书为集萃的新编中文版,其收词由古洎今,尤注意英美法的发展与词典的现代化。本词典以自19世纪以来的英美法词典、百科全书、判例集、法律汇编、各

---

① 万静波、吴晨光、谢春雷:《被遗忘30年的法律精英》,载《南方周末》2003年1月9日。

部门法学专著等作为基础资源,并旁及加、澳、新等国法律词书及其法律集与法学专著,综合编纂。""本词典兼容罗马法、大陆法、古法,收录相当数量苏格兰、法、德、意、西、葡等大陆法词目,尤其罗马法、欧洲古法、封建法、教会法等词目。本词典收录法律格言,因为作为法律文化遗产,它是传统法律的原则,是简洁凝练的箴规,多来自罗马法,作拉丁文;少数来自英国,作英语[英国大法官及法学家柯克(Sir Coke,1552—1633)曾亲自创作并推崇备至],或作诺曼法语。""本词典收入英美两国法院组织、法官、律师、陪审团以及美国法典大要、美国判例集、土地权利等的图示,同时英美根本法及其法制史上重要文献全文均编入文中。"①

美国密歇根大学教授乔治·J·西德尔道出了法律词典的编辑困难:"编纂一部词典的过程不可避免地充满了挑战。编纂一部法律词典尤其令人望而生畏,原因在于:法律作为致使文明社会存在的工具,涉及生活的方方面面。诚如已故巴特利·贾玛蒂先生担任耶鲁大学校长期间的评述:法律'是一个巨大的知识体,包含了历史材料、文本分析的各种式样以及多方面的哲学关注。它主要借助语言对我们的行为和思想进行系统的探究'。编纂一部像《元照英美法词典》这样的综合性词典面临最大的词典编纂工作的挑战,因为法

---

① 参见本文集第50—51页。

律术语，即使在同一文化域内，通常也并无精确、清晰的含义。使用另外一种文化的语言，加上不同的历史和社会传统，来试图界定法律术语，需要非同寻常的决心和耐心。"①

卢峻教授更清楚当代中国编纂法律词典的特殊语境："中国自清末沈家本以降，以东洋日本为跳板与榜样，在法律制度方面借鉴与学习西洋的基本上是欧陆罗马法系的概念与学理。现代汉语中许多法律用语，在早期曾直接借用日本人的汉字译文，历经百年的沉淀，这套法律词汇已成为我们分析法律概念、进行学理探讨的基本语言工具，我们对它的历史源头已淡忘而浑然不觉。当我们用这一套法律词汇来解释英美普通法系的东西时，它的历史源头就鲜明地显现出来。欧陆罗马法系与英美普通法系在概念与学理上迥然不同，两者之间在很多方面找不到精确的对译文。比如，英美地产法，尤其是英格兰地产法中的许多内容，无法用欧陆罗马法系里的"物权法"的概念阐释，如'freehold estate''copyhold estate''fee simple absolute'等。英美合同法中的'consideration'也是常被人提到的例子。普通法与衡平法进而与制定法的二分亦是欧陆罗马法系所没有的。司法救济优先的观念所导致的诉权及司法技术的丰富与错综复杂对翻译提出了挑战。凡此种种，无须一一列举。对全面的、大型的

---

① 薛波主编、潘汉典总审订：《元照英美法词典》，法律出版社2003年版，"西德尔序"，第D14页。

英美法词典的编修者而言，这些都构成了实实在在的障碍和困难，完全无法取巧回避。"①

倪征燠更特别指出："由中外法学者合作编撰的《元照英美法词典》现已付梓，这是中国法律界的一个重要事件。它既是法律专业领域里的一部大型工具书，又是中西文化之间的一次交流。……不论在实体法还是程序法方面，英美法与一般采用法典条文和纠问制度的其他国家法制有显著不同。昔年在上海开设的东吴大学法学院教授英美法，所授课程和美国各大学法学院大致相同。当时东吴法学院的毕业生多在上海等地做律师，办理'华洋案件'。天津的北洋大学（今天津大学）和北京大学亦曾讲授个别的英美法课程或英美法总论。故英美法在中国并不陌生，而也有过一段相当长的实践时期。时移世易，今日中国已屹立于世界，英美法之用于旧日大异其趣。尤自1979年来以来，中国参与的国际交往日益频繁，合作与交涉共存。为此，必须善于掌握'知己知彼'的规律，而且按照普遍接受的国际私法的法律适用规范，在某些条件下也须适用交涉对方的法律。在现代国际生活中，通晓英美法的知识，无待烦言。但要理会英美法的实质和适用，则又离不开其词汇这个锁钥。我还要指出的是，这部作品的编撰有着一番独特而曲折的经过。中国政法大学

---

① 薛波主编、潘汉典总审订：《元照英美法词典》，法律出版社2003年版，"卢序"，第D9页。

的比较法教授潘汉典和薛波硕士联合几位学者锲而不舍，殚精竭虑，组织各大学法学院教授学者，乃至港台和海外专家，补缺拾遗，经年不辍。他们为此一事业付出了极大的辛劳。"①

据报载，接受薛波邀请担任词典总审订的潘教授与薛波一起南下上海，向那些生活在被人们遗忘的角落里的东吴老人们寻求帮助。十几位老人都欣然应允，他们把审校词典看成了生命的绝唱。1998年，上海审稿者平均年龄84岁。2003年（词典出版之时），多位老人已经不在人世。② 词典能请到众多法学硕儒出任审订，肯定与潘先生的推荐有关，而能获得东吴法学先贤们的鼎力相助潘先生功不可没。笔者原文曾写过潘先生与主编薛波"三次"南下的经历。经后期考证，原文字有必要依据新的史料予以更正。

以目前笔者所见过的记录了拍摄时间的老照片为据，潘先生最晚于1996年就加入到词典的编辑工作中。潘先生家里保存有词典编委会聘请先生出任词典审定人的特制铜牌，上面写道：

我们诚聘您担任
《英汉法律辞典》审定人

---

① 薛波主编、潘汉典总审订：《元照英美法词典》，法律出版社2003年版，"倪序"，第D7页。
② 参见文杰：《狂飙时代负重前行——写在〈元照英美法词典〉出版之时》，载《法制日报》2003年8月1日。

永表谢忱,永志纪念。

中国政法大学《英汉法律词典》编委会
一九九七年七月

需要说明的是,此处的《英汉法律词典》编委会就是后来的《元照英美法词典》编委会——即"英美法术语服务机构",现更名为"格兰维尔法律术语服务组"的前身(笔者尊重相关人员的意愿,一般情况下不注明姓名,统一简称"词典工作人员")。

记录于1996年11月的照片忠实地记录了潘先生在医院里身着病号服与词典工作人员会面的情形。据词典工作人员回忆,当年潘先生即使住院期间,仍不忘审订词条。

据注明为1997年4月的老照片,潘先生前往东吴前辈倪征燠寓所拜访并与倪老合影。倪先生后来出任了词典学术顾问并撰写了序言,倪老与词典的渊源可能就始于此次拜访。

笔者看到的潘先生第一张赴南方的照片是东吴法学院先贤盛振为的女公子盛茵夫妇与潘先生和词典工作人员合影,时间为1997年5月31日。据词典工作人员回忆,此次可能是他们第一次去上海。去了以后得知盛振为先生去世不久——1997年4月22日仙逝,上海校友会刚在国际礼拜堂举行了追思礼拜。潘先生虽然未能赶上追思礼拜,还是赶到盛振为先生寓所,聆听了先生女公子盛茵的追忆。据《东吴法学院年刊(1944)》,潘先生就读东吴法科时,盛振为讲授《比较法大纲》,因而是潘先生的业师。1995年,年届95岁高龄的盛振为先生还给潘先生寄了贺年卡,由此说明潘先生与业师盛振为先生的非同寻常的感情。词典工作者第一次南下求贤就参加了盛振为先生的追思,这既是东吴法学院师生的情缘,也预示了词典与东吴法学院的密切联系。

老照片显示,第二次南下时间为1997年7月。

7月29日的照片是笔者于本书完稿前意外看到的。潘先生在上海与周枏、卢绳祖、许之森、蔡晋、徐开墅、高文彬、浦增元、郭念祖等晤面并合影。九位先生无一例外都是词典审订学者,而且都是通审。其中除了周枏先生外,其他八位都有东吴法学院的教育背景。

周枏是中国民法学界耳熟能详的前辈,被誉为"罗马法的活字典"。据相关工具书介绍,周枏,1908年生,字叔厦,江苏溧阳人。1928年毕业于上海中国公学大学部商科。1931年,在比利时鲁汶大学获政治外交硕士学位,1934年在该校获法学博士学位。回国后历任上海持志学院、湖南大学、江苏学院、厦门大学、暨南大学教授,曾任厦门大学法律系主任,江苏学院经济系主任,暨南大学法学院院长,青海师范学院图书馆副馆长等职,讲授民商法和罗马法等课程。中华人民共和国成立后,调任上海政法学院教授。1980年任安徽大学法律系教授、硕士研究生导师。1990年退休。周枏是中国著名的罗马法专家,主要学术著作有《罗马法提要》(法律出版社1988年版),《民法》(主编,知识出版社1981年版),《经济法》(主编,知识出版社1982年版)、《罗马法》

（合著，群众出版社1983年版）、《罗马法原论》（商务印书馆1994年版），论文有《罗马十二表法》（《安徽大学学报》1983年4期）等。其中《罗马法原论》由商务印书馆印行，是商务印书馆建馆100周年的献礼书籍，多次获安徽省与国家奖项。周枏还是《中国大百科全书·法学卷》常务编委，《法学大辞典》顾问、副主编。[①] 能够请到周枏先生这样的法学界重量级人物出任词典审订学者，既说明了词典组织者工作甫一开始就以学术为唯一标准，并以学识和真诚获得了纯正学者的认可和支持。从周枏先生位列词典审订学者第一位，"专审罗马法拉丁文C、D、H、J"一语可以推测，先生的工作对词典的意义非同一般，也由此保证了词典的学术质量。

位列词典审订学者第二位的蔡晋先生是东吴法学院前辈。据蔡先生的"自述"，先生祖籍浙江德清，于1910年11月出生于陕西省长安县。先生小学就读于南京江苏省立第四师范附属小学，中学就读于苏州东吴大学附属中学，大学时代分别是在苏州东吴大学文理学院法预科和上海东吴大学法学院度过的，1933年于东吴大学法学院毕业并获法学士学位。之后参加前国民党政府第三届高等文官司法官考试，取得司法官资格，新中国成立前曾在浙江和上海等地任司法官，并曾在上海东吴大学法学院兼任教职。1947年6月转入

[①] 综合刘晓东主编《中国当代经济科学学者辞典》（上海社会科学院出版社1992年版）和张玉春主编《百年暨南人物志》（广州暨南大学出版社2006年版）两部工具书资料。

私营上海商业储蓄银行工作。解放后，于1953年5月由上海商业储蓄银行转入中国人民银行。1956年8月由中国人民银行调至上海市向阳中学任教，1972年5月退休。1980年5月先生应上海社会科学院法学研究所之聘，为该所特约研究人员，与法学研究所同仁共同编译出版《国外法学知识译丛》（1套12册，获1979—1985年上海市哲学社会科学优秀著作奖）和《各国宪政制度和民商法要览》（1套共5册，获上海社会科学院科研著作奖）。1982年1月被上海英汉大词典编写组聘为《英汉大词典》法学学科术语词条特约审稿人，审定词典内法学学科术语词条。1987年12月，上海社会科学院法学研究所聘任先生为该所特约研究人员，与该所编译室同仁共同翻译香港（英文）法例，先后共出版《香港法例中译参考》3辑。为迎接1997年香港回归祖国，国务院港澳办公室特下达课题，由上海社会科学院法学研究所组织法学专家对香港部分原有法律（英文）进行审查。上海社会科学院法学研究所接受任务后，于1992年5月成立"香港法律研究"课题组，特聘先生为该课题组成员，并为其中3位主持人之一。经审查的香港原有法律仅成文法例就有32卷600多章。通过课题组同仁历时3年的辛勤工作，于1995年5月圆满完成任务，受到国务院港澳办公室的书面表扬。[1]

---

[1] 参见中国人民政治协商会议浙江省德清县委员会文史资料委员会编：《德清文史资料》1999年第7辑，"蔡晋自述"，第59—60页。

同为东吴法学院校友和词典审订学者的浦增元教授撰有回忆蔡晋先生的文字，值得在此引用：

> 蔡晋先生在古稀之年受聘为上海社会科学院法学研究所特约研究人员，在近20年的辛勤劳动中，为祖国的法学研究和香港回归大业尽心尽力，在所有聘用老年学者中成绩最为突出。
>
> 我和他是东吴大学法学院的校友，可是毕业时间前后相隔近20年，所以说他是我的长辈和师长更为恰当。
>
> ……上海社科院法学所重建于1979年。在经历了"无法无天"的十年浩劫之后，随着党和国家工作重点的转移和民主法制建设的加强，各界人士特别是法学工作者迫切需要学习法律知识，而法学界书荒现象十分严重。法学所迅即成立了编译室，物色了一批学有所长的人士，其中不少是离退休者，参加《国外法学知识译丛》的编译工作，蔡晋就是其中之一。除编译工作外，这批特约研究人员还一度分别参加了各个研究室的活动，蔡晋是参加刑法研究室的。
>
> 这套译丛主要是选译英、美、法、德、日、苏等国百科全书中的法学条目，也有部分是从有关专业书刊中选译的。其内容反映了古往今来各种不同的法律思想、制度和法学研究成果，既可以从中了解外国法律的基本知识，又可以为我国的民主法制建设提供借鉴。译丛共12册、260多万字，由知识出版社于1981—1982年间在

上海陆续出版。其中《刑事侦查与司法鉴定》是蔡晋主编的。这套书在1986年获得上海市1979—1985年哲学社会科学优秀著作奖。

接着，法学所编译室继续组织力量编译了一套《各国宪政制度和民商法要览》。它是《国际比较法百科全书》第1卷的中译本，为我国研究外国法和比较法提供了有价值的参考，也填补了这一领域中文资料的某些空白。《要览》共5个分册、170多万字，由法律出版社于1986—1987年间在北京出版。其中《欧洲分册（下）》是蔡晋主编的。这套书在1988年获得上海社会科学院科研著作奖。

以上两套译著，为法学所重建初期在国内外法学界赢得声誉作出了贡献。其中蔡晋先生的努力是不可低估的。

需要特别指出的是：蔡晋先生是我所聘请的特约研究人员中的佼佼者。他老骥伏枥，志在千里；办事认真，一丝不苟；待人以诚，相濡以沫。他的译文水平之高，不可多得；他的字迹，一笔一画，极为端正。这些不要说在其他老人中，就是一般中青年研究人员中，也是望尘莫及的。除了这两套译著外，别的翻译和审校任务也不在少，有的是我亲自负责去编译室布置的。从我审查校阅的经历来看，我衷心地敬佩蔡晋先生的为人和为学，特别是他的工作质量。

1992年年初，我所承担了国务院港澳事务办公室委托审查部分香港原有法律的任务。这是为1997年我国政府恢复对香港行使主权所做的一项重要准备工作。通过审查，要求对香港原有的英文成文法律中有哪些内容与《中华人民共和国香港特别行政区基本法》（以下简称《基本法》）相抵触，提出相应的审查报告，为全国人大常委会行使《基本法》规定的权力做好基础性研究。这是一项极其繁重而复杂的任务。参加者不仅要对"一国两制"方针和《基本法》有深刻的理解，而且要对英国普通法制度和法律英语有相当的根柢，还要保证审查工作的质量。为此，所里专门成立了一个课题组。

蔡晋先生不仅参加了这个课题组，而且作出了比一般成员多得多的重要贡献。这主要表现在：（一）他写出了一份《最高法院条例》审查报告，经审定人审定和国务院港澳办审阅又作了修改后，作为样稿肯定下来，印发全体成员照此办理，给审查工作的全面展开带了个好头。（二）工作启动后不久，他就从原来的审查人改任审定人，而审定人的职责尤为重要。因为每份审查报告按规定由审查人初审后，需经审定人复审才能上报。有些初审不符合要求的，审定人在复审时任务特重，甚至由审定人重写审查报告。审查人前后有20多人，但审定人开始为2人，其中1人因健康原因旋即退出，不久增加了蔡晋等2人，总共只有3人。蔡晋先生的审定，严格按规定的要求进行，保证了工作的质量。（三）他独立完成了港澳办下达的突击任务。由于工作需要，1994年港澳办指定《刑事罪条例》的审查报告必须限期提前上报；后来又要求把《政府诉讼条例》在1个月内译成中文（这原不属于审查工作的范围），考虑到蔡晋是审定人，就直接请他承担了前一个任务。后一个任务也是他冒着高温，在家庭工作环境很差的情况下，放弃暑期的休息，加班译完的。

经过3年多的奋战，我们终于在1995年初完成了港澳办下达给课题组的全部任务，按规定的体例和要求，先后提交了800多份审查报告。其间，1993年12月，我和蔡晋等应邀去北京参加香港法律研讨会时，港澳办副主任陈滋英亲切会见了我们（当时主任鲁平公出[①]），对我们的工作勉励有加，并商讨了下一步加快工作进度的意见。

由于蔡晋先生即将在1995年1月去贵阳他儿媳处，我所领导和编译室同仁在他行前开了个欢送会，并一起拍了照。记得我送了一枚毛泽东100周年诞辰的纪念币给他留念。他虽然去了贵阳，还仍然关心我们的工作。为了做好课题组的总结并处理善后事宜，在我去信后，他曾经3次从贵阳给我来信，提供意见，并且问我的眼

---

① 笔者按：原文如此，疑为出差。

睛是否做了白内障手术（按：我在负责完成课题组的任务以后才做了双眼白内障手术）。他说在贵阳的生活不能完全适应，比较寂寞，拟于秋凉后即赋"归去来兮"。这年10月，他终于回到了上海。

国务院港澳办在收到我们1995年5月上报的工作总结以后，于10月给我院发来了感谢函，其中说："贵院领导和各位专家、学者以祖国的统一大业为己任，精心组织，不计报酬，使整个审查工作具有很高的质量。""作为审查报告的审定人，裘劭恒、浦增元、蔡晋、许之森等4位同志对每份审查报告都进行详细的审定，并提出了许多对实际工作具有参考价值的意见。""再次向你们表示感谢，并通过你们向所有参加此项工作的人员表示我们的敬意。"这里，蔡晋先生的贡献得到了国家的承认。

我认识蔡晋先生，转眼20年过去了。他正在步入90高龄。唐人刘禹锡诗云："莫道桑榆晚，微霞尚满天。"我想蔡晋先生晚年的贡献又何止是"微霞"而已。①

浦增元文中提到的许之森也是词典审订学者，通审，东吴法学院1934届校友。2007年，许之森离世，享年96周岁。

---

① 浦增元：《桑榆非晚贡献良多——忆蔡晋先生二、三事》，载中国人民政治协商会议浙江省德清县委员会文史资料委员会编：《德清文史资料》1999年第7辑，第61—64页。

《南方周末》2007 年刊载了署名"敏而"追思许之森的文章，文章出自与许先生有过直接接触的"敏而"女士之手，感觉就是不一样。在此愿与读者分享作者的观察和感受：

> 许之森的人生起点，立在了中国民主时代的破晓时分。1931 年，20 岁的他，蒙沐于上海的东吴大学法学院。这一传授英美法及比较法富有纪元意义的机构，开启了这位东吴人"养天地正气，法古今完人"的历程。在这里，年轻的许之森接受了"适用中国需要的法学教育"。
>
> 1934 年毕业后，许之森领职律师，并在上海商会学校教授数学及法律。抗战胜利后，凭借出色的法律素养，他被选为上海律师公会委员及监事。解放后，许之森供职上海延安中学，从此将生活的色调，转向平淡。"文革"十年的凄风冷雨，饱尝忧患的许之森，更加珍视法治理念。上世纪 80 年代，他出任上海大学香港法研究室顾问。1990 年代，客座上海社会科学院国际法研究中心。
>
> 在 86 岁的人生晚冬之年，许之森开始担任中国第一部英美法律词典的审稿工作，92 岁时，他继续词典的修订工作，直至生命的最后一刻。
>
> 笔者与先生的缘分，正是因为这部维系着法学老中青三代的英美法词典。当时尚在念大学的我，有幸与词典编辑一道，前往上海拜望先生。那是笔者第一次见许

先生。他差不多总在微笑,他的鼻子特别高。鼻子之上,是历经岁月与忧患的沧桑,鼻子以下,却是灿若春花的童稚。先生开口,声如洪钟,先生笑起来,能让整个弄堂余音回荡:他的笑容,亲切中带着俏皮,让人很放心,很开心。

曾有几次机缘到先生家中细聆教泽。他问我们有没有学过法理学,我们答大一就学了,但后来我们才明白,他说的法理学,指的是法学中最上层的法律哲学。先生常说:"法律不是至高无上的,法律的最终目的是保护人民。"保护人民,就是体恤生命、维护人的尊严。

对生活在社会底层的人们,先生每有怜惜之意,如对街头的小商贩,先生说:"法律不要对他们太苛刻,他们也是为生活所迫。"先生比较欣赏英美法中善待习惯的做法,认为对社会习惯的尊重,就是对人们长久以来生活方式的尊重,也是对人的尊重。

记得先生曾将自己的晚年比喻为"道由白云尽",但因为英美法词典,他与法学的缘分却"春与清溪长"。据先生的女儿讲,先生离世前一晚,将刚刚审阅完的稿件整齐放好在一个公文袋子里,摆在桌上,叮嘱:"稿件我做好了,北京编辑室的薛老师来取,就把这交给他。"

这是他对世人最后的交代。

作为法学晚辈,愕然、痛惜、悲恸、沉思之余,是对先生的由衷感激：感激他笑看风雨的坦然，和满载人道关怀的法学信念，以及带给我们面对尘世苦痛的勇气！

（作者为香港城市大学法律博士候选人）[①]

查阅《东吴大学简史》，卢绳祖和许之森是东吴法学院1934届同班同学，这一届还有杨寿林（先后任远东国际军事法庭中国法官梅汝璈秘书、盟国总部国际法庭中国法官）和被誉为"新中国海商法学奠基人"的魏文达（上海海运学院教授、曾任中国海商法起草委员会副主任）。两位先贤是潘先生的师长，1997年合影之时，许之森和卢绳祖都已86岁高龄。

卢绳祖于2014年仙逝，享年103周岁。

东吴法学院校友徐开墅先生生于1916年，浙江宁波人。1933年至1940年就读于沪江大学、东吴大学，获文学士（1938年）和法学士（1940年）学位，毕业后曾任《文汇报》《中美日报》法律顾问栏编辑。1945年至1951年先后在东吴大学法学院、上海法学院、大厦大学、光华大学、复旦大学、上海法政学院任教，被聘为副教授、教授。曾在上海市高等法院担任审判、检察工作，后任上海市人民法院审判员、上海市教育局研究员。1980年受聘于上海社会科学院，任民法、国际私法教授和特邀研究员，兼任江西大学、安徽

---

① 敏而：《千里怀人月在峰——追思法学前辈许之森先生》，载《南方周末》2007年12月19日。

大学、南开大学法学研究所、上海工商学院、华东政法学院、上海市政法管理干部学院、上海对外贸易学院等校教授、研究员，同时，还兼任中国法学会民法学经济法学研究会顾问、上海市法学会学术委员、中国民主同盟中央法制委员会委员等职。1980年起多次应邀参加全国人大法制委员会主持的民法起草小组工作。曾讲授民法、商事法、民诉法等课程。1980年起招收硕士研究生。曾编写《民法债编各论》（上海法学院讲义）、《契约法的比较研究》（东吴大学法学院讲义）等书。主编了《民法通则概论》（群众出版社1988年版）。担任了《国际私法公约集》（上海社会科学院出版社1986年版）一书的副主编，审译了《香港的法律》（上海翻译公司1985年版）等书。发表了《我国宪法与民事立法》（《民法文集》，山西人民出版社1985年版）、《经济体制改革与建立债法制度》（合著，《社会科学》1987年第3期）、《论民事活动中的法律责任》（《政法论坛》1987年第5期，获上海市1986年—1987年法学优秀论文一等奖）、《强化企业经营权的若干法律问题》（《民法与商品经济新秩序》，吉林人民出版社1989年版）等论文。[①]

浦增元对于词典的贡献应该特别予以说明。

东吴法学院校友浦增元生于1928年，上海嘉定人。1951年毕业于上海东吴大学法学院，后留校任教。1952年院系调

---

① 参见王玉明：《中国法学家辞典》，中国劳动出版社1991年版，第570—572页。

整至华东政法学院。1955 年曾在中国人民大学法律系国家法教研室进修结业，1958 年随原华东政法学院并入上海社会科学院工作。历任助教、讲师、教研室副主任、代主任、《法学》杂志编辑、上海社会科学院学术秘书室负责人、法学研究所宪法研究室主任、副研究员、研究员、所长助理、副所长、《政治与法律》杂志副主编、中国政治学会理事、中国法学会宪法学研究会副总干事、上海市政治学会副会长、上海市法学会理事兼宪法学研究会总干事等。曾讲授中国宪法、苏联与人民民主国家宪法、资产阶级国家宪法、比较宪法等课程。1981 年开始招收硕士研究生。合著有《七个法律通俗讲话》（上海人民出版社 1979 年版）、《宪法》（主编，知识出版社 1982 年版，获上海市 1979 年—1985 年哲学社会科学优秀著作奖），参加了《中国大百科全书·法学卷》（中国大百科全书出版社 1984 年版）、《各国宪法制度和民商法要览》（亚洲分册主编，法律出版社 1987 年版，获上海社会科学院优秀著作奖）、《谈谈宪法》（法律出版社 1987 年版）、《中国基层群众性自治组织》（上海社会科学院出版社 1989 年版）等书的编写。发表了《略谈特权问题》（《社会科学》1979 年第 4 期）、《论保证宪法实施的关键问题》（《上海社会科学院学术季刊》1985 年第 3 期）、《保证宪法实施若干问题的思考》（《政治与法律》1988 年第 6 期）、《中美宪法之比较观》（《上海社会科学院学术季刊》1989 年第 3 期）等论文。①

据浦增元先生生前接受采访所述，先生晚年在上海社科院工作期间，有两件事与母校——东吴大学法学院关系特别密切。一件是在1992年开始的三年多时间里，由先生负责的课题组承担了国务院港澳事务办公室委托上海社科院审查部分香港原有英文成文法律的任务。它是为我国政府恢复对香港行使主权做准备的一项十分重要的国家级课题，完成后受到国务院港澳办的书面表扬。另一件是在1997年开始的三年多时间里，先生担任了《元照英美法词典》（法律出版社2003年版）上海审定组的联络人。上海社科院法学所也为此提供了工作方便。由于香港原有的法律属于英美法系，而这部英美法词典又是直接从英美许多法律词典中精心选译而来，在国内尚属首创。母校东吴大学法学院一向以兼擅英美法闻名海内外。先生和部分东吴校友参加以上两项工作，也是老有所为，老有所乐。其中不少校友都是先生的前辈，如裘劭恒、蔡晋、许之森、卢绳祖、徐开墅、吴天荫、高文彬、陈忠诚等，他们都作出了宝贵的贡献。浦增元先生特别提到了东吴的校训"养天地正气，法古今完人"值得后人铭记的，而毕业证书底版上印着的"为人民服务"五个大字将

---

① 参见王玉明主编：《中国法学家辞典》，中国劳动出版社1991年版，第615—616页。

永远照亮我们前进的道路。①

照片背景的上海社会科学院大楼印证了浦增元先生的回忆。

《元照英美法词典》能以纯属民间机构的身份于1997年请到如此众多极具分量的中国法学界学者出任词典审订学者,并且至今想来几乎令人难以置信地将散居上海各区的耄耋之年的先生们组织到一起并且合影留念,难怪词典工作人员饱含深情地在照片上标注了"中华法学之尊"的字样。

两天后的7月31日,潘汉典先生分别拜访了东吴法学院前辈卢峻先生和丘日庆先生。

丘日庆先生是潘先生在东吴法学院法科研究所毕业时的硕士论文答辩委员会主席。资料显示,丘日庆(1913—2005),原名丘日兴,广东梅县人。1931年入东吴大学文理学院,1937年春获法学士学位,同年秋赴美国印第安纳大学(旧称美国茵州大学)法学院学习,1938年6月取得法律博士学位(J. D.)。1938年秋至1939年冬在英国伦敦大学政治经济学院研究国际法和国际私法。1940年回国,先到香港,1942年任中山大学法律系教授,同年秋任湖南大学法律系主任,讲授公司法、票据法等。1946—1949年5月任上海暨南大学法律系教授,在东吴大学法学院、复旦大学法学院、同

---

① 参见何勤华主编:《中国法学家访谈录》(第1卷),北京大学出版社2010年版,第292—297页。

济大学兼课。1949年6月任复旦大学法律系教授,兼任国际法教学小组组长。1958年调入上海社会科学院国际问题研究所,1979年转到上海社会科学院法学研究所国际法研究室。①笔者近期在东吴法学院1937年毕业生名录里查到了丘日兴的名字,丘日兴是丘日庆的曾用名,因而确定丘日庆先生也是潘先生的东吴前辈校友。

笔者收藏有部分上海社会科学院法学研究所编译的《国外法学知识译丛》,其中的《各国法律概况》(知识出版社1981年版)名列其中,该书主编正是丘日庆先生。翻看目录,"埃及法""希腊法""罗马法""日耳曼法""教会法""当代的伊斯兰法"等都在其中。浏览了几个词条,可以感受到作者的渊博知识和学术功底。丛书的《民法》和《经济法》主编为周枏先生,《刑事侦查与司法鉴定》的主编为蔡晋等,从中可以看出此套丛书的知识含量。

卢峻是潘先生的东吴法学院前辈,也是词典的"学术顾问"之一。卢峻能出任词典的"学术顾问",也许是此次南下的成果之一。

卢峻先生字于舫,浙江宁波人(其师吴经熊亦为宁波人),生于1909年,系东吴法学院1930届学生并任级长,比费青晚一届。毕业时同时获得复旦大学文学士硕士学位。

---

① 参见王玉明主编:《中国法学家辞典》,中国劳动出版社1991年版,第108—109页。

1930年，卢先生毕业后经业师吴经熊推荐，入哈佛大学法学院，于1932年获法学博士学位。笔者于2015年6月16日曾拜访卢峻先生女公子卢老师，卢老师年届八旬，大学主修绘画，曾在沪上名校艺术系任教多年。卢老师深受老父影响，虽经历坎坷，身体多病，但精神矍铄，气质纯朴而优雅。经笔者请求，卢老师带笔者参观了卢峻先生旧居。卢先生在上海的旧居属于极个别的未加任何装饰的民国旧居，与周围的旧居形成强烈反差，质朴得让人震撼！更震撼的是旧居信箱里至今还不时收到哈佛法学院的来信。

老照片里潘先生拜访卢峻的地点就在卢峻的旧居。老照片拍得很传神：师生二人见面时格外欣喜，交谈十分融洽。时隔多年后，似乎仍能感受到当时的欢快气氛。

笔者在潘先生主编的《东吴法学院年刊（1944）》里没有查到卢峻先生授课的记录。前已述及，抗日战争时期，东吴法科分为两支：一支留沪，一支"奉令内迁"去了大后方的重庆。笔者查阅了《东吴校闻》1943年号，东吴法学院与沪江大学共设联合法商学院，盛振为担任法学院院长，卢峻为商学院教务长。因此，彼时潘先生与卢峻虽身处两地，却无疑属于同期的东吴法学院师生。

1997年10月27日，潘先生与台湾东吴大学董事长、东吴校友王绍堉夫妇等晤面并合影。因潘先生兼任东吴法学院北京校友会会长，笔者推测，此次会面应该是潘先生以北京校友会会长身份接待台湾东吴大学访问团一行。潘先生撰写的词典"缘起"提到谨向敦促合作的台湾东吴大学董事长王绍堉教授等表示深深的谢意。词典审订学者名单里有台湾的两位学者李俊和方水长先生,据词典工作人员介绍,两位学者正是王绍堉董事长推荐的人选。笔者2016年暑期前往台湾访学,也曾代词典工作人员向王绍堉董事长赠送了《元照英美法词典》,并请教过两位审订学者的教育背景信息。

如果说第二次南下是潘先生访师兼求贤的话,第三次南下求贤的对象是同窗兼同道。2000年11月26日的照片里,潘先生与同窗兼词典"审订学者"俞伟奕及东吴校友兼"审订学者"郭念祖(及夫人)会面时开怀大笑的场面极具魅力。笔者此时仿佛还可以听到他们在杭州俞伟奕寓所的朗朗笑声。

潘先生在江南的同窗不少,但并非都能够胜任"审订"的工作。查阅"审订学者"的名单,潘先生同班同学中只有俞伟奕和钟吉鱼入列。从当时还算年轻的学者名单里的"方流芳""黄风""朱勇"等就可知词典对审订学者的筛选之严。

潘先生东吴法学院本科与硕士的双重同窗兼好友俞伟奕值得读者特别予以关注。

在潘先生珍藏的《东吴法学院年刊(1944)》里,俞伟奕于1998年11月留下了签名,明显与后文会述及的2003年在上海与同窗聚会时与会者签名的时间不一致。一个主要的原因是,俞伟奕居住在杭州,2003年的照片拍摄于上海。按通常情形推断，俞伟奕的此次签名应该在杭州，潘老师彼时也应该在杭州。①

经请教词典工作人员，潘先生在第一次或第二次赴沪求贤时，意外得知了俞伟奕的信息。潘先生当时非常激动，很快打通了"越省"电话，而且至少聊了一个多小时。但没有想到，俞伟奕虽然很高兴与多年未见的同窗有了联系，但对出任词典"审订"之事却相当冷漠。一位词典工作人员再次与俞伟奕通话并聊了很长时间后，俞伟奕才勉强同意在杭州见面。

两位同窗见面之后的效果富有戏剧性。听了潘先生和词典工作人员的热情介绍，特别是看到了一部分待审订的初稿后，"像一位'退役警察'行走在街上突遇'案情'一样，俞伟奕两眼放光，精神为之一振"。接下来的发展自然可想而知。

2000年的一幅照片相当珍贵。郭念祖居住在上海，此次郭念祖夫妇与潘先生一起出现在俞伟奕在杭州的寓所晤面，肯定与词典有关。三位年届耄耋且又分别散居在北京、上海和杭州的东吴校友没有一分钱工资，却为了一个民间机构编

---

① 在上海档案馆里，虽然网上"查询"显示有东吴法学院历届学生的论文，但笔者去年前去查询时发现，实际上只有区区10篇左右。令人不可思议的是，在这极有限留存的学生论文里，俞伟奕的本科论文和硕士论文都在其列。本科论文题为"中国民法消灭时效论"，全文68页，双面书写，而且用毛笔誊写，字迹工整而漂亮，如字帖一般。硕士论文题为"论意定代理所生之权义关系：中、英美法律之比较研究"，全文篇幅达98页，双面，实实在在是一本书的厚度。

第八章 默默奉献：东吴余脉谱新篇

辑的词典分别从京沪赶到杭州聚会，这是一种怎样的工作状态?!①

俞伟奕先生于 2004 年 11 月因病去世，潘先生和词典工作人员都专程前往杭州参加了俞伟奕先生的追悼会。追悼会前一天晚上，词典工作人员为了追悼会上的发言稿忙到凌晨两点多。据工作人员介绍，潘先生在杭州旅馆里彻夜未眠，一直在准备发言稿——当然不仅仅是准备文字。

郭念祖是潘先生的东吴师弟，与俞伟奕一样也是词典"通审"。郭念祖是东吴法学院 1947 届学生，而且是圣约翰大学 1944 届文学士。潘先生同窗、1944 届的程筱鹤在圣约翰大学也是获得同样的学位。

据上海社会科学学会联合会研究室编《上海社会科学界人名辞典》（上海人民出版 1992 年版），郭念祖（1822—），广东广州人。1944 年毕业于上海圣约翰大学，1947 年又在上海东吴大学法学院毕业。新中国成立前曾在东吴大学法学院任教，并在法律事务所工作。新中国成立后在华东师大外语系从事英语教学和研究。现任华东师大英语教授。参加编写全国文科统编教材《英语》四册（上海教育出版社 1961—

---

① 笔者于 2015 年曾前往杭州走访俞先生女公子，女公子说当时家里对先生几乎没有报酬却忘我工作很不理解，先生的回答是"给钱的工作还不一定愿意干呢!"笔者也专程拜谒了俞伟奕的墓地。墓碑上刻有简洁的文字："俞伟奕教授（1922.12—2004.11），东吴大学中国比较法学院法学士（1940—1944）；东吴大学法律研究所法学硕士（1946—1948）；比较法学者、《元照英美法词典》审定人（2003 年版）。"据词典工作人员介绍，文字出自潘先生之手。

1965年版)、英语专业教材《英语》（华东师大出版社1974—1975年版)。发表"英语比较状语从句综论"等论文。

潘先生保存了第四次南下的两桢旧照。

一帧是摄于2003年的居沪同班同学合影，颇富传奇的是其中有两对夫妻都在场：当年的副级长刘造时和夫人过载青，同学秦曾期和夫人张颂星。在场的还有陆懿文、陈裕宽和钟吉鱼，其中钟吉鱼是词典的"审订学者"。照片里钟吉鱼怀抱《元照英美法词典》的画面很醒目。翻阅潘先生留存的《东吴法学院年刊（1944）》，是次会面留下了每位同学的签名，时间为2003年7月20日，签名者有刘造时、过载青、秦曾期、张颂星、陆懿文、陈裕宽、钟吉鱼和冯璧成。只是不知何故，冯璧成没有出现在照片里。

另一帧照片更显珍贵，时间为2003年7月19日，是同学聚会前一天所摄。此次是潘先生和薛波携刚出版的《元照英汉法律词典》赠送并告慰在上海的部分参与审订的东吴老校友，包括许之森、郭念祖、陈忠诚、卢绳祖、浦增元和蒋一平等。

据《中国法学家辞典》，陈忠诚，又名陈中绳，出生于1922年，浙江宁波人，当代民法学家。上海圣约翰大学经济系肄业，1947年获东吴大学中国比较法学院法学士学位，1949年获该院研究所硕士学位。先后任东吴大学教员、美国德士古石油公司中国总公司法律部顾问、最高人民法院华东分院编纂、土改人民法庭审判员、华东政法学院教员、上海社会科学院教员、上海戏剧学院教员、上海外国语学院教员，华东政法学院经济法系教授。1983年应福特基金会邀请赴美国考察及讲学，1988年赴澳大利亚悉尼大学法学院、墨尔本大学亚洲法律中心和堪培拉澳洲国立大学讲学。著译了《苏俄婚姻家庭监护法全书》（上海大众法学出版社1950年版）、《中华人民共和国婚姻法》（上海三民图书公司1950年英文版）、《苏维埃民法中的买卖合同》（法律出版社1957年版）、《国际经济法论文选》（中国对外翻译出版公司1988年版）等书。①

另据与陈忠诚先生有过交往的上海市行政法制研究所副研究员申海平的文章，法律翻译家、翻译批评家陈忠诚先生有着"译界独行侠""'义务校对'第一人"和"指谬专家"等诸多称号。他在88岁高龄之际，仍然在图书馆内孜孜不倦、笔耕不辍，被学生誉为"华政图书馆的'扫地神僧'"。陈忠诚先生的著述还有《法窗译话》《法苑译谭》《悦读法律英语》《AAA译本评析》《东吴岁月·译林杂谈》《词语翻译丛谈》《汉英词语翻译漫谈》《辞书与译事》《词语翻译趣谈》和《译仁译智》等。2013年12月13日，陈老在上海去世，享年92岁。②

---

① 参见王玉明《中国法学家辞典》，中国劳动出版社1991年版，第409页。
② 参见申海平："陈忠诚"，载凤凰网资讯，转自《东方早报》2014年1月2日。链接：http://news.ifeng.com/gundong/detail_2014_01/02/32658390_0.shtml。最后访问时间：2016年10月23日。

笔者阅读过陈忠诚先生的《东吴岁月·译林杂谈》一书，书中有《悼念东吴法学院末任院长盛振为先生》一文，披露了 20 世纪 80 年代当时华东政法学院院长徐盼秋同志曾特别聘请前东吴法学院院长盛振为为华东政法学院正式的法学教授——而且是克服了种种困难的。该文也提到了华东政法大学退管会组织在上海前称 Community Church 的礼拜堂参观（加）盛振为先生的追思礼拜的情景。① 关于前述的蔡晋先生，陈忠诚也著有专文《蔡晋先生与元照英美法词典的情结》。陈忠诚先生在文中写道，"说起元照英美法词典的原本，大凡东吴法科出身的人在学生时代都用过。但这次竟能完成这部大辞典的翻译大业，则应归功于中政大的薛波等几位研究生同志的组织有方。老一辈东吴人中积极参与译事的，就有蔡晋先生"。"蔡先生参与元照英美法词典的译述非常努力、一丝不苟。惜该词典为时较长，故迟迟不能完稿，噩耗传来，蔡先生虽已完稿有日，而全书脱稿尚有待时日……因此，蔡先生临终留下遗言：请薛波同志将其遗稿与其遗体一起火化！对此，薛波同志亦表示尊重，并告知本人等诸多东吴校友，令人对师长之敬业精神，肃然起敬！"② 经由陈先生一篇有关前引载入陈忠诚先生词条的《中国法学家辞典》一书的文章，笔者第一次得知《中国法学家辞典》是由

---

① 参见陈忠诚：《东吴岁月·译林杂谈》，法律出版社 2008 年版，第 8 页。
② 陈忠诚：《东吴岁月·译林杂谈》，法律出版社 2008 年版，第 39 页。

五十余位年轻法学专业博士毕业生编撰的。陈文写道:"回顾此前大陆上已出版的一些法学工具书,往往把'法学家'其词、其人神秘化了,因此当时尚在人世的法学家苟非达官贵人或社会头面人物,就被排斥在'法学家'之外了。《中国法学家辞典》毅然打破这一桎梏,解放了思想,介绍了许多法学家及其学术成果和实践活动,检阅了法学家们的队伍,展示了法学的繁荣,使大家得到了鼓舞。因此《中国法学家辞典》的这一历史功勋是怎样估计也不会过高的。"即使在此文中,陈忠诚先生的犀利和坦率仍然随处可见。比如谈到辞典的立目有失平衡,顾此失彼,陈先生指出:"有戴修瓒而无洪文澜;有查良鉴而无桂裕;有魏文达而无魏文翰;有陈瑾昆而无曹杰;有芮沐而无费青。"①

综上所述,以笔者目前所见资料,潘先生至少已是五下江南了。

词典开篇列出了长长的致谢名单,包括英国大使馆文化教育处、美国福特基金会、美国美中法律合作基金、中国政法大学及比较法研究所、中国司法部司法协助外事司、美国密歇根大学及商学院等几十家赞助和支持机构。"缘起"中更是不惜笔墨向关怀、支持、赞助、推介的上百位中外人士致以谢意,包括福特基金会的张乐伦女士,美国夏威夷大学的康雅信,中国政法大学的江平教授、陈光中教授、王启富

---

① 陈忠诚:《东吴岁月·译林杂谈》,法律出版社2008年版,第236页。

教授、徐显明教授，台湾东吴大学董事长王绍堉教授，加拿大麦吉尔大学的保罗-安德烈·克雷波教授，东吴大学校友总会会长张梦白（1910—2002）教授，全国人大常委会前副委员长雷洁琼教授，全国人大法制工作委员会前副主任裘劭恒教授，新华社前香港分社的黄毓麟教授等，也包括清华大学美术学院97级装潢系全体同学、上海外国语学校99届高二（1）班全体同学、南宁第三中学97届高三（5）班全体同学等，还包括一些自发捐款的默默无闻的普通民众，如辽宁的魏海鹰女士、新疆的柳艳女士等。

  词典中出现潘先生名字的地方只有"缘起"和"总审订"。"缘起"表达的更多的是编撰者的感恩之情。笔者并不了解"总审订"后面的故事，但以笔者与潘先生有限的文字接触和交往经历以及潘先生作为《法学译丛》和《比较法研究》资深编辑的经历和职业的审订素养，笔者相信"总审订"的身份绝不仅仅是名副其实。①

  《南方周末》记者说的好：这本书后面，有一群几乎被

---

 ① 笔者最近意外发现了潘先生的部分比较法讲义，其中有一页述及此事：《元照英美法词典》"约4 500 000字，其资料以多种英美法律词典为其根据，不只是名词对译，而且是释义的。它还包括罗马法、大陆法、外法史、法谚以及最新的法律词汇。值得重视和欣慰的是，这部词典是由我们中青年的法学者、硕士、博士们，副教授和教授们约一百数十人为主力撰写。受词典主编——中国政法大学硕士薛波的要求，我也就参与此项审订工作，并邀请京、沪、宁、杭、港、台直到美、加等地我所熟识的英美法还有罗马法的老学者——如你所熟知的周枏先生参加审订，尽力提高词典质量。这些老专家也都慨然许诺，不问报酬，尤使参加此项工作的同行们深为感动"。这些文字证实，词典的绝大多数审订者都与潘先生相熟，是潘先生出面邀请参加词典审订的。

第八章 默默奉献：东吴余脉谱新篇

人们遗忘的老人。这是一些响亮的名字,一些在 1949 年以前就已成为法学权威的前辈名宿——盛振为,美国西北大学法学博士,东吴大学前校长兼法学院院长;周枏,比利时鲁汶大学 1934 年法学博士;卢峻,美国哈佛大学 1933 年法学博士;王名扬,法国巴黎大学 1953 年法学博士;蔡晋,东吴大学 1933 年法学士;许之森,东吴大学 1934 年法学士;卢绳祖,东吴大学 1934 年法学士;徐开墅,东吴大学 1940 年法学士;王毓骅,美国印地安纳大学 1949 年法学博士;俞伟奕,东吴大学 1944 年法学士;郭念祖,东吴大学 1946 年法学士;陈忠诚,东吴大学 1947 年法学士;周承文,东吴大学 1944 年法学士①;高文彬,东吴大学 1945 年法学士;……这行名单还可以开列很长,他们几乎全是东吴大学法学院毕业生。② 另有报道:按照薛波的话说,"当年参加东京审判的 5 个中国人中,有 3 个参与了我们的工作"。这些早年毕业于东吴大学法学院的老人,以他们对学术事业和对国家利益的忠诚、渊博的学识令后来人感佩。法律出版社的孔志国对记者表示,"这部词典的编撰,实际上也是在抢救宝贵的学术资源,更是在接续中国法学研究的百年传统"③。

---

① 笔者查阅的东吴法学院毕业学生资料显示,周承文 1944 年入东吴法学院,1948 年毕业,应该是 1948 届法学士。《元照英美法词典》(缩印版)(北京大学出版社 2013 年版)也注明周承文系 1944 届圣约翰大学理学士,1948 届东吴大学法学院法学士。
② 载《南方周末》2003 年 1 月 9 日。
③ 任羽中:《十年编撰我们首部英美法律词典横空出世》,载《中华读书报》,2003 年 08 月 20 日。

笔者初步统计，《词典》的五篇序言中除美国教授西德尔外，其余四位（倪征燠）、姚启胤（型）、卢峻、杨铁梁）清一色地出自东吴法学院。8位学术顾问有4位来自东吴法学院，占了半壁江山。34位审订者中18位有东吴法学院的教育背景，占到总数的一半以上。

由此也理解了"缘起"的特别致谢："谨向饱经风霜，傲骨依然，不废所学，报效邦国令人怆然有感，肃然起敬的东吴大学法学院（1915—1952）的及其他20世纪前半叶播布平等、正义的各位尊宿和贤良表示深深的谢意！"

《词典》的出版赢得法学界一片赞叹。时任中国政法大学中美法学院院长许传玺、中国人民大学法学院副院长王利明、清华大学法学院院长王晨光都著文给予了评论。① 许传玺更明确指出，作为中国此前唯一一所系统讲授英美法的法学院，东吴法学院为中国成功地参与适用英美法程序的东京审判、选任中国驻国际法院法官、审查香港英文成文法等提供了几乎所有人选。法律出版社社长贾京平的评价则是："这个时代，中国人自己做英美法词典，做到了巅峰"，"今后十年八年都不会有第二。"②

如果注意一下《词典》的编纂时间——1994年至2003

---

① 载《英美法研究的新成果——〈元照英美法词典〉》，载《人民法院报》2003年11月10日。

② 文杰：《狂飚时代负重前行——写在〈元照英美法词典〉出版之时》，载《法制日报》2003年8月1日。

年，几乎正好是潘先生正式退休之后到被聘担任"特聘博士生导师"之前——不但无权无钱而且无职，我们可由此对潘先生持续不断的学术活动有更完整的理解。更加重要的是，我们会由衷地对潘先生淡泊名利却执著学术的品行、抢救宝贵的学术资源更接续东吴法学院传统的情怀充满敬意。

尾声

学术没有终点

2012年"教师节"前夕的9月7日,"《潘汉典法学文集》首发式暨'潘汉典法学之路恳谈会'"在法律出版社如期举行。

中国政法大学校长黄进教授不仅为《潘汉典法学文集》撰写了"序言",而且现场作了热情的讲话。黄进教授在"序言"里写道:

> 说起来,我同潘先生很有缘分。上世纪80年代,我在武汉大学读研究生。在读研究生期间,我那时初生牛犊不怕虎,曾经做过一些外国法律和法学论文的翻译工作,投稿到潘先生当时任职的中国社会科学院法学研究所主编的《法学译丛》杂志上。没想到的是,作为杂志的主要编校者,潘先生亲笔回信给我,对我的翻译文稿提出修改意见和建议,一一指正文稿中的误译。其治学态度之严谨,工作态度之认真,提携后进之情深,给我留下了深刻的印象,至今难以忘怀。真没想到的是,2009年我北上中国政法大学工作,而潘先生此前于1987年重回法大就职,这样,我们又成为不时见面的同事和忘年交,我有了更多的向潘先生学习和讨教的机会。
> ……
> 潘汉典先生早年求学于东吴大学法学院,获得法学

学士和法学硕士学位。他从1948年开始从事法学教育和研究工作，先后辗转于上海光华大学、东吴大学、北京大学、北京政法学院、中国政治法律学会、中国社会科学院法学所以及中国政法大学，迄今已64年。潘先生先后两度在法大工作，1987年重回法大后担任中国政法大学比较法研究所首任所长，还兼任《比较法研究》主编，是法大比较法学科的开创者和奠基人。他现仍担任法大特聘博士生导师，常年悉心指导博士生，辛勤耕耘在法学教育的第一线。

从潘先生这部文集不难看出，他精通多门外语，一生致力于翻译国外的法律制度和法学理论文献，立志把国外最好的法律制度和先进的法学思想介绍进中国，先后发表和出版了大量的法律法学译著。同时，潘先生殚精竭虑、矢志不渝地推进新中国比较法学的赓续和发展，对我国比较法学理论作出了极具深度的开创性的研究。可以毫不夸张地说，潘先生在我国法律法学翻译、比较法学教育和研究领域做出了杰出的贡献，是新中国杰出的比较法学家和外国法律法学翻译界第一人。我想，每一位接触到这部文集的学人，都会感受到潘先生学术功底的深厚，学术追求的执著，学术生活的淡定和学术创作的智慧。其实，为学之道就是为人之道，学品就是人品。所以，我更希望读者在读这部文集时能体会到潘先生为人为师的品格和德性,并择其善而从之。①

也是在拙编《潘汉典法学文集》里,高鸿钧教授撰写了"当代中国比较法的领路人"的"序言",其中披露了与潘先生的渊源:

> 1988年,先生到中国政法大学比较法研究所担任所长,当时我在所里工作,并有幸协助他主持《比较法研究》工作。后来我到社科院法学所,在《法学译丛》编辑部工作,先生曾主持该刊多年,这又增加了我与先生的一重缘分。

高鸿钧教授在"序言"里写道:

> 潘先生20世纪40年代初就读于东吴大学法律系。该系的研究和教学以比较法为特色,故英文译为"中国比较法学院"。在那里,先生早年奠定了坚实的比较法学基础,毕业后虽从上海转到北京,并几易工作单位,个人命运随着时代颠簸沉浮,但数十年矢志于比较法之业,勤奋耕耘,成果卓著。先生是当代中国权威的比较法学者,也是20世纪中国比较法学的奠基人。
>
> 先生精通数种外语,继承了清末民初以来先贤的志业,勇做中外法律交流的使者,把外国法律的精品精心译成中文,其中多部外国宪法的中译本就出自先生之手。即便是在把外国法视为洪水猛兽的年月,先生仍然

---

① 详见潘汉典著、白晟编:《潘汉典法学文集》,法律出版社2012年版。

把一些关于西方法律变化的信息，以巧妙的方式传达到国内。先生治学严谨，认真对待译事，对于原文锱铢必较，翻译一部著作时，往往参照不同的外文文本。例如翻译《比较法总论》时，先生就以德文本为主，参照了英文本和日文本。而先生翻译的马基雅维里《君主论》至今仍位列经典译著。在 20 世纪后期的法学译作中，先生的译作是信、达、雅的典范。在外国法的翻译中，先生乃 20 世纪后期中国译界第一人。

高鸿钧教授特别提到：

> 先生以其广阔视野和突出的研究能力，本来可以撰写更多属于自己的著作。但先生以为，在外国法和比较法领域，与其撰写所谓的著作或论文，不如忠实地翻译原著，编写具有持久意义的工具书更有价值。先生这种淡泊名利的心胸和甘做嫁衣的奉献精神，给我们晚辈留下了深刻的印象。不过，历史是公正的。先生主持审订的《元照英美法词典》，为中国的英美法研究提供了便利的工具。而两年前，笔者尝试汇集中外比较法学菁华，出版《比较法学读本》，但不无惊恐地发现，国内大多比较法学的研究成果，都已成速朽之作，无法入选，先生的著作和译作，却经受住了时间的考验，今天读来，仍然富有新意。[①]

---

① 详见潘汉典著、白晟编：《潘汉典法学文集》，法律出版社 2012 年版。

早年求学于朝阳大学法学院（1946级）的孙国华老师是中国人民大学第一批研究生，而且时任班长。2012年孙老师87岁，不但与会，而且很"积极"。孙老师现场说道，与潘教授于20世纪50年代初就认识，60多年来暗暗地以潘教授为榜样，向学长学习。潘教授的"法学之路"就是实事求是之路，老老实实、勤勤恳恳做学问，没有一点急功近利，没有当官出名的想法。潘教授懂好几国外语，外国熟悉得很，但不是简单照搬或一味批判。实事求是说起来简单，做到很不容易，要克服主观性、片面性和表面性，有时候还要讲真话。

曾任法大校长的陈光中老师也是法大建校时的北大教师里健在不多的几位之一。陈老师发言里提到潘先生比自己年长10岁——严格说来是9岁半。陈老师80年代曾任社科院法学所刑法室主任，对于同在法学所、时任编译室主任的潘先生主编的《法学译丛》尽量浏览，不仅仅关注自己的专业——刑法、刑诉法方面，而且通过《法学译丛》了解西方。潘先生作为比较法的领路人当之无愧。陈老师也谈到了1988年潘先生以68岁高龄调入法大，决策是大家定的，但明确潘先生"英雄有用武之地"。当年潘先生筹备比较法研究所，与贺卫方等办《比较法杂志》——贺卫方出了大力，潘先生的牌子和经验也很重要。一个研究所，一份杂志，对于提升法大在全国的地位功不可没。陈老师还提到了潘先生的为人，朴实谦和，没有大学者的架子，平易近人。

与会的甘绩华（曾任法大副校长）、刘兆兴（时任比较法学会会长)、曾尔恕(曾任法大图书馆馆长)、费平成(潘先生恩师费青独子)、朱景文(人大教授)、李晓辉(外国语大学)等纷纷发言。潘先生母校广州培正中学校友会和香港培正中学校友会以及"东吴法学先贤文丛"组织者——苏州大学王健法学院胡玉鸿教授等也都在会上向潘先生表示祝贺。

最后一位——但绝不是最不重要的一位——发言的是贺卫方教授。贺卫方以一贯的"贺氏"幽默开场:自己比潘先生小40岁——严格来说是39岁半,作为晚辈,一直希望先生的作品传承后世,因此由衷祝贺文集出版。谈到与潘先生的渊源,贺卫方说自己早年就拜读过先生的诸多作品,在参加的每年外法史年会上,潘先生是最活跃的身影之一。提及在法大比较法研究所的共事,贺卫方语出惊人:潘先生是比较法研究所的"爹"、开拓者、奠基人。关于当年与潘先生、高鸿钧和米健合译《比较法总论》,贺卫方坦陈有点紧张——毕竟不懂德文。但潘先生作为"头儿",老僧坐定,洞若观火。遇到难题请教这位可敬的长辈,先生会耐心、认真地解答,有时会为此查好几天资料。正是合作翻译的工作,仿佛完成了作为徒弟向师傅学习的过程,其教导之功和楷模作用,永远感动。

贺卫方接着说道,潘先生在追求什么?是探索真理,追求知识。50多岁为了翻译马基雅维里的《君主论》从头开始学习一门意大利语,正是这种强烈的好奇心支配着潘先生的美好人生。潘先生的努力树立了法学在中国、在世界的尊严。潘先生的母校东吴法学院提升了法学在国民中的地位。如果潘先生到世界任何地方,介绍自己是马基雅维里《君主论》的译者,而且参阅了很多外文文本,会引起一片欢呼,正像钱钟书在外国遇到法国人说法语、遇到德国人说德语,必要时还可以说拉丁语,这是为国争光、为民族争光!腹有诗书气自华,潘先生这种不功利、简单,真读书、爱知识,是一种完善的人格,正如东吴校训所言:养天地正气,法古今完人。

黄风教授也参加了此次会议并作了即席发言,直言自己虽然没有在潘先生门下就读,但所得教诲可能比门下的弟子们都多。黄风教授自道:80年代初,自己在西城区检察院工作,懂一点意大利文,投稿到《法学译丛》,由此结识了潘先生。在先生的支持下,用了约10年时间,翻译了意大利法学家贝卡里亚的《论犯罪与刑罚》[1],从中得到先生的多次教诲。自己没有上过本科,以同等学力的资格考法大的研究生,是潘先生写的推荐信,推荐信写了很长时间。黄风认为,潘先生是比较法大家,听实先生对西方的法学流派、作品、理论的评论,有很高的品味。潘先生提升了中国法学的品位,是伟大的法学批评家。

笔者检阅20世纪80年代的《法学译丛》发现,黄风发表的第一篇译文刊载在该刊1983年第3期上,著者为意大利

---

[1] 参见〔意〕贝卡里亚:《论犯罪与刑罚》,黄风译,中国大百科全书出版社1993年版。

的江·多麦尼哥·皮萨比亚，题目为"论贝卡里亚的《论犯罪与刑罚》及其刑罚理论"，校者正是潘先生。黄风翻译的美国菲利普·詹金斯的"对贝卡里亚犯罪学的重新评价"译文发表于该刊的 1986 年第 1 期上，校者同样是潘先生。潘先生也曾提及，黄风于 1983 年向《法学译丛》投稿，因所译意大利原文著者的学术水平一般，时任主编的潘先生建议改译有关意大利著名刑法学家贝卡里亚的译文。因此可以说，黄风教授的法学研究之路与潘先生不无关系。

笔者作为"恳谈会"的主持人介绍了与会的潘先生参会前不久（8 月下旬）刚从医院出院，其原因正如师母所说是"累的"。这一年 6 月，潘先生带的三位博士生——王称心博士、姜廷惠博士和宫楠博士同时毕业，先生对论文非常认真，三本博士论文耗费了先生极大的精力。上半年，先生还先后参加了三次比较法的重要会议：4 月 21 日，潘先生应高鸿钧教授诚邀参加了清华大学法学院主办的"法律全球化高端战略研讨会"，江平教授、王家福教授等都与会，先生即席发言还呼吁学界翻译美国施莱辛格等主编的比较法教材之事；5 月 5 日，由北京外国语大学法学院、中国法学会比较法学研究会与广东涉外投资法律学会共同发起举办的首届中国比较法论坛（Chinese Comparative Law Forum）暨"比较法与中国现代法律发展：回顾与展望"学术研讨会在外研社大厦 9 层多功能厅举行，郭道晖教授和潘先生等与会，台湾中华比较法学会会长程家瑞教授、台湾东吴大学校长潘维大教授等出席；5月11日，由北京市法学会比较法学研究会主办、法大比较法学研究院承办的北京市法学会比较法学研究会成立大会暨"比较法与法律改革"研讨会在京仪大酒店顺利举行，校长黄进教授，前校长、终身教授江平先生，潘汉典教授，中国法学会比较法学研究会会长刘兆兴研究员等与会。笔者陪同潘先生参加了这三次会议，其中前两次会议都是早晨8点左右从先生寓所出发，一直参会到晚上8点左右——中午还不休息。不仅如此，正是在这一年，笔者看到过先生在书桌上铺开了耶林《权利斗争论》的各种版本开始研译。这是一位92岁高龄的老先生的工作状态。

2013年，笔者协助潘先生整理了完成于1947年的《博登海默法理学》，先生自己从头校对，那段时间每天工作十几个小时并一度累病住院。由于工作太投入，在医院的病房里先生有过半夜醒来滔滔不绝地讲述法理学的"非正常"状态。该书由法律出版社于2015年出版，并于该年获法律出版社年度"十大好书"。

2015年，潘先生的恩师费青先生的文集——《费青文集》由商务印书馆出版。先生撰写了感人的"恩师费青"，以95岁高龄亲自参加了开幕式并现场发言。

2016年6月1日，台湾东吴大学授予潘先生"法学教育卓越贡献奖"，96岁的潘先生参加了颁奖仪式并回忆了母校师长盛振为、费青、鄂森、郭云观、刘世芳等在为人和为学方面对自己的重大影响。

黄风教授在谈到周枏（词典审订者之一）时曾感叹说："为什么我们这一代的学问超不过他们？因为我们没有他们的品行。我们中可以出学者，但出不了大家。"① 笔者以为，黄风的评价同样适用于东吴先贤，包括有纯正东吴法学院教育背景的潘先生。

笔者在 2008 年中国政法大学中美法学院与比较法研究所联合主办的"比较法发展 30 年暨潘汉典先生从教 60 年座谈会"上曾发言："潘先生不仅值得我用脑而且值得我用心去学习。"行文至此，笔者的此种感受更加强烈。笔者体会，身为比较法学家的潘先生不仅将比较法视为方法，而且以比较法作为生活方式②，是一位单纯的学人。惟其单纯，在这喧嚣的年代显得弥足珍贵，惟其单纯，才值得包括笔者在内的学界同仁学习——不仅学习其为学之道，更学习其为人之道。

     2016 年 9 月 14 日（农历八月十四日）初稿
     2016 年 10 月 6 日二稿于国庆小长假
     2016 年 12 月 26 日三稿于京城守拙斋
     2017 年 1 月 18 日四稿于故乡大同

---

① 吴晨光：《老兵不会死去，只会默默地消逝》，载《视野》2004 年第 8 期，转引自《南方周末》。

② 如威廉·特文宁（William Twining）所言："严肃的比较法研究更像是一种生活方式，而不是一种方法。"转引自〔法〕皮埃尔·勒格朗、〔英〕罗德里克·芒迪主编：《比较法研究：传统与转型》，李晓辉译，齐海滨、吴静校，北京大学出版社 2011 年版，"译后记"第 484 页。

参考文献

中文著作

1. 爱新觉罗·溥仪：《我的前半生》，中华书局1977年版。

2. 博登海默：《博登海默法理学》，潘汉典译，法律出版社2015年版。

3. 楼邦彦：《楼邦彦法政文集》，清华大学出版社2015年版。

4. 潘汉典著、白晟编：《潘汉典法学文集》，法律出版社2012年版。

5. 白晟编：《费青文集》，商务印书馆2015年版。

6. 蔡德贵：《清华之父曹云祥》，陕西师范大学出版总社有限公司2011年版。

7. 蔡定剑：《宪法精解》，法律出版社2004年版。

8. 陈忠诚：《东吴岁月·译林杂谈》，法律出版社2008年版。

9. 程燎原：《清末法政人的世界》，法律出版社2003年版。

10. 《东北人物大辞典》编委会编：《东北人物大辞典》，辽宁人民出版社、辽宁教育出版社1992年版。

11. 《东吴法学院年刊（1946）》。

12. 范凤书：《中国著名藏书家与藏书楼》，大象出版社2013年版。

13. 方惠坚、张思敬主编：《清华大学志》（上册），清华大学出版社2001年版。

14. 费孝通：《文化与文化自觉》，群言出版社 2010 年版。

15. 番禺市地方志编纂委员会办公室主持整理：《番禺县续志》（民国版，点注本），广东人民出版社 2000 年版。

16. 广东省政协文化和文史资料委员会编：《香海传薪录：香港学海书楼纪实》，中国文史出版社 2008 年版。

17. 高鸿钧等编：《比较法学读本》，上海交通大学出版社 2011 年版。

18. 《学府纪闻：国立清华大学》，南京出版有限公司民国七十年（1981 年）版。

19. 顾廷龙主编：《清代硃卷集成》（407），成文出版社 1993 年版。

20. 龚祥瑞：《盲人奥利翁：龚祥瑞自传》，北京大学出版社 2011 年版。

21. 广州培正中学 1940 届同学录（毓社）。

22. 海涅：《海涅散文选》，商章孙等译，新文艺出版社 1957 年版。

23. 何勤华：《比较法学史》，法律出版社 2011 年版。

24. 何勤华：《法律人生：随笔集》，商务印书馆 2012 年版。

25. 何勤华主编：《中国法学家访谈录》（第一卷），北京大学出版社 2010 年版。

26. 江平口述、陈夏江整理：《沉浮与枯荣：八十自述》，法律出版社 2010 年版。

27. 梁焕萧、梁焕鼎编：《清梁巨川先生济年谱》，台湾商务印书馆 1980 年版。

28. 梁济：《梁巨川遗书》，华东师范大学出版社 2008 年版。

29. 辽宁省地方志编纂委员会办公室主编：《辽宁省志·政府志》，辽海出版社 2005 年版。

30. 辽宁省旧方志整理委员会编：《辽宁旧方志丹东卷》，辽宁民族出版社 2001 年版。

31. 李启成：《晚清各级审判厅研究》，北京大学出版社 2004 年版。

32. 李秀清等：《20 世纪比较法学》，商务印书馆 2006 年版。

33. 刘晓东主编：《中国当代经济科学学者辞典》，上海社会科学院出版社 1992 年版。

34. 米健：《比较法学导论》，商务印书馆 2013 年版。

35. 苗日新编著：《导游清华园》，清华大学出版社 2012 年版。

36. 内阁印铸局编：《近代中国史料丛刊第一辑·宣统三年冬季职官录一、二》（0290），文海出版社 1968 年版。

37. 倪征燠：《淡泊从容莅海牙》，法律出版社 1999 年版。

38. 倪征燠：《倪征燠法学文集》，法律出版社 2006 年版。

39. 潘荣胜主编：《明清进士录》（上中下），中华书局 2006 年版。

40. （清）长善等：《驻粤八旗志》，辽宁大学出版社 1992 年版。

41. 秦国经主编：《中国第一历史档案馆藏　清代官员履历档案全编》（12），华东师范大学出版社 1997 年版。

42. 清华大学校史研究室编：《清华大学九十年》，清华大学出版社 2001 年版。

43. 齐家莹编撰：《清华人文学科年谱》，清华大学出版社 1999 年版。

44. 南京大学历史系《中国历代人名辞典》编号组编：《中国历代人名辞典》（增订本），江西教育出版社 1989 年版，第 1073 页。

45. 丘铸昌：《丘逢甲交往录》，华中师范大学出版社 2004 年版。

46. 日本法政大学大学史资料委员会编：《清国留学生法政速成科纪事》，裴敬伟译、李贵连校订、孙家红参订，广西师范大学出版社 2015 年版。

47. 〔日〕吉田千鹤子：《东京美术学校的外国学生》，韩玉志、李青唐译，天马出版有限公司 2004 年版。

48. 《康德传》，商承祖、罗璇阶译，中华书局 1922 年版。

49. 商承祚：《我父商衍鎏先生传略》，载《商衍鎏·商承祚书正气歌》，文物出版社 2004 年版。

50. 世界知识年鉴编辑委员会编：《世界知识年鉴（1955）》，世界知识出版社 1955 年版。

51. 世界知识年鉴编辑委员会编：《世界知识年鉴（1958）》，世界知识出版社 1958 年版。

52. 孙晓楼：《法律教育》，商务印书馆 2015 年版。

53. 孙晓楼：《法律教育》，中国政法大学出版社 1997 年版。

54. 苏云峰：《从清华学堂到清华大学（1911—1929）》，三联书店 2001 年版。

55. 沈宗灵、王晨光编：《比较法学的新动向》，北京大学出版社 1993 年版。

56. 沈宗灵：《比较法研究》，北京大学出版社 1998 年版。

57. THE WOOLSACK，VOLUME Ⅲ（1944）。

58. 瓦房店市地方志编纂委员会编：《瓦房店市志》，大连出版社 1994 年版。

59. 王存诚编：《韵藻清华：清华百年诗词辑录》（上），清华大学出版社 2011 年版。

60. 刘长敏主编：《甲子华章：中国政法大学校史（1952～2012）》，中国政法大学出版社 2012 年版。

61. 中国政法大学档案馆主编：《法大记忆：60 年变迁档案选编》，中国政法大学出版社 2012 年版。

62. 王国平等编：《东吴大学史料选辑（历程）》，苏州大学出版社 2010 年版。

63. 王国平：《东吴大学简史》，苏州大学出版社 2009 年版。

64. 王健：《中国近代的法律教育》，中国政法大学出版社 2001 年版。

65. 王绍堉口述，蔡盛琦、张秀云访问记录：《王绍堉先生访谈录》，台湾"国史馆"2015 年版。

66. 王学珍等主编：《北京大学纪事（1898—1997）》，北京大学出版社 2008 年版。

67. 汪军编著：《晚清安徽巡抚邓华熙史略》，时代文艺出版社 2001 年版。

68. 北京大学校史研究室编：《北京大学史料》（第一卷，1898—1911），北京大学出版社 1993 年版。

69. 《文史资料选辑》（第九十二辑），文史资料出版社 1984

年版。

70. 吴大英、徐炳编著：《比较法基础知识》，法律出版社 1987 年版。

71. 肖蔚云：《我国现行宪法的诞生》，北京大学出版社 1986 年版。

72. 谢文勇编：《广东画人录》，广州：岭南美术出版社，1985 年版。

73. 薛波主编、潘汉典总审订：《元照英美法词典》，法律出版社 2003 年版。

74. 颜复礼、商承祖编：《广西凌云猺人调查报告》，国立中央研究院社会科学研究所专刊第贰号，中华民国十八年出版。

75. 杨鸿烈：《中国法律对东亚诸国之影响》，中国政法大学出版社 1999 年版。

76. 《中国地方志集成·辽宁府县志辑》（16），凤凰出版社 2006 年版。

77. 张玉春主编：《百年暨南人物志》，暨南大学出版社 2006 年版。

78. 郑培凯、范家伟主编：《旧学新知集》，广西师范大学出版社 2008 年版。

79. 中国第二历史档案馆整理编：《政府公报》（第五十七册）（影印本），上海书店出版。

80. 中国人民政治协商会议广东省广州市委员会文史资料研究委员会编：《广州近百年教育史料》，广东人民出版社 1983 年版。

81. 汪祖泽、莫擎天：《广东公立法政专门学校杂忆》，载中国人民政治协商会议广东省广州委员会文史资料研究委员会编：《广东文史资料》第 10 辑（1963 年第 4 辑），第 105 页。

82. 中国人民政治协商会议天津市委员会文史资料委员会编：《天津文史资料选辑》2006 年第 2 辑，天津人民出版社 2006 年版。

83. 中国人民政治协商会议天津市委员会文史资料研究委员会编：《天津文史资料选辑》（第 31 辑），1985 年 4 月。

84. 中央文史研究馆编：《中央文史研究馆馆员传略》，中华书局 2001 年版。

85. 《东吴法学院年刊（1924）》。

中文论文

1. 白晟："不该遗忘的法科学人费青"，载白晟编：《费青文集》，商务印书馆 2015 年版。

2. 白晟："纯正学人潘汉典"，载《东吴法学》2012 年秋季卷。

3. "编者的话"，政法研究编辑委员会编：《政法译丛》1956 年创刊号。

4. "编者前言"，载《环球法律评论》2013 年第 6 期。

5. "博士笔厂悬赏征文揭晓"，《申报》1943 年 2 月 28 日，第 3 版。

6. "蔡晋自述"，载中国人民政治协商会议浙江省德清县委员会文史资料委员会编《德清文史资料》（第 7 辑），1999 年。

7. 曹奇辰："曹杰传略"，载东吴大学上海校友会、苏州大学上海校友会编《东吴春秋》，苏州大学出版社 2010 年版。

8. 董璠舆："《比较法研究》创刊伊始的头三脚"，载《比较法研究》2013 年第 4 期。

9. 复旦大学校史研究室李爱铭："百年复旦人物志：校务委员会主任——张志让"，载《复旦学报（哲学社会科学版）》2004 年第 5 期。

10. 高鸿钧："《比较法研究》点滴"，载《比较法研究》2007 年第 3 期。

11. 高旭晨："潘汉典先生访谈录"，载《环球法律评论》2001 年夏季号。

12. 郭国松："我们共同走过的历史——中山大学法科百年启示录"，载《法制日报》2005 年 11 月 12 日。

13. "国际民主法律工作者协会"，载《世界知识手册》，世界知识社出版 1954 年版。

14. 贺卫方："创办初期的《比较法研究》"，载《比较法研究》2007 年第 2 期。

15. 黄坤尧："广州'汉军商氏'四家学述及佚稿探索"，载《文学论衡》2008 年第 13 期。

16. 吉伟青："我所了解的《新建设》"，载《百年潮》2003 年第 6 期。

17. 李硕、陈鹏："京师大学堂进士馆毕业学员考述"，载《杭州师范大学学报（社会科学版）》，2015 年第 2 期。

18. 李思清："舫斋载笔：清史馆文人群体的形成"，载《北京联合大学学报（人文社会科学版）》，2012 年第 4 期。

19. 刘文："潘君勉"，载中国人民政治协商会议广东省梅县委员会文史资料委员会编《梅县文史资料》（第 20 辑），1991 年。

20. 刘造时："孤岛'时期的东吴法学院"，载东吴大学上海校友会、苏州大学上海校友会编：《东吴春秋》，苏州大学出版社 2010 年版。

21. 罗加岭："鄂森：参与东京大审判的扬州人"，载《扬州晚报》2006 年 8 月 5 日，第 B8 版。

22. 敏而：《千里怀人月在峰——追思法学前辈许之森先生》，载《南方周末》2007 年 12 月 19 日。

23. 潘汉典："比较法在中国：回顾与展望"，载潘汉典著、白晟编：《潘汉典法学文集》，法律出版社 2012 年版。

24. 潘汉典口述、孟庆友整理："父亲的正义感，照我一生"，载《中国法律》2009 年第 2 期。

25. 浦增元："桑榆非晚贡献良多——忆蔡晋先生二、三事"，载中国人民政治协商会议浙江省德清县委员会文史资料委员会编《德清文史资料》（第 7 辑），1999 年。

26. 任羽中："十年编撰我们首部英美法律词典横空出世"，载《中华读书报》，2003 年 08 月 20 日。

27. 邵明耀："培正中学沧桑记"，载中国人民政治协商会议广州市委员会文史资料研究委员会编《广州文史资料》（第 45 辑），广东人民出版社 1993 年。

28. 沈伟："东吴遗珠——鄂森博士小传"，载《社会科学论坛》2014 年第 10 期。

29. 张再生："国际法学博士鄂森"，载政协江苏省邗江县委员会文史资料委员会编：《邗江文史资料》第 5 辑。

30. 胜雅律："论法律继承的两种不同形式"，载《当代法律交往与法律融合——第一届比较法学与世界共同法国际研讨会论文集》（2011年）。

31. 盛振为："东吴大学教育系统简史"，载《中华基督教卫理公会通讯》（复刊第16期），1943年。

32. 孙君恒："中央在湖北沙洋'五七'干校的回顾"，载《民主与科学》2005年第6期。

33. 万静波、吴晨光、谢春雷："被遗忘30年的法律精英"，载《南方周末》2003年1月9日。

34. 文杰："狂飚时代负重前行——写在《元照英美法词典》出版之时"，载《法制日报》2003年8月1日。

35. 吴耀东："忆先父吴芷芳"，载东吴大学上海校友会、苏州大学上海校友会编：《东吴春秋》，苏州大学出版社2010年版。

36. 夏书章："中山大学法政学科百年回顾——纪念校庆80周年暨法政学科100周年"，载《中山大学学报（社会科学版）》2004年第6期。

37. 谢哲邦："广州培正中学"，载李齐念主编：《广州文史资料存稿选编》（第七辑），中国文史出版社2008年。

38. 许传玺："英美法研究的新成果——《元照英美法词典》"，载《人民法院报》2003年11月10日。

39. 宣炳善："'哲学社会科学'概念的中国语境"，载《粤海风》2007年第5期。

40. 杨大春："中国英美法的摇篮"，载《东吴法学》2003年卷，黑龙江人民出版社2004年版。

41. 翟广顺："商衍瀛客居青岛及复辟侍伪满傀儡政权考释"，

载《中共青岛市委党校、青岛行政学院学报》2014 年第 3 期。

42. 赵青、钟庆："夏同龢创办广东官立法政学堂史实考辨"，载《教育文化论坛》2015 年第 1 期。

43. 政法研究编辑委员会编：《政法研究资料选译》1959 年第 1 期。

44. "致读者"，载中国社会科学院法学研究所编：《法学译丛》1979 年第 1 期。

45. 朱州："一本有权威的工具书"，载《世界知识》1987 年第 4 期。

外文译著

1. 〔德〕K·茨威格特、H·克茨：《比较法总论》，潘汉典、米健、高鸿钧、贺卫方译，法律出版社 2003 年版。

2. 〔德〕耶林：《为权利而斗争》，郑永流译，法律出版社 2007 年版。

3. 〔法〕勒内·达维德：《当代世界主要法系》，漆竹生译，上海译文出版社 1984 年版。

4. 〔法〕皮埃尔·勒格朗、〔英〕罗德里克·芒迪主编《比较法研究：传统与转型》，李晓辉译，齐海滨、吴静校，北京大学出版社 2011 年版。

5. 〔美〕罗纳德·德沃金：《认真对待权利》，信春鹰、吴玉章译，中国大百科全书出版社 1998 年版。

6. 〔意〕尼科洛·马基雅维里：《君主论》，潘汉典译，商务印书馆 1985 年版。

网络资料

1. 黄进："谁是法大最可爱的人——在 2008—2009 学年度'榜样法大'颁奖典礼上的致辞",载中国政法大学"法大新闻网",链接:http://news.cupl.edu.cn/2009/content_010658.html,最后访问时间:2012 年 6 月 21 日。

2. 李克非:"'馆藏展示·档案里的法大记忆'之六:我校建校之初的师生员工",载中国政法大学官网,链接:http://60.cupl.edu.cn/cn/category.php?cid=15,最后访问时间:2012 年 6 月 13 日。

3. 上海市地方志办公室官网:"上海审判志——人物传略——郭云观",链接:http://www.shtong.gov.cn/node2/node2245/node81324/node81338/node81355/node81358/userobject1ai101118.html,最后访问时间:2012 年 6 月 15 日。

4. 申海平:"陈忠诚",载凤凰网资讯 2014 年 1 月 2 日转自《东方早报》。链接:http://news.ifeng.com/gundong/detail_2014_01/02/32658390_0.shtml。最后访问时间:2016 年 10 月 23 日。

5. 王铸豪:"怀念培正磐社的师长",载"培正同学总会",链接:http://www.puiching.org/classes/1941/in_memory_of.htm,最后访问时间:2012 年 6 月 15 日。

6. 维基百科"翻译进士"条目,链接:http://zh.wikipedia.org/zh-cn/%E7%B9%99%E8%AD%AF%E9%80%B2%E5%A3%AB,最后访问时间:2012 年 6 月 11 日。

7. 夏其龙:"'蒙藏报'编辑:左霈的生平",链接:http://

humanum. arts. cuhk. edu. hk/~lha/writings/zuopei. doc，最后访问时间：2012年6月11日。

8. 中国法学会："历史沿革"，载中国法学会官方网站，链接：http：//www. chinalaw. org. cn/Column/Column _ Template4. aspx？ColumnID = 108，最后访问时间：2012年6月18日。

9. 中国政法大学管理干部学院（原中央政法干部学院）校友分会："中央政法管理干部学院大事记"，载中国政法大学管理干部学院（原中央政法干部学院）校友分会官网，链接：http：//www. clipl. org/About. Asp，最后访问时间：2012年6月16日。

10. 中央民族大学附属中学官网：校友风采——左霈，链接：http：//www. mdfz. com. cn/xiaoyouhui/879. html。最后访问时间：2015年12月12日。

潘汉典先生年谱

1920 年 12 月 3 日（农历十月二十四日）潘汉典先生（号宗洵）出生于广东省汕头市。父亲潘澄修，号海秋，清末毕业于广东法政学堂。初在汕头任检察官，由于痛恨当时贪赇横行的官场，不久便离职在汕头当律师。好读书，收藏有文史哲等方面的古书和新书，自命是"为正义与人道而奋斗"，曾被推选为汕头市律师公会会长。母亲商德如，在家操持家务。

1927 年 7 岁 入汕头市"广州旅汕小学"，在家自修《左传》等中国古籍。

1931 年 11 岁 父亲病故。迁回广州并考入广州培正中学（原海外华侨捐资创办的学校，属基督教教会学校）附属小学，于 1933 年毕业。

1933 年 13 岁 入广州培正中学。自修东汉哲学家王充的《论衡》等书籍，景慕先贤并培育了严谨的治学态度和怀疑精神。

1937 年 17 岁 抗日战争爆发，学校停办。全家迁居香港，在家自学。

1938 年 18 岁 广州培正中学迁往澳门，入澳门培正中学复学并寄宿在学校。

1940 年 20 岁 6 月从培正中学毕业，获学校为纪念已故校长黄启明而设的特别奖——"学业成绩最优奖"和"社会科"（即历史和地理两科）、"国文科"等分科奖。7 月，在父亲故友感佩父亲生平道义承诺予以经济资助的前提下，考入上海东吴大学法学院法律系。

1941 年 21 岁 暑假期间曾与同班同学程筱鹤代表东吴大学参加全国大学成绩竞赛国文科的复赛,费青教授时任法律系主任和年级导师。

1942 年 22 岁 母亲病逝于香港,"遗命续学"。面临学费无着而停学之际,费青教授希望复学并表示学校可设法帮助。从大学第二年第二学期起,依靠学校助学金维持和完成了大学学业。为维持生计,曾在上海"春晖中小学"兼职作文和图画课教师。

1943 年 23 岁 以"中国古代法学思想初探"一文参加悬赏学术论文,获上海等地大学组第一名。除教学计划内的课程(如专业课和英语课)外,选修了法、德、日等外国语课程。被同学推举,担任东吴大学 1944 届毕业生杂志《东吴法学院年刊(1944)》的总编辑工作。

1944 年 24 岁 发现日本法学家江家义男翻译、日本早稻田大学出版社出版的《苏维埃刑法和劳动改造法典》,译为中文。以毕业论文"苏维埃刑法和劳动改造法"获学士学位。8 月,为维持生计入上海中南银行(后合营联合银行)信托部等部门任职员,至 1951 年。

1945 年 25 岁 时任西南联大教授的费青教授经常寄信,鼓励从事学术研究。购得美国法学家博登海默 1940 年版《法理学》(*Jurisprudence*),利用业余时间翻译,于 1947 年 1 月译完,约 17 万字。

1946 年 26 岁 上海东吴大学法学研究所复办。与大学同学程筱鹤、俞伟奕等考入法学研究所攻读硕士学位。

1947 年 27 岁 在费青教授(时任北京大学法律系教授)出任"沈崇事件"原告辩护律师的行动影响(常有书信往来)和东吴

大学曹杰教授"以法律理论声援维护人民权利"的鼓励下,翻译了德国法学家耶林的《为权利而斗争》,将其中一章投稿至上海《大公报》《法律周刊》,但刊登后题目被改为《法律奋斗论》。从上海"内山书店"(日本友人内山完造开办)购得《马克思、恩格斯的史的唯物论与法律》(日本法学家平野义太郎编译,马恩经典著作中关于法律的文摘,日文版,昭和八年大炯书店出版),第一次接触马克思主义法学。

1948 年　28 岁　以论文"中国有限公司论——比较法的研究"获法学硕士学位。是年 9 月,任上海私立光华大学法律系兼职教授、副教授,讲授法理学、新法理学、海商法、保险法等课程,编写上述课程讲义。

1949 年　29 岁　2 月接到美国耶鲁大学法学院录取通知书,因故未成行。5 月上海解放。7 月费青教授寄信邀请到北京工作。当时费青教授和张志让教授(曾任北京大学、东吴大学和复旦大学教授,"七君子事件"辩护人,新中国第一任大法官)正在筹备新中国成立前被迫停刊的《中建》杂志复刊,并改名为《新建设》,费青教授希望先从事该刊的编辑工作,因故未接受。

1950 年　30 岁　春季应邀回东吴大学兼职"马列主义国家与法律理论"和"新法学"课程。业余时间在"苏联侨民协会俄文专修学校"补习俄文,于 1951 年夏结业。

1951 年　31 岁　从 30 余种马恩经典著作如《资本论》《反杜林论》等(中译本)中摘编了"马克思、恩格斯论国家与法律"(约 9 万字),翻译了苏联维辛斯基编著的《苏维埃国家法》(英译本,纽约版)一书中关于马列主义国家与法律理论部分(导论,约

5万字)。与费青教授(时任北京大学法学院法律系主任)通信,费青教授连发六封信诚邀其加入北京大学法律系。12月正式调入北京大学法律系,任讲师。

1952年　32岁　1月入中央政法干部学校第1期司法班学习,同去的有时任北京大学法律系教授楼邦彦和助教李由义等。5月北京政法学院成立,随北京大学法律系并入北京政法学院,任讲师。

1953年　33岁　2月中央政法干部学校司法班学习期满,分配至新成立的北京政法学院政法业务教研室司法建设组。4月,经张志让推荐调入新成立的中国政治法律学会,任研究员。5月,由中国政治法律学会提名,出席了中华全国青年第二次代表大会,会上提交了"加强青年对政法工作重要性的认识"的提案。9月,与王昭仪结为伉俪,王昭仪女士毕业于上海光华大学法律系,毕业后先后在最高法院华东分院(上海)、山东省烟台市人民法院从事司法工作,婚后调入中国政治法律学会编辑部工作。

1954年　34岁　在中国政治法律学会研究部期间,参与《政法研究》(创刊)的编辑、出版等工作。译恩格斯《英吉利宪法》(费青校),载《新建设》杂志1954年7月、8月号。后调入中国政治法律协会国际联络部,译《国际民主法律工作者协会重要文件汇编》,1954年中国政治法律学会编译。

1955年　35岁　译恩格斯《英格兰状况》(费青校),载《新建设》杂志1955年3月号。应《世界知识手册》和《世界知识年鉴》(1955～1966年)约稿,撰写"国际法律界组织与会议"的有关内容。

1956年　36岁　由北京律师协会报经司法部批准担任兼职律

师。应法律出版社约稿，译《南斯拉夫刑事诉讼法典》并交付出版社，但因故未出版。

1957 年　37 岁　译"法国司法制度"，载《政法译丛》1957 年第 5 期。

1958 年　38 岁　在中国政治法律学会第三届年会上被选为学会的理事。译"美国宪法的崩溃和对公民自由的破坏"，载《政法译丛》1958 年第 6 期。

1959 年　39 岁　应国务院外办约稿，译《日本人物辞典》（法律界人物，上、中、下三册）。

1960 年　40 岁　译"二十年来美国反动立法措施对公民自由的蹂躏和对美国共产党的破坏"，载《政法研究资料选译》1960 年第 1 期。

1962 年　42 岁　应人民出版社约稿，译美国爱德华·肯尼迪《政治勇士列传》（美国国会斗争史话），因故未出版。

1963 年　43 岁　译《社会主义国家南斯拉夫·序言》，载（南）约万·乔治耶维奇《社会主义民主国家南斯拉夫》，沈达明等译，法律出版社 1963 年版。

1964 年　44 岁　发表论文"对美国实在主义法学的（法院判决即法律）批判"（与王昭仪合写），载《政法研究》1964 年第 2 期。译《摩洛哥王国宪法》《索马里共和国宪法》《坦桑尼亚共和国宪法》，载《世界各国宪法汇编》（第一辑），法律出版社 1964 年版。

1966 年　46 岁　应法律出版社约稿，译《日本国宪法》，原计划载入《世界各国宪法汇编》（第二辑），因故未出版。

1969—1972 年 49 至 52 岁 在湖北沙洋"五七干校"劳动。

1973 年 53 岁 4 月调入中国科学院法学所，任研究员。参编并主编部分中国科学院法学所刊物《外国法学动态》。

1975 年 55 岁 译"美国司法窘境"，载《外国法学动态》1975 年 3 期。

1976 年 56 岁 译"当代美国国会政党和议员的构成概览"，载《外国法学动态》1976 年 6 期。

1977 年 57 岁 译"日本犯罪动态"，载《外国法学动态》1977 年 6 期。

1978 年 58 岁 受命负责筹备《法学译丛》并主编该刊。

1979 年 59 岁 译"南斯拉夫议会制和代表制的基本原理""美国宪法最新修正案：平等权利修正案"，载《法学译丛》1979 年第 1 期。译"南斯拉夫检察制度"，载《法学译丛》1979 年第 2 期。译"南斯拉夫青少年犯罪问题"，载《法学译丛》1979 年第 3 期。译"德意志民主共和国关于国际民事、家庭和劳动法律关系以及国际经济合同适用的体例"，载《法学译丛》1979 年第 3 期。译"法国青少年司法制度""南斯拉夫的社会自治律师"，载《法学译丛》1979 年第 4 期。译"西德刑事制裁的法律与理论""（美国）在阳光下的政府法"，载《法学译丛》1979 年第 5 期。译（法）勒内·达维德、布赖尔利"比较法概说——论比较法的性质及其效用"、让·里昂"法国对于法律合宪性的监督"，载《法学译丛》1979 年第 6 期。

1980 年 60 岁 任中国社会科学院法学研究所情报业务研究员。译（美）萨默斯"富勒教授的法理学和在美国占统治地位的法哲学""在罗马尼亚社会主义共和国的外国人管理法"，载《法学译丛》1980 年第 1 期。译（美）德沃金"认真地看待权利问题"、（法）威勒"马克思主义和比较法"、（法）加尔"法国法律上的企业报告"，载《法学译丛》1980 年第 2 期。译（日）敷田稔、土屋真一"日本少年司法制度"、（南）马迪奇"南斯拉夫产品责任法概述"，载《法学译丛》1980 年第 3 期。译"关于南斯拉夫社会主义联邦共和国宪法最后草案的报告"，载《法学译丛》1980 年第 4 期。译（瑞典）博丹"不同经济制度与比较法"，"罗马尼亚宪法发展的新趋势"，载《法学译丛》1980 年第 5 期。译"罗马尼亚社会主义共和国宪法"，载《法学译丛》1980 年第 6 期。

1981 年 61 岁 译（波）希维塔瓦"波兰修改宪法概述"、（南）德拉什科维奇、米奥维奇"南斯拉夫律师职业及其他法律帮助方式"、（美国）情报自由法，载《法学译丛》1981 年第 1 期。译（奥）施鲁厄尔"国家豁免法的新发展"、《（法国）人和公民的权利宣言》《日本国宪法》，载《法学译丛》1981 年第 2 期。译（法）苏西尼"西欧的犯罪趋势和预防犯罪战略"，"法国宪法的立法原则及其制定与修改"、《法兰西共和国宪法》，载《法学译丛》1981 年第 3 期。译《德意志联邦共和国基本法》、（西德）维德曼"西德企业中工人的共同决定"，载《法学译丛》1981 年第 5 期。译"亚洲各国犯罪趋势和预防犯罪战略"，载《法学译丛》1981 年第 6 期。

1982 年 62 岁 任中国社会科学院法学所编译室主任。3 月至 6 月，前往加拿大麦吉尔大学访问，拜访法学院院长布赖尔利（法国比较法学家勒内·达维德名著《当代主要法律体系》英译者和合作者）。译（美）德沃金"论规则的模式"，载《法学译丛》1982 年第 1、2 期。译（西德）茨威格特、克茨"比较法的效用和目的",载《法学译丛》1982年第1期。译（法）达维德、（加）布赖尔利"美国法的结构",载《法学译丛》1982年第2期。译（西德）哈尔斯泰因"专利制度和向发展中国家转让技术",载《法学译丛》1982年第3期。译（法）塔隆"宪法与法国的法院",载《法学译丛》1982年第5期。译《1982年加拿大宪法法》,载《法学译丛》1982年第5期。译《意大利共和国宪法》,载1982年《法学译丛》第6期。

1983 年　63 岁　5月经司法部特别邀请,以中国政法大学教授的身份与时任中国政法大学图书馆负责人的郭锡龙一起作为中华人民共和国司法部代表,参加意大利最高法院电子计算机处理资料中心召开的国际法律信息学会议,并应参会的罗马大学法学院比较法教授戈拉（G. Gorla）的邀请,访问罗马大学法学院比较法研究所。译（匈）萨博"比较法的各种理论问题"、（美）里斯"支配国际契约的法律""美国宪法修正案第二十八条——待各州批准中"、（美）贝尔韦斯、柯亨"德沃金其人及其思想""美国国会年轻化的趋势",载《法学译丛》1983年第1期。译（美）施瓦茨"美国行政法的最近发展",载《法学译丛》1983年第2期。译（西德）茨威格特、克茨"比较法的概念"、（英）施米托夫"英国'依循判例'理论与实践的新发展"、（美）里克斯·E·李"三权分立的基本原理：分离与分配",载《法学译丛》1983年第3期。译（美）萨非里乌"比较法在立法上的运用"、（美）施米特"美国司法责任论",载《法学译丛》1983年第4期。译（美）伯格"美国司法部门现状",载《法学译丛》1983年第5期。译（瑞典）尼曼"瑞典的新宪法",载《法学译丛》1983年第6期。

1984 年 64 岁 6 月前往日本东京大学法学部访问，结识时任法学部部长松尾浩也教授、原任法学部部长田中和夫教授以及比较法教授碧海纯一、比较宪法教授樋口阳一和英美法教授藤仓皓一郎等。译（英）斯特西"瑞典监察员制度"，载《法学译丛》1984 年第 2 期。译（联邦德国）茨威格特、克茨"伊斯兰法概说"，载《法学译丛》1984 第 3 期。译（英）尼尔、罗拔兹"法律信息化与英国法学教育"，载《法学译丛》1984 年第 4 期。

1985 年 65 岁 花费 27 年的时间，参阅 17 种不同版本，涉及意、英、法、德、日等五种语言，并且四易其稿，完成（意）马基雅维里《君主论》翻译工作，商务印书馆 1985 年出版。时任司法部部长兼中国政法大学校长邹瑜正式签发聘书，聘请潘先生为中国政法大学兼职教授。译（美）李·温伯格、朱迪思·温伯格"论美国的法律文化"，载《法学译丛》1985 年第 1 期。译（德）耶林"权利斗争论"，载《法学译丛》1985 年第 2 期。译（美）埃尔芬"美国宪法男女平等权利修正案失败的剖析"，载《法学译丛》1985 年第 3 期。译（联邦德国）茨威格特、克茨"法系式样论"，载《法学译丛》1985 年第 4 期。译（美）波特"社会的聚合力与法律危机"，载《法学译丛》1985 年第 6 期、1986 年 1 期。

1986 年 66 岁 译（英）亨特"马克思主义与法的分析"，载《法学译丛》1986 年第 2 期、3 期。译（美）钱布利斯、赛德曼"资本主义制度下的国家和法律秩序"，载《法学译丛》1986 年第 5 期、6 期。译（法）达维德"正义的基本原则——比较法的考察"，载《法学译丛》1986 年第 6 期、1987 年第 1 期。

1987 年 67 岁 译（美）李·温伯格、朱迪思·温伯格"论法律文化和美国人对法律的依赖性",载《法学译丛》1987 年第 1 期。译（美）格伦顿、戈登、奥沙克维"比较法律传统序论",载《法学译丛》1987 年第 2 期。9 月调入中国政法大学。

1988 年　68 岁　任中国政法大学比较法研究所第一任所长、《比较法研究》主编。《国家经济信息管理条例》起草小组编撰《信息与信息技术立法文集》，被聘请为该文集主编。所译《（美国）在阳光下的政府法》《（美国）情报自由法》以及补译的《（美国）个人隐私法》和巴西《国家信息政策及其他措施法》等被收录其中。

1989 年　69 岁　译（苏）图曼诺夫"论不同类型法律体系的比较"，载《比较法研究》1989 年第 1 期。译（英）科特雷尔"当代英国的法社会学"，载《比较法研究》1989 年第 2 期。

1990 年　70 岁　撰文"比较法在中国：回顾与展望"，载《比较法研究》1990 年第 2 期。译（英）鲁登"英国的比较法"，载《比较法研究》1990 年第 1 期。

1991 年　71 岁　12 月退休。

1992 年　72 岁　参加由中国法学会比较法学研究会和北京大学法律系比较法—法律社会学研究所联合在北京大学召开的国际比较法学会议，提交论文"论世界法律体系分类的若干问题"，载沈宗灵、王晨光编：《比较法学的新动向》，北京大学出版社 1993 年版。中国信息协会信息立法专业委员会正式聘请为中国信息协会信息管理和立法研究会主任委员。

1995 年　75 岁　收到恩师盛振为教授自制的贺年卡，盛师照片摄于当年，其时已年届耄耋（95 岁）。

1997 年　77 岁　正式接受《英汉法律词典》（正式出版后改称

《元照英美法词典》）编委会聘请，担任总审订人。

2002 年　82 岁　中国政法大学校庆 50 周年之际被授予"学科建设开创者"。中国翻译工作者协会以"长期从事翻译工作，成绩卓著"授予资深翻译家荣誉证书。

2003 年　83 岁　任《元照英美法词典》总审订，撰写《元照英美法词典》"缘起"。

2004 年　84 岁　应邀担任中国政法大学法学院特聘博士生导师。

2006 年　86 岁　应邀担任中国政法大学中美法学院（现为比较法学研究院）特聘博士生导师。

2007 年　87 岁　3 月前往台湾东吴法学院讲学。

2010 年　90 岁　为董春华博士专著《中美产品缺陷法律制度比较研究》撰写序言。

2011 年　91 岁　为白晟博士专著《香港基本法解释问题研究》撰写序言。

2012 年　92 岁　作为建校时的教师于中国政法大学校庆 60 周年之际受到中国政法大学给予的特别表彰。《潘汉典法学文集》由法律出版社出版。

2013 年　93 岁　为米健教授专著《比较法学导论》撰写序言。

2015 年　95 岁　整理完成于 1947 年的美国法学家博登海默《法理学》译著，由法律出版社出版。为恩师费青的《费青文集》撰写"序言"，并参加《费青文集》首发式。

2016 年　96 岁　6 月 1 日获台湾东吴大学授予的"法学教育卓越贡献奖"，参加颁奖仪式并发言。

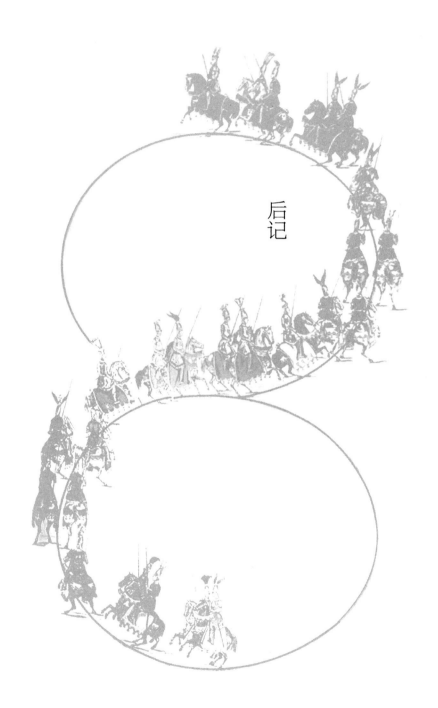

后记

提笔撰写本"后记"初稿时,尚在向学生讲授"比较法学"和"法理学",到"后记"定稿之日,笔者已步入退休教师的行列。时光荏苒,自1981年11月笔者告别家乡进入位于北京市海淀区学院路41号的北京政法学院求学,迄今已35年有余了。笔者1985年毕业留校,除曾在学校教务处工作过几年,之后一直在法学院任职,算起来一生中的多半时间留在了中国政法大学。也许不是巧合,导师潘先生是建校之初的教师名单里唯一仍健在的讲师。据笔者所知,当时的助教仍健在的有陈光中、林道濂和张文镇等先生——遗憾的是,张文镇先生已于2017年1月22日仙逝。笔者对几位前辈都曾拜访,因而读中国政法大学的校史会有一种特别的体会。可能与"后记"撰写过程正处于个人退休前后有关,随着近年来对母校——中国政法大学的学术前辈和先贤了解的深入,笔者对母校的感情也日渐浓厚。

学校是一个文化单位,"文化传承"也写进了学校新的章程里。依笔者之见,学校的"文化传承"首要的应该是学校的学术传承。据南京师范大学徐彬的硕士论文《1956年一级教授评定之研究》附录部分"一二级教授工资排队名单(供参考)"(文中专节介绍了部分史料来自江苏省档案馆等),"北京政法学院"的二级教授有费青和雷洁琼先生,北京大学的法学（含政治学）二级教授有王铁崖、芮沐和陈守一等（笔者按：该名单在北京大学等学校的名单里出现了二、三级教授，北京政法学院的名单里只有两名二级教授）。另据《北京高等教育志》（华艺出版社2004年版）记载，1965年前原北京政法学院三级以上教授有如下八位：一级教授钱端升、费青；二级教授雷洁琼；三级教授严景耀、曾炳钧、戴克光、于振鹏、徐敦璋。放眼全国高校，一所学校集中了如此众多的政治学、法学和社会学三级以上教授，估计没有第二所，其学术传统堪称高贵。这里笔者姑且不讨论名单里没有列举的四级教授吴恩裕，因调至北京市司法局而没有参加职称评定的楼邦彦以及由于1958年退休、钱端升先生非常尊敬的吴之椿教授等。如今不仅仅在中国法学界，即使在这些先贤工作和生活过的中国政法大学校园里，有多少师生知道、了解这些先贤？很多先贤成为名副其实的"失踪者"。即使是校园里伫立着雕像的首任院长钱端升先生，校园里又有多少师生真正从学术上了解这位学问被"同辈学者评价甚高，在其身后也多无异议"（孙宏云语）的老院长？！中国政法大学现任校长黄进教授在拙编《费青文集》序言里写道："我们需要未来，但我们不能忘记过去。不了解过去，会以为我们超过了前人。其实，我们有可能在重复走前人走过的路，甚至没有达到他们曾经达到的高度。"也正是有感于在校学生包括相当一部分教师对前辈和先贤学术的无知和漠视，笔者才不揣浅陋，借用杨奎松一本专著的书名"忍不住的关怀",撰写了这本并不成熟的书稿。

提到"东吴身影",名闻遐迩的东吴法学院位于上海的昆山路,笔者供职的中国政法大学地处京城蓟门桥畔,二者似乎扯不上关系。但细究起来,中国政法大学由于源自北京大学、清华大学、燕京大学、辅仁大学四所大学的政治学、法学和社会学,加之学者的流动,还真与东吴法学院有不浅的关系。笔者能够有幸编辑"东吴法学先贤文丛"之一的《潘汉典法学文集》(法律出版社2012年版)以及由商务印书馆出版的《费青文集》(2015年版),就得益于两位先生的东吴法学院教育背景。费青先生,1926年入东吴法学院(1924—1926年在东吴大学医预科就读),1929年毕业,获法学学士。潘先生1940年入读东吴法学院时,费青先生任法律系主任,1942年任"中国比较法学院"教务长。1951年潘先生应恩师诚邀,北上加入北京大学法律系,于1952年调至中国政法大学的前身北京政法学院任讲师,费青时任副教务长。就笔者所知,中国政法大学有东吴法学院教育背景的至少有六人:费青、潘汉典、程筱鹤(原法理学教研室负责人、曾任研究生院副院长)、周美德(在中国政法大学外语教研室任教并退休)、周勤中(在民法研究室任教并退休)和张荣显(曾在中国政法大学党委办公室任职)。也正是经由编辑《潘汉典法学文集》和《费青文集》,笔者得以对东吴法学先贤和前辈有了更多的接触和了解。

东吴法学院其实是简称,其创立之初取名"东吴大学法科",1927年更名为"东吴大学法律学院",1935年再度更名为"东吴大学法学院"。至1952年院系调整被关闭,该院院史只有短短的37年,共毕业了1 586名学士,31名硕士。由于众所周知的原因,东吴法学院的教育背景曾经是东吴法学院弟子们的"原罪"(东吴前辈刘造时语),很多"东吴人"并不愿意提及。近些年可能由于东吴法学院学人在东京审判中的杰出贡献以及参与《元照英美法词典》的编辑、审订者多为东吴法学院学人等原因,使得民众和媒体越来越对这所民国时期的法科名校产生了兴趣。现在还在世的东吴法学院弟子均已进入耄耋之年,加之学校已经消失了60多年,资料的搜集相当困难,很多东吴法学院的学人身影并不清晰。笔者有机会师从本科和硕士都毕业于东吴法学院的潘汉典先生,亲身感受东吴前辈风骨的同时,也由了解潘先生延伸到了解倪征𣋉、李浩培、费青、程筱鹤等东吴先贤,并有缘拜访潘先生的同窗刘造时和校友王绍堉、郭念祖、高文彬等。笔者在学习和研读东吴法学学人的过程中,时有感动和被震撼,越来越感受到东吴法学院是一座中国近代法学教育的丰碑,应该让这些先贤和前辈为更多的人——不限于法学界所了解。

从本书内容看,应该属于人物传记。但正如笔者在引言中所述,无论是从史学训练方面,还是从对潘先生的了解、理解乃至评论方面,笔者都无资格写这样的传记。只是由于笔者有机会跟随先生读博士学位3年,之后主动"创造条件"了解先生,使得笔者比一般读者有条件近距离地接触和观察先生,有感而发,愿意分享自己的学习体会。职是之故,本书的副标题用了"走近导师潘汉典"。当然,目前笔者仍在走近的"路上",不敢说究竟能够在多大程度上走近先生。严格说来,本书是笔者向导师学习的一份"读书"笔记。唯一可以告慰的是,笔者的作业是认真的。如果从本书以"导读"的方式初次出现在拙编《潘汉典法学文献》一书中算起,本书大约历时 5 年多。如果从 2008 年笔者有幸师从潘汉典先生并萌发搜集资料以便走近先生算起,本书几乎用了 8 年时间。过了"知天命"之年选择读博,是笔者愚钝的"铁证";用了 8 年的时间写一篇作业,再次证明笔者的愚钝。笔者所能想到的辩解是,美国学者费正清的学生阿古什的博士论文就是费孝通的传记,说明对学者的研究就是一种学术工作。笔者师从潘先生 3 年,又用 5 年时间自选"博士后"导师,自选题目做潘先生的研究,终于提交了一份学习作业。至于这份作业是否及格,一方面需要潘先生的评定,另一方面也需要读者的评定,笔者此时真实的感觉是忐忑多于轻松。

这份作业得以完成,受益于诸多前辈、师友,其中特别需要向下列人士致谢。

首先要感谢导师潘汉典先生,不仅在 3 年博士学习期间专业方面的诸多指导,更在 8 年里容忍了笔者无数次的打扰和拜访。先生书房里的诸多珍贵的中外书籍全部向笔者开放，先生多年留存的手稿，只要笔者提出借阅要求，先生无不答应。没有先生的厚爱，本书几乎无法成书。感谢师姐潘百进、师兄潘百鸣、师妹潘百方合写的序言，可以帮助我们从亲属角度了解学者潘先生的日常生活，也弥补了笔者不太了解的先生翻译《君主论》的一些细节。在此特别感谢师兄潘百鸣。潘先生毕竟已是耄耋之年，不可能有精力去翻阅陈年资料。潘百鸣师兄多次主动为潘先生整理书房，每次发现新的资料，都会第一时间通知笔者。甚至潘先生留存的珍贵的"家谱"和"族谱"等资料，也都允许笔者阅读。大量的第一手资料，为本书提供了扎实的"史料"。

感谢潘先生散居于北京、上海、杭州、台北等地的东吴同窗刘造时、张颂星、秦曾期和同窗程筱鹤的女公子程深博士、程滔教授以及俞伟奕的女公子等，感谢潘先生的东吴校友郭念祖、高文彬、居同匮、王绍堉等，他（她）们接受笔者的采访，有的还不仅一次，为笔者提供了潘先生与之交往的生动细节，也为笔者走近"东吴身影"创造了条件。特别是耄耋之年的刘造时律师，不仅以上海的特色午餐招待，还热情地联系寓沪的东吴校友，更令笔者感动的是，刘老师慷慨地将自己刚完成的手稿赠送给笔者。同事程滔教授，帮助笔者在美国以及国内的上海等地搜集了很多东吴法学院的资料。程滔教授的父亲程筱鹤先生不仅是潘汉典先生的东吴法学院同窗好友，也是笔者供职的中国政法大学法理学研究所的前辈、著名的法理学教授。本书题名"东吴身影"，其中也包括程筱鹤先生。

感谢同事兼好友凌岩教授,不仅拨冗撰写了亲切感人的序言,而且就部分文字和本书的结构提出了修改建议。更为难得的是,凌岩教授是东吴先贤李浩培先生的女公子,通过凌教授的序言,笔者第一次知道李浩培先生"参考其他文字版本翻译德文版的萨维尼的名著《罗马法》第8卷,但翻译过半却不幸辞世。潘先生原打算继续翻完剩余部分……"由此细节也印证了几代东吴学人间的学脉相连。

感谢"格兰维尔法律术语服务组"(原名"英美法术语服务机构",即《元照英美法词典》编委会)工作人员(笔者尊重相关人员的意愿,一般情况下不注明姓名,统称"词典工作人员")的惠助,为笔者提供了《元照英美法词典》编撰过程中若干幅珍贵的工作照,既为本书增色不少,也帮助笔者了解了词典编撰的部分过程。

感谢上海档案馆和中国政法大学档案馆,为笔者查询相关资料提供了方便。

感谢中国政法大学党委副书记高浣月教授、人事处吴平处长、校办李秀云主任和统战部王称心部长等对笔者收集整理学校先贤和前辈文集给予的鼓励和支持。感谢中国政法大学某部门对于本书提供的出版资助。

感谢北京大学出版社副总编辑、笔者同窗蒋浩君,两年前蒋浩君就主动向笔者约稿并于2014年签订了出版有关东吴法学院先贤和前辈书稿的合同。按照合同约定,本该2015年交稿，因笔者身兼教学科研任务且忙于潘先生相关著述的整理和出版，一直未能完稿。北京大学出版社和蒋浩君破例宽容了笔者的延期交稿。感谢本书策划编辑柯恒、责任编辑陈康细致、专业的建议，使得本书的结构更为合理，一些文字错误得以发现并及时纠正。

潘先生的恩师费青先生是名副其实的东吴先贤。潘先生于 2007 年曾写道："费青与潘汉典是终身师徒。"笔者主编《费青文集》，正是缘自被潘先生对其恩师的感情所感动，其中很大一部分资料直接来自潘先生。阅读《费青文集》、潘先生为文集所撰写的序言以及《潘汉典法学文集》，我们可以感受到潘先生与费青先生之间清晰的学术传承。潘先生 1991 年退休之后，以无职、无权、无钱的退休教师的身份，参与了《元照英美法词典》的编辑审订工作（任总审订），倪征燠、姚启胤（型）、杨铁樑、王名扬、朱奇武、卢峻、周枏、许之森、蔡晋、卢绳祖、徐开墅、郭念祖、俞伟奕、陈忠诚等法学前辈都经潘先生出面诚邀，参加了编辑审订工作。这部依靠民间力量，历时近 10 年完成的《元照英美法词典》成就了一段学术传奇。潘先生的行动本身就是中国法学传统（包括东吴法学传统）的自觉传承。先生的外语天赋、文史功底和法学素养都是笔者无法企及的，但笔者愿意追随先生淡泊名利、潜心学术的精神，愿意静心了解、阅读和学习法学先贤和前辈的为人和为学，愿意为法学学术传承做一点实事。

在潘先生的鼓励和帮助下,拙编《费青文集》的再版工作已经启动,资料搜集也有大的收获,再版时篇幅可望大幅增加。在此基础上的本书续集《东吴身影:阅读法科先贤费青》是笔者下一本书稿的暂定名。费青和潘汉典是中国政法大学的教授,师生二人也曾是北京大学和东吴法学院的教师,他们的学术贡献不仅仅属于中国政法大学,也属于北京大学和东吴法学院,更属于中国法学界。笔者愿意继续寻访和走近更多的法学前辈和先贤——包括更多的"东吴身影"。

本书初稿完成之日,正值家父在家乡身患重病之时,我的心中也是浓浓的"雾霾"。之后,几次返乡探望家父。5月8日,家父得知中国政法大学法学院为我举办了"荣休仪式"后,还亲自打电话给我,以微弱的声音勉励我继续努力。2017年6月27日,接到家父病危消息,立即启程回乡,陪伴家父度过了生命中的最后24小时。如今,"家父"一下子变成了"先父",虽然老人家的嘱咐犹在耳畔,我却只能在梦里与他老人家相聚了。先父虽是一介平民,但一辈子认认真真做事,老老实实做人。本书既是一份学习作业,同时也谨以此书告慰不善言辞的先父。愿西去的先父平静、安宁!

　　2016年11月12日,初稿于雾霾中的京城守拙斋
　　2017年7月24日,定稿于京城守拙斋